北京大学、复旦大学、吉林大学、中山大学、财政部财政科学研究所
国家治理协同创新中心

北京大学政治发展与政府管理研究所
（教育部人文社会科学重点研究基地）
研究成果

国家治理研究丛书

中国政府跨部门协同机制研究

蒋敏娟 著

北京大学出版社
PEKING UNIVERSITY PRESS

图书在版编目(CIP)数据

中国政府跨部门协同机制研究/蒋敏娟著. —北京：北京大学出版社，2016.3
(国家治理研究丛书)
ISBN 978-7-301-26842-1

Ⅰ.①中… Ⅱ.①蒋… Ⅲ.①国家行政机关—社会管理—研究—中国 Ⅳ.①D630.1

中国版本图书馆 CIP 数据核字(2016)第 028025 号

书　　　名	中国政府跨部门协同机制研究 ZHONGGUO ZHENGFU KUA BUMEN XIETONG JIZHI YANJIU
著作责任者	蒋敏娟　著
责 任 编 辑	胡利国
标 准 书 号	ISBN 978-7-301-26842-1
出 版 发 行	北京大学出版社
地　　　址	北京市海淀区成府路 205 号　100871
网　　　址	http://www.pup.cn
电 子 信 箱	ss@pup.pku.edu.cn
新 浪 微 博	@北京大学出版社
电　　　话	邮购部 62752015　发行部 62750672　编辑部 62753121
印 刷 者	北京鑫海金澳胶印有限公司
经 销 者	新华书店
	730 毫米×1020 毫米　16 开本　17.75 印张　254 千字 2016 年 3 月第 1 版　2016 年 3 月第 1 次印刷
定　　　价	50.00 元

未经许可，不得以任何方式复制或抄袭本书之部分或全部内容。
版权所有，侵权必究
举报电话：010-62752024　电子信箱：fd@pup.pku.edu.cn
图书如有印装质量问题，请与出版部联系，电话：010-62756370

国家自然科学基金2012年度面上项目
"整体政府视角下的中国政府跨部门协同机制研究(批准号71173004)"研究成果

总　　序

中共十八届三中全会通过的《中共中央关于全面深化改革若干重大问题的决定》庄严宣示，全面深化改革的总目标是"完善和发展中国特色社会主义制度，推进国家治理体系和治理能力现代化"。这一宣示既是对于中华民族百年复兴艰难探索历程的深沉总结，也是对于国家和社会发展战略的明确定位，更是中华民族每一成员义不容辞的重大责任。

正是本着这样的历史使命、现实责任和未来追求，2013年12月21日，北京大学、复旦大学、吉林大学共同发起，成立了"国家治理协同创新中心"。嗣后，中山大学、财政部财政科学研究所的加入，使得中心成为四校一所的协同创新单位。中心的核心使命，在于紧紧围绕全面深化改革的总目标和国家治理现代化的重大迫切需求，通过高校与科研机构、国家机关、地方政府、企业事业、社会组织的合作研究，促成政治学、行政管理学、法学、经济学、财政学以及相关学科的协同创新，承担科学研究、人才培养、学科建设和社会服务的重要任务，建成"国家急需、世界一流、制度先进、贡献突出"的中国特色新型智库机构，为推进国家治理现代化培养一流人才、贡献智力支持。

根据全面深化改革总目标，我们具有以下共识：

1. 全面深化改革，推进国家治理现代化，是决定当代中国命运的关键抉择，是实现中华民族伟大复兴的必由之路，同样也是世界和中国现代化历史进程的重大命题。在人类社会现代化发展的历史长河中，在共产党执政规律、社会主义社会发展规律和人类社会发展规律的结合上，探索国家治理现代化的发展规律和中国国家治理现代化的基本特点，是推进中国特色社会主义和国家治理现代化的理论视野和思想使命。

2. 全面深化改革，推进国家治理现代化，必须坚持社会主义现代化的根本方向。这就是说，国家治理现代化必须在完善和发展中国特色社会主义制度的前提下推进。与此同时，国家治理改革必须在现代化的方向上展开。

总起来说,就是在中国共产党领导下,优化和创新国家治理的主体格局、体制机制和流程环节,提升治国理政的能力,把我国的根本制度与基本制度内含的价值内容、巨大能量和潜在活力充分释放出来并且予以充分实现。

3. 全面深化改革,推进国家治理现代化,涉及经济、政治、社会、文化、生态五位一体的建设,涉及党的领导、人民当家作主和依法治国有机结合,涉及利益、权力、权利、制度、法律、组织、体制、机制和价值等多方面要素,涉及社会主义市场经济条件下政府与市场、政府与社会、中央与地方、治理体系与治理能力、效率效益与公平正义等多方面关系,需要研究和解决的问题具有复杂性、综合性和高难性,改革需要思维、制度、机制、政策和路径的系统性、整体性和协同性创新,因此,多主体、多学科、多层面、多角度和多方法的科学协同创新,是深化改革思想认知,形成科学合理、现实可行的理论和对策成果的重要方式。

4. 全面深化改革,推进国家治理现代化,在现实性上,必然体现为重大问题及其解决导向,因此,"全面深化改革,关键要有新的谋划、新的举措。要有强烈的问题意识,以重大问题为导向,抓住重大问题、关键问题进一步研究思考,找出答案,着力推动解决我国发展面临的一系列突出矛盾和问题"[1],这就需要把顶层设计和基层实践、整体推进和重点突破有机结合起来,需要准确把握全面深化改革面临的突出问题和矛盾,把这些重大问题和矛盾转变为研究的议题和课题,围绕这些议题和课题,从理论与实践、规范与实证、体制与机制、战略与政策、规则与价值、体系与能力多方面有机结合出发展开专门研究,形成专项成果,从而不断积累跬步,以助力于国家治理现代化的长征。

5. 全面深化改革,推进国家治理现代化,首先要立足于我国独特的文化传统、历史命运和基本国情,尤其是我国处于社会主义初级阶段这一最大的国情,立足于现实中国看中国。同时,也需要立足于历史和世界看中国,借鉴人类文化和文明的优秀成果,通晓其他国家和地区的积极经验和做法,在马克思主义指导下,在古往今来多种文明的相互交流、比较甄别和取舍借鉴中,不断开拓视野、验证选择、吸取经验教训并形成思路和举措。

---

[1] 《深化改革要有新谋划新举措》,新华网:http://news.xinhuanet.com/politics/2013-11/18/c_118176934.htm。

基于这样的共识，中心整理、征集和出版"国家治理研究丛书"，期望对于全面深化改革、推进国家治理现代化有所助益。丛书的编辑出版得到北京大学校领导、社会科学部领导的指导和支持，得到北京大学出版社领导和编辑的鼎力相助，特此表达衷心的谢忱！

中心欢迎各位同仁积极投稿于丛书，具体可见北京大学、复旦大学、吉林大学、中山大学和财政部财政科学研究所"国家治理协同创新中心网"（http://www.cicsg.pku.edu.cn）"'国家治理研究丛书'征稿启事"。同时，任何的批评指正都会受到挚诚的欢迎！

北京大学、复旦大学、吉林大学、中山大学

财政部财政科学研究所

国家治理协同创新中心

2014 年 12 月 21 日

图表目录

图 1-1　三部门模型示意图 ·············· 010
图 1-2　广义跨部门协同关系的四种类型 ·············· 011
图 1-3　中国学者关于跨部门协同的研究视角 ·············· 026
图 1-4　本书的分析框架 ·············· 040
图 2-1　分管型副职领导结构 ·············· 048
图 2-2　国务院议事协调机构组织结构及工作机制 ·············· 057
图 2-3　国家食品安全委员会组成人员结构 ·············· 060
图 2-4　中央全面深化改革领导小组成员涵盖各大系统 ·············· 070
图 2-5　中央全面深化改革领导小组工作安排 ·············· 071
图 2-6　太湖流域水污染综合治理范围示意图 ·············· 086
图 4-1　我国食品安全监管的分段监管体制 ·············· 162
图 4-2　跨部门信息共享面临的障碍（认知地图） ·············· 179
图 5-1　影响跨部门协同关系的文化层次 ·············· 215
图 5-2　文化、信任、合作之间的关系 ·············· 218
图 6-1　"整体政府"的最佳实践模式 ·············· 224
表 1-1　协作、协调、协同概念的演化 ·············· 012
表 2-1　建国初期国务院八大办公室归口管理分工 ·············· 049
表 2-2　国务院议事协调机构 ·············· 052
表 2-3　国务院食品安全委员会办公室的主要职责 ·············· 061
表 2-4　国务院食品安全委员会召开会议情况 ·············· 062
表 2-5　中共中央常设性的议事协调机构 ·············· 064
表 2-6　中央全面深化改革领导小组召开会议情况 ·············· 073
表 2-7　国家反洗钱部际联席会议成员职责分工 ·············· 081

表 3-1　近年来"政策打架"的案例集萃 ·············· 115
表 4-1　2008 年国务院机构改革情况 ················ 166
表 5-1　跨部门协同的风险与收益 ··················· 211
表 5-2　个体主义和集体主义的比较 ················· 217
表 6-1　联邦核工业管制局(NRC)跨部门关系矩阵(节选) ······ 231
表 6-2　部门责任细化的落实 ······················ 248

目 录

第一章 导论 … 001
 第一节 研究背景与研究意义 … 002
 第二节 主要概念的界定 … 008
 第三节 文献述评 … 018
 第四节 研究思路、方法及可能的创新 … 037

第二章 中国政府跨部门协同机制的主要模式及其特点 … 045
 第一节 中国政府跨部门协同的结构性机制 … 046
 第二节 中国政府跨部门协同的程序性机制 … 091
 第三节 中国政府跨部门协同机制的特征 … 102

第三章 跨部门协同效果评价：跨部门协同失灵现象的考察 … 112
 第一节 公共政策制定中的协同失灵 … 113
 第二节 政策执行与项目管理中的协同失灵 … 128
 第三节 公共服务供给中的协同失灵 … 137

第四章 协同失灵的技术理性层面分析 … 146
 第一节 先天性的缺陷：动力不足与共识机制的缺失 … 148
 第二节 等级制纵向协同：逻辑悖反与现实挑战 … 153
 第三节 组织结构问题与大部制限度 … 157
 第四节 粗放式管理与沟通失灵 … 170

第五章 协同失灵的制度理性层面分析 … 181
 第一节 人治与法治：协同的制度化问题 … 182

  第二节 权力部门化和部门利益化 …………………………… 194
  第三节 官本位意识及官员自利性的内在冲动 ……………… 207
  第四节 跨部门协同的文化障碍 ………………………………… 213

第六章 探寻合作之路：中国政府跨部门协同机制的重构 …… 223
  第一节 目标模式：走向整体政府的最佳实践模式 ………… 223
  第二节 实践方式：跨部门协同机制重构的基本途径 ……… 240
  第三节 研究结论与展望 ………………………………………… 254

附录 访谈目录 …………………………………………………………… 258

参考文献 …………………………………………………………………… 259

后记 ………………………………………………………………………… 271

Contents

I **Introduction** 001
   1.1 Research Background and Significance 002
   1.2 Definitions to the Main Concepts 008
   1.3 Literature Review 018
   1.4 Research Ideas, Methods and Innovation 037

II **The Main Modes and Characteristics of Chinese Government Cross-agency Collaboration Mechanisms** 045
   2.1 Structural Mechanisms 046
   2.2 Procedural Mechanisms 091
   2.3 The Characteristics of Chinese Government Cross-agency Collaboration Mechanisms 102

III **The Effect Assessment of Chinese Government Cross-agency Collaboration Mechanisms: Investigation of Cross-agency Collaboration Failures** 112
   3.1 Collaboration Failures in Public Policy Making 113
   3.2 Collaboration Failures in Public Policy Implementing and Program Management 128
   3.3 Collaboration Failures in Public Service Supply 137

Ⅳ **The Reasons for Collaboration Failures Analyzed from the Technical Rationality Level** ………………………………… 146
    4.1 Congenital Defects: Insufficient Dynamics and Deficient Consensus Mechanisms ……………………………… 148
    4.2 The Hierarchical Vertical Collaboration: The Logical Contradiction and Actual Challenges ……………………… 153
    4.3 The Problem of Organizational Structure and the Limits of Big-department System ……………………………… 157
    4.4 Extensive Management and Communication Failure ………… 170

Ⅴ **The Reasons for Collaboration Failures Analyzed from the Level of Institutional Rationality** ……………………………… 181
    5.1 Rule of Men and Rule of Law: the Problem of Institutionalized Collaboration ……………………………… 182
    5.2 Power Departmentalization and Interests Departmentalization … 194
    5.3 Consciousness of Power Orientation and the Inner Impulse from Official's Self-interest ……………………… 207
    5.4 Cultural Barriers of Cross-agency Collaboration ……………… 213

Ⅵ **Explore the Road to Collaboration: Reconstructing Chinese Cross-agency Collaboration Mechanisms** ………………… 223
    6.1 Target Pattern: Best Practice towards Holistic Government …… 223
    6.2 The Practical Ways of Reconstructing Chinese Cross-agency Collaboration Mechanisms ……………………………… 240
    6.3 Conclusion and Prospects ……………………………… 254

Appendix: Interview Contents ……………………………… 258

References ……………………………………………… 259

Epilogue ………………………………………………… 271

> 在当今世界的许多领域,做成事情的关键问题就在于如何实现组织之间的协调。仅仅是通过某些个人的指令,只是管理组织内部的资源和人员是无法成功完成项目的。成功很大程度上取决于其他组织和他们的负责人选择如何行动。
>
> ——斯蒂芬·阿克洛伊德(Stephen Ackroyd)

第一章

导　　论

随着全球化、信息化和区域经济一体化的发展,政府部门面临大量社会公共问题的"外溢化"和"超边界化",诸如环境保护、青少年犯罪、食品质量安全、公共事件应急管理等公共事务已无力由一个单一的部门来解决,传统的以功能划分的官僚体系受到了巨大的挑战。为了加强政府的整体性和一致性,减少部门职能交叉和相互掣肘,很多西方国家都建立健全了与自身行政体制相适应的跨部门协同机制。但是我国在市场化、社会化快速发展的同时,由于政治体制改革的相对滞后,作为我国政府权力运行机制重要组成部分跨部门的协同机制一直处于非规范化、发育不完全与缺乏约束的状态,政府各个部门各自为政、互相扯皮与推诿的现象屡见不鲜。近年来,如何建立健全中国政府的跨部门协同机制,日益成为政界和学术界关注的热点问题,这对进一步促进资源整合、提高政府的工作效率和综合治理能力、打造服务型政府具有重要的意义。在本著作的开篇,笔者将在介绍研究背景、核心概念等基础上,对国内外相关研究进行评述,并阐明本书的构思、方法和创新之处等一系列问题。

第一节 研究背景与研究意义

一、研究背景及立论视角

时移世易,随着时代的变迁,政治、经济和文化的演进和发展,世界各国政府治理改革的实践也在不断重建和发展。"政府协同"作为公共行政的永恒主题在新的历史时代也被赋予了新的内涵,形成了新的话语体系。如何加强公共部门之间的协同,消除不同政策之间的矛盾和张力,为公民提供更加整合或"无缝隙"的服务是近年来国际公共行政领域所关注的重要问题。

20世纪70年代末80年代初,西方国家开始进行"新公共管理改革",这场强调"竞争"和"效率"的改革运动,为西方国家摆脱财政、管理和社会等方面的危机与困境起到了积极的作用,提高了政府的行政效率。然而,随着改革的逐渐深入,新公共管理的弊端也逐渐显现出来,政府机构在分散化、独立化的发展趋势下变得更加"自私"和缺乏联系,每个部门都"认真"地关注自己部门的目标,却忽视了部门之间的合作与协调,带来了"碎片化"的制度结构。新公共管理运动之后,"部门自我中心主义"极端扩张导致政府在处理社会排斥、犯罪、环境保护、家庭和竞争等跨部门问题中过于迟钝。除了机构裂化的问题,合同出租的适用性以及政治性投入持续增长等问题也成为改革的制约。① 为了改变新公共管理运动带来的越来越严重的政府管理碎片化状态,英国、新西兰和澳大利亚等改革先锋国家纷纷提出了协同与整合的战略。1999年3月英国工党政府公布了《现代化政府白皮书》,在对前两年政府工作总结的基础上,推出了新工党政府在未来十年内的"协同政府"(Joined-up Government)计划,其目标在于打造一个更加具有协调和整合性的政府。1999年新西兰工党政府上台,特别提出,要解决政府部门"碎片

---

① Martin Minogue, Charles Polidano and David Hulme, *Beyond the New Pubic Management—Changing Ideas and Practices in Governance*, Cheltenham: Edward Elgar Publishing Limited, 1998.

化"问题——无论是在机构的数量上,还是不同类型的机构方面——包括所有执行(服务输出)的责任机构。为此,工党政府于2001年成立了咨询小组(Advisory Group),检审当前的政府公共管理体系。咨询小组在2001年起的一系列总结报告中,确定了"协调"问题是各个部门绩效低下的"硬伤"。[1]为了改变这种状况,这一时期的新西兰政府开始强调"跨部门协同"的改革,即用高度协调与合作的方式来解决社会和经济问题。同样,澳大利亚政府也高度重视跨部门协同的改革,提出整体政府的发展战略。2004年,澳大利亚管理顾问委员会发布报告《把政府联结起来——整体政府对澳大利亚面临主要挑战的回应》,强调要以"一起工作"为口号,形成相应的价值和行为准则来推行整体政府的实施。随着信息科学技术的发展,以及跨部门公共事务和问题的逐渐增多,这场强调各个部门之间合作与互动的改革运动在并没有推行新公共管理改革的国家也日益显现,成为公共部门管理实践中的一个新的热点和趋势。

对中国来说,自1978年以来,政府治道变革的进程也是惊人的。迄今为止,中国政府已经进行了六次大规模的行政管理体制改革。通过改革,政府职能转变取得实质性进展,政府履行社会管理和公共服务的职能明显增强,政府组织结构不断优化,民主决策机制逐渐建立和完善,政府自身的建设和管理也不断加强。但是,综观这六次行政管理体制改革,可以发现我们的关注点一直在政府机构改革上,并逐渐陷入了精简—膨胀—再精简—再膨胀的怪圈。政府机构林立、缺乏协同、各自为政的现象依然没有得到有效的改善。经济合作与发展组织(OECD)的一份研究报告曾"犀利"地指出我国政府机构设置存在的"严重的整合问题":紧密相关的组织之间缺乏协作、职能彼此交叉的部门缺乏协同、决策责任分散化、彼此对立的机构同时存在等。[2]

针对这种情况,2008年党的"十七大"明确把行政管理体制的改革目标定位为建设服务型政府、用大部制的改革思路整合政府。大部制改革试图通过整合相同或相近职能部门,将政府外部的协调问题"内部化"以此解决职能交叉、政出多门、多头管理的问题。但是"大部制"并不是一剂灵丹妙药,国际经验证明我们不能希冀大部制解决政府管理中的所有争权夺利、扯

---

[1] Sylvia Horton and David Farnham, *Public Management in Britain*, Macmillan Press Ltd, 1999, p.25.
[2] 经济合作与发展组织(OECD):《中国治理》,清华大学出版社2007年版,第10页。

皮推诿的事情。以部门的重新组合、部门体量增大为表征的简单的"物理变化"并不会自动解决部门之间不协调的问题，部门外部的不协调很可能转化为部门内部的矛盾和冲突。以工信部的大部制改革为例，时隔改革后的四年，工业部门和信息化部门仍然是各自为政。中国社会科学院研究生院董礼胜教授2011年曾去工信部同诸多内部人士座谈，以期获得大部制改革进展中的问题，"谈及大部制改革后的现状，有些人表示，难以发挥应有的职能。"他解释说，"一个明显的表现就是虽然是一个大部，但是在部内，各个部门还是分着的，各个省市的工业部门和信息化部门表面上是合在一起，内部则各自独立。大部制，现在变成了简单的部门之间的合并，这解决不了根本问题。设立大部制就是为了提高政府效率，这种现状有违当初设立大部制时的初衷。……部门之间的机构人员合并裁撤，不是改革的目的，重点在于合并后部门职能的整合和机构人员的合理配置，从而发挥一加一大于二的功效。但是这些方面，显然还有很多工作要做。"①

同时，大部制所带来的机构精简也并不能回避外部协同问题。改革后的人力资源和社会保障部，绝不应是原人事部、劳动和社会保障部的简单加成，需要管理好公务员队伍和提供优质的社会保障服务，还涉及与地方政府及其他部委的联系和协调；住房和城乡建设部也并非是简单的改头换面，还被赋予解决民众住房难的职能，就必然涉及与国土资源部及各级地方政府的关系协调。② 正如周志忍教授所说，部门再大，也得有个边界，除非把所有部门整合成一个"国务部"，否则部门之间注定出现协调配合问题。③

而另一方面，近年来食品安全④、环境保护⑤等领域问题的频发，及"东窗事发"后各部门互相推诿的态度，让人们无奈地感叹"铁路民警，各管一段""十几个部门管不好一桌饭""七八个部门管不好一头猪"。跨部门的社会事务和复杂的社会问题已经向我们的政府提出了前所未有的挑战，传统的依

---

① 张蕾：《中央5部门大部制改革4年仍在磨砺，协调欠缺机制》，《小康》杂志，http://news.sina.com.cn/c/sd/2012-08-08/111624929802.shtml，2012年12月10日。
② 蔡英辉：《我国斜向府际关系初探》，《北京邮电大学学报（社会科学版）》2008年第2期，第43页。
③ 周志忍：《大部制：难以承受之重》，《中国报道》2008年第3期。
④ 如2008年震惊国内外的三鹿奶粉事件、2011年的河南瘦肉精事件、2011年沈阳毒豆芽事件等。
⑤ 如太湖流域的水污染问题、位于浙江长兴和安徽广德县交界处的泗安水库污染问题等。

靠议事协调机构、等级制命令的协调机制与方式已经越来越不能适应时代的需求。政府部门通过什么形式和措施构建"整体政府"解决跨部门协同的问题,已经成为学界和政府管理人员的现实议题。因此,在当前的形势下,探讨中国的跨部门协同机制,无疑是推进中国行政改革进程、提升政府的整体绩效和能力的重要方略。

本研究试图从整体政府的视角出发,研究中国的跨部门协同机制,探讨以下几组问题。首先,中国现有的跨部门协同机制有哪些?实际效果如何?其次,在弄清事实的基础上,本书进一步追问,既然我国不乏跨部门协同的机制,为什么实践中存在大量的政府协同失灵?究竟哪些因素限制了政府部门间协同的发生?这些因素产生的深层次机理是什么?最后,在中国现有的行政管理体制下,跨部门协同何以达成?如何持续?整体政府理论对我国的碎片化治理困境可以提供什么样的借鉴和指导?能否结合中国的国情特色,提出符合中国国情的跨部门整体性治理框架。

二、研究的理论意义和现实意义

在目前的中国,有关跨部门协同机制的研究仍然落后于实践的需求。本研究以整体政府理论为背景和分析工具,探讨中国的跨部门协同机制具有的重要理论意义和现实意义。

(一)理论意义

1. 有助于丰富和发展当代中国的公共管理理论

近年来有关跨部门协同的研究已经成为国际公共行政领域的一个新的热点。大量与跨部门协同相关的词汇涌现出来,例如,"协同政府"(Joined-up Government)、"整体政府"(Holistic Government)、"水平化管理"(Horizontal Management)、"网络管理"(Network Management)、"协作型治理"(Collaborative Management)等。"跨部门协同"已经成为行政管理学的前沿,凯特尔(Kettl)认为跨部门网络是当代政府改革的重要趋势[①];戈德史密斯(Stephen

---

① 〔美〕唐纳德·凯特尔:《权力共享:公共治理与私人市场》,孙迎春译,北京:北京大学出版社 2009 年版,第 15 页。

Goldsmith)等人把网络化治理称为"公共部门的新形态"①;澳大利亚政府管理咨询委员会(Management Advisory Committee)声称整体政府是"公共行政的未来"②。还有学者认为整体政府是继承传统官僚制、新公共管理之后的第三代公共行政理论典型范式。"整体政府"范式为公共行政的研究提供了更广泛、更坚实的理论基础和开阔的研究视野、提出了一系列主题创新,形成了崭新的知识体系和研究方法。这对于学科基础比较薄弱、研究方法比较落后的我国行政学学科研究来说,借鉴"整体政府"的经验,可以推进公共行政知识的增长和提升公共价值,促进我国行政学学科的发展。③因此,本研究涉及的是政府未来形态的重大理论。对于该理论的探讨和借鉴无疑将有助于丰富和发展当代中国的公共管理理论,拓宽其理论视野。

2. 有助于深化传统的行政协调理论

"协调"在管理学中的重要性有着延续性的共识。早在"古典管理理论"时期,法国著名的管理学家法约尔就将"协调"与"计划、组织、命令、控制"四个要素并列,称其为管理的五大基本功能。古德诺在《政治与行政》一书中也着重论述了协调的重要性,他认为政治与行政二分法并不意味着政治与行政的绝对分离,他强调行政必须与政治相协调,并指出了美国走向行政协调的具体道路④;而美国行政学家怀特则指出:"在各方面的活动中,行政各部门之间的相互联系是十分困难的,为了实现各部门之间的协作,应设立专门的委员会来进行协调工作,要及时协调行政各部门、各机构之间的活动,以确保最经济、最有效的行政方法,提高行政效率"⑤。

以等级制和专业化分工为基础的官僚制提出来以后,成为世界各国公共部门的结构形态。传统的官僚制强调权力集中统一,其协调以权威为主导,因而被韦伯称为"强制性协调格局"。在官僚制下,由于遵循等级制及跳板法则,组织间的横向协调和配合比较困难。从运作的实践来看,"不同职

---

① 〔美〕斯蒂芬·戈德史密斯、威廉·D. 埃格斯:《网络化治理:公共部门的新形态》,孙迎春译,北京:北京大学出版社2008年版,第3页。
② The Australian Management Advisory Committee, *Connecting Government*: *Whole of Government Responses to Australia's Priority Challenges*, Common Wealth of Australia, 2004.
③ 曾维和:《评当代西方政府改革的"整体政府"范式》,《理论与改革》2010年第1期,第26—31页。
④ 丁煌:《西方行政说史》,武汉:武汉大学出版社1999年版,第35—44页。
⑤ 〔美〕怀特:《行政学概论》,北京:商务印书馆1947年版,第79页。

能之间缺乏有效的沟通与协调,其沉闷、死板与僵化几乎吞没了个人的责任感和创造力,就更不用说知识的更新与发展。"①官僚制的分工和专业化曾推动政府体系步入正轨,却无法适应瞬息万变的信息化社会。在官僚结构中,服从等级指挥程序;在独白式沟通中,缺乏信息反馈和应对措施。②可以说,官僚制已经陷入了网络化时代的被动境地,突破官僚制、搭建促使多元政府协同的桥梁成为必然。

本书所探讨的"跨部门协同机制"便是克服层级束缚,实现政府部门间有效沟通和协调的桥梁。在后现代公共行政改革的语境下,"跨部门协同机制"与以往的"行政协调机制"相比,更注重"平等、适应性、自由裁量和最终结果"③,由此孕育着一种全新的协同机制。较之以往的行政协调机制,它在协调的内容、对象、协调的方式和手段上都发生了巨大的变化。基于此,当前的理论界亟须摆脱以往的思想窠臼,勇敢地探索政府跨部门协同的新理论,为政府跨部门协同机制改革提供借鉴。

(二) 实践意义

1. 为解决中国政府跨部门协同关系现实问题提供一定的理论支持

现阶段的中国,正处于整体逐步进入工业现代化时代,并在部分地区和领域向知识经济跨越的混合发展阶段,各种跨部门跨界的社会问题突出,出现了越来越多的诸如社会治安、环境保护、食品质量安全、公共事件应急管理等由单一的公共部门无力解决的公共性事务(如 2004 年的禽流感事件、2005 年的京沪高速公路氯气泄漏事件和中石油吉化公司双苯厂爆炸导致的松花江污染事件、2008 年的"5·12"汶川特大地震及三鹿奶粉事件、2011 年的温州动车撞车事件和沈阳毒豆芽事件、2012 年龙江铬污染事件等)。各个部门之间进行协调和联系的必要性和频繁性不断增强,而传统的机构设置和职能界定使得部门之间的高效协调异常困难,因此出现了大量烦冗的协调议事机构和机制,却成本高昂,效率低下,部门之间扯皮和推诿的情况时

---

① Sturt Crainer, *Key Management Ideas: A Division of Financial Times Professional Limited*, Great Britain,1996, p.44.
② 〔美〕福克斯·米勒:《正在贬值的公共政策对话》,《美国行为科学》1997 年第 1 期,第 70—71 页。
③ E. Bardach, *Getting Agencies to Work Together: The Practice and Theory of Managerial Craftsmanship*, Washington DC: Brookings, 1998.

有发生。在此背景下,本书研究部门之间的水平横向协作关系,探讨高效的跨部门协同机制,对于解决中国政府面临的现实的跨部门协同问题具有重要的意义。

2. 为推进我国行政管理体制改革提供一些有益的启示

党的十七大报告提出了"健全部门间协调配合机制"的工作目标,强调"合理界定政府部门职能,明确部门责任,确保权责一致。理顺部门职责分工,坚持一件事情原则上由一个部门负责,确需多个部门管理的事项,要明确牵头部门,分清主次责任";提出了要"按照精简统一效能的原则和决策权、执行权、监督权既相互制约又相互协调的要求,紧紧围绕职能转变和理顺职责关系,进一步优化政府组织结构,规范机构设置,探索实行职能有机统一的大部门体制,完善行政运行机制"。①这标志着:在继续深化职能转变的同时,我国行政管理体制改革的侧重点正在从机构改革转变为机构改革与运行机制、管理方式改革并重。健全部门间协调配合机制,无疑是运作机制和管理方式改革的重要组成部分。因此,完善部门间行政协调机制是中国行政体制改革的题中之义。

第二节　主要概念的界定

爱因斯坦(Albert Einstein)曾经说过:"如果没有界定范畴和一般概念,思考就像是在真空中呼吸,是不可能的。"②对跨部门协同机制的研究也是如此,如果不能弄清楚跨部门协同的相关概念,就无法深入探讨这个课题。

一、整体政府

本书是在整体政府的视角下研究跨部门协同,因此首先要理解的便是什么是"整体政府"? 在西方学者看来,整体政府并非是一个全新的概念,它关注的是"协调"这样一个老问题。彼得(Peters)认为,在政府部门内部提高

---

① 《中共中央关于深化行政管理体制改革的意见》,http://www.yangtse.com/sytj/rdxwl/200803/t20080305_417059.htm,2013年2月10日。

② 转引自欧阳莹之:《复杂系统理论基础》,序言,上海:上海科技教育出版社2002年版。

协调能力的挑战是一个永恒的命题,①整体政府既是对传统改革行政的衰落以及20世纪80年代以来新公共管理改革所造成的碎片化的战略性回应,又是一定意识形态的折射,②还是对"合作理论"的一种复兴,不过其内容更加复杂。③ 它强调的是政府不同政策领域、不同部门之间为实现目标的整合、政策以及服务的协调而进行横向的合作与互动。与传统的"协调"概念相比,这一颇具时代意义的改革新思路由于其所处的时代背景和组织环境不同,而被赋予了新的内涵并形成了新的话语体系。澳大利亚《联合政府报告》(The Connecting Government Report)给公共服务中的"整体政府"所下的定义为:整体政府是指政府公共服务机构为了完成共同的目标而实行跨部门合作,利用以团队为主体的整体政府工作方案回应特殊而棘手的公共政策问题,所采取的方式可以是正式的,也可以是非正式的,主要集中于政策的制定、项目管理或者服务的提供。④

如前文所述,整体政府的相关概念非常之多,协同政府、网络化治理、水平化管理等,因此有学者认为"整体政府"并不是一组协调一致的理念和方法,最好把它看成是一个伞概念(umbrella term),是希望解决公共部门和公共服务中日益严重的碎片化问题以及加强协调的一系列相关措施。⑤ 总的来说,"整体政府"涉及的范围和层面很广,从内容和范围上看,它既包括决策与执行的整合,也包括横向和纵向的整合;从表现形式上看,它可能是一个临时的委员会,也可能是一个任务小组,既可能是一种松散的合作关系,也可能是为实现某一总体目标建立的紧密的工作共同体;从实践方式上看,它既可能以调整机构的方式实现,也可能以改造文化和理念的方式进行;从主体看,它既包括政府内部不同机构之间的协同,也包括政府同政府以外的

---

① B. G. Peters, "Managing Horizontal Government: The Politics of Coordination", *Public Administration* Vol. 76, No. 2, 1998, pp. 295—311.
② Ling Tom, "Delivering Joined-up Government in the UK: Dimensions, Issues, and Problems", *Public Administration*, Vol. 80, No. 4, 2002, pp. 638—639.
③ John Halligan, "Public Managementand Departments: Contemporary Themes—Future Agendas", *Australia Journal of Public Administration*, Vol. 84, No. 1, 2005, pp. 1—15.
④ Walter J. M. Kickert, Erik-Hans Klijin and Joop F. M. Koppenjan, *Managing Complex Networks: Strategies for the Public Sectors*, Sage Publications Led, 1997.
⑤ Ling Tom, "Delivering Joined-up Government in the UK: Dimensions, Issues, and Problems", *Public Administration*, Vol. 80, No. 4, 2002, pp. 638—639.

组织之间的合作。在公共管理的研究中,"整体政府"已经成为传统的协作或协调理论的一个新标签。整体政府意味着这样一种政府组织模式,即在对科层制和新公共管理模式下的裂解性和碎片化进行反思的基础上逐渐形成,以满足公民需求为主导治理理念,以信息技术为手段,以协调、整合和责任为策略,实现政府组织层级、功能和公私部门的整合,"促使某一领域中不同的利益主体团结协作,为公民提供无缝隙而非分离的服务"。①

二、跨部门协同

跨部门协同又称为"部际协同"(对应的英语包括 cross-agency、cross-department、inter-department 或 inter-agency 等)有宏观和微观的区别。

首先,从宏观的概念上来说,"部门"包括政府部门、私人部门和第三部门。跨部门则指的是跨越政府部门、私人部门、第三部门三方的边界。沃德尔(Waddell)和布朗(Brown)认为,从部门的角度来看,世界上所有的组织都可以归入上述三大部门之一,或者是这三大部门的某种混合形式,三部门组成的模型如图1-1 所示:

图 1-1 三部门模型示意图

资料来源:S. Waddell and L. David. Brown,"Fostering Intersectoral Partnering:A Guide to Promoting Cooperation among Government, Business, and Civil Society Actors", *IDR Reports*, Vol. 13, No. 3, 1997.

宏观的跨部门协同是公共部门、私人部门以及非营利组织(第三部门)

---

① T. Christensen and P. Legreid, "Rebalancing the State: Reregulation and the Reassertion of the Centre", in T. Christensen and P. Legreid, eds. *Autonomy and Regulation: Coping with Agencies in the Modern State*, Cheltenham: Edward Elgar(forthcoming), 2006.

通过协力、社区参与、公私伙伴或者契约等联合方式,以解决难以处理的问题。① 这与西方学者格雷(Gray)提出的跨部门联盟(Cross-Sector Alliances)的概念是一致的。格雷认为,跨部门联盟是指来自营利部门、非营利部门和政府部门的两个或多个组织之间达成的一种合作安排,这些组织由于部门属性不同,往往会从不同的角度对于同一个问题进行审视,从而有助于产生建设性的问题解决方案。②根据组合方式的不同,宏观的跨部门协同又可以划分为四种类型:(1)政府与企业之间的合作伙伴关系;(2)政府与非营利组织之间的合作伙伴关系;(3)企业与非营利组织之间的合作伙伴关系;(4)三部门(Tri-sector)之间的合作伙伴关系(如图1-2)。可见,宏观上的"跨部门协同"实际上涉及的是政府作为一个整体与外部系统的协同。

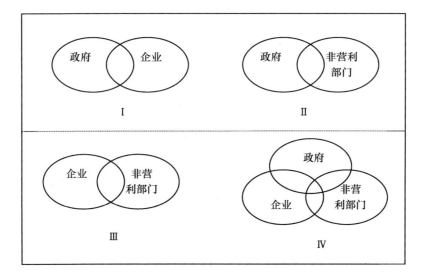

图1-2 广义跨部门协同关系的四种类型

其次,从微观的概念来说,"agency"指的是政府中的"部门",是行政机关和公共事业组织的基本单位。"跨部门"一方面指的是跨越政府职能部门,如跨越教育部、财政部、卫生部等部门的边界;另一方面还可能涉及跨越

---

① 林水波、李长晏:《跨域治理》,台北:五南图书出版公司2005年版。
② Barbara. Gray, *Collaborating: Finding Common Ground for Multiparty Problems*, San Francisco: Jossey-Bass, 1989.

职能部门与不同层级地方政府的边界,如水利部与江苏省政府、教育部与湖南省政府等。从微观的概念上来说,我们认为"跨部门协同"的主体主要是各个职能部门,有时亦涉及作为一级的政府,从协同的形式上来说,可能包括同级政府不同职能部门之间的"横向协同"、不同层级政府之间的"上下协同"、同级政府之间的"水平协同"以及职能部门与地方政府之间的协同等。

本书阐述的跨部门协同关系是微观上的概念即不讨论政府作为一个整体与外部系统的协同关系,而是聚焦于政府内部,以部门间横向关系为重点,对我国的跨部门协同机制做一系统的梳理和审视。当然要理解这个概念,我们还需要阐述清楚,为什么是跨部门"协同",而不是跨部门"协作"或者"协调"呢?

在这里,本书主要是基于协作、协调与协同三个概念在中文中的细微差异,进行阐述。潘开灵等在《管理协同理论及其应用》一书中,按照历史的研究逻辑将协同观概括为三个阶段:协作——协调——协同。表1-1列出了三个概念的演化过程。

表1-1 协作、协调、协同概念的演化

概念	内涵
协作	劳动协作与劳动分工对应;最基本的特征就是各个独立劳动组合搭配。
协调	强调在集合个别劳动要素的基础上,进一步考虑劳动要素在时间和数量上的配合,从而实现资源和效率的最大化。
协同	不仅有协调合作之意,而且强调由于协调合作产生新的结构和功能,强调协调合作的结果,即通过集体行动和关联实现资源最大化利用和整体功能放大的效应。

资料来源:根据潘开灵、白烈湖:《管理协同理论及其应用》,经济管理出版社2006年版相关内容整理。

根据《辞海》对协作的解释,协作是:"指劳动协作。许多劳动者在同一劳动过程或彼此相联系的不同劳动过程中,依计划协同地进行劳动。最初是不实行分工的简单协作。随后,产生了有分工的复杂协作。协作可以缩短生产产品的劳动时间,扩大劳动的空间范围,节省生产资料,提高劳动生产效率等;有时泛指两个以上的单位互相配合工作。"[①]亚当·斯密在《国富

[①] 辞海编辑委员会:《辞海》第六版彩图本,上海:上海辞书出版社2009年版,第2527页。

论》中分析分工理论时曾提到这种劳动协作的思想。他说:"例如,日工所穿的粗劣的呢绒上衣,就是许多劳动者联合劳动的产物。为完成这种产物,必须有牧羊者、拣羊毛者、梳羊毛者、染工、粗梳工、纺工、织工、漂白工、裁缝工,以及其他许多人,联合起来工作。"①马克思在《资本论》第一卷中指出,进入资本主义后,由于社会分工的发展,协作得到了很大的发展,而"协作"在"历史上和逻辑上都是资本主义生产的起点"。②切斯特·巴纳德从组织学的角度把企业组织看作是一种协作的系统,他认为"协作系统的结构开始于分离而独立的个人,他注意到个人除非同其他人在一种相互作用的社会关系中连接起来,否则就不能发挥作用。正式组织的协作使团体力量能够扩大到个人能做的范围之外。"③

可见,从逻辑上讲,协作与"劳动分工"是两个相对应的概念。分工是生产任务的起点,协作是在分工的情况下完成生产任务的必要条件。协作最基本的特征就是各个独立劳动组合搭配。通过协作,集合多个人的劳动和能力,使得整体的劳动变得比个别劳动的简单累加更加有效。④

而《辞海》对协调的释义是"和谐""同心协力""互相配合"。在英文中协调常翻译为 coordinate,意思是"有秩序的联合或者组合"。大英百科全书关于协调的解释是协调的行为和动作;达到有效结果的各部分和谐运作(The act or action of coordinating; The harmonious functioning of parts for effective results)。韦伯斯特国际大辞典将协调定义为:"为达到最有效或和谐的结果而做出的最适当的关系合作,即使各部分机能处于合作与有序状态。"⑤

从使用范畴上来看,协调是一个应用十分广泛的概念,被用在系统学、控制论,以及经济学和管理学等多个领域。对协调的界定也因为学科的不同而有一定的差异。例如系统科学里它可理解为系统的自适应,在生态系统中意味着和谐,在社会学中意味着互惠合作,在经济学里被认为是看不见

---

① 〔英〕亚当·斯密:《国民财富的性质和原因的研究》(上卷),郭大力、王亚南译,商务印书馆1997年版,第11页。
② 〔德〕马克思:《资本论》(第1卷),北京:人民出版社2004年版,第358页。
③ 〔美〕丹尼尔·霍恩:《管理思想的演变》,李柱流等译,北京:中国社会科学出版社1997年版,第348页。
④ 潘开灵、白烈湖:《管理协同理论及其应用》,北京:经济管理出版社2006年版,第4页。
⑤ 转引自曾凡军:《论整体性治理的深层内核与碎片化问题的解决之道》,《学术论坛》2010年第10期。

的手、看得见的手或者是制度及制度环境。而在公共管理范畴,早期的管理学者如法约尔、古利克和西蒙等都对协调进行了阐释。法约尔在1916年所著的《一般管理与工业管理》一书中提出了企业管理中的六个职能:技术职能、经营职能、财务职能、安全职能、会计职能和管理职能,并且认为协调就是"协调企业各部门及各个员工的活动,指导他们走向一个共同的目标"①。卢瑟·古立克(Luther Gulick)认为协调能够使企业内各部门之间更加和谐以实现共同的目标。他指出协调的方式有两种:"一是通过组织进行协调,即通过人员的配置使越来越细的工作分工相互联系在一起,这些人被安排在一种权力结构中,通过上级由高到低、层层传遍整个企业的命令对工作进行协调;第二是通过思想的支配进行协调。"②美国管理学者玛丽·派克·福莱特(Mary Park Follett)认为协调是管理的核心,组织的首要任务就是在纵向垂直和横向水平的信息沟通的基础上进行协调,使各部门的行动有利于组织整体利益的实现。③

与协作相比,协调强调在集合个别劳动要素的基础上,进一步考虑劳动要素在时间和数量上的配合,从而实现资源和效率的最大化。从一般意义来说,协调这一概念具有一定的被动性,它本质上是力图避免各个部门间的冲突和摩擦,是对现状的默认和维持,缺乏创造性的思维和对新事物的敏感。同时,协调又具有一定的工具性和临时性。"协调行为一般发生在需要合作或出现问题的情境下,协调状态也并非一种永久的状态,协调状态的终止和打破大致有两种可能:一种是由于无法协调而导致关系的破坏,另一种是任务结束而无须协调。"④

协同一词在《辞源》中解释为:和合,一致。《后汉书·桓帝纪》中提到,"激愤建策,内外协同"⑤。这反映的是事物之间、系统或要素之间保持合作性、集体性的状态和趋势。和合思想是中国儒家文化的精髓,"中国古代思

---

① 〔法〕H.法约尔:《工业管理与一般管理》,迟力耕等译,北京:机械工业出版社2007年版,第5页。
② 彭和平、竹立家编:《国外公共行政理论精选》,北京:中共中央党校出版社1997年版,第65—66页。
③ 竺乾威:《公共行政理论》,上海:复旦大学出版社2008年版,第90页。
④ 李辉:《论协同型政府》,吉林大学2010年博士学位论文,第51页。
⑤ 广东、广西、湖南、河南辞源修订组,商务印书馆编辑部编:《辞源》,北京:商务印书馆1979年版,第417页。

想强调和谐,主张协同,追求和谐的境界,使矛盾和差异的双方协调统一,共同构成和谐而又充满生机的世界。"①西方国家最早提出协同概念的是物理学家赫尔曼·哈肯(Hermann Haken)。他于1971年发表了《协同学:一门协作的科学》一文,引入了协同学及协同的概念。哈肯认为,系统可以通过内部协同作用实现有序和无序的相互转化。千差万别的系统,尽管其属性不同,但在整个环境中,各个系统间存在着相互影响而又相互合作的关系,其中也包括社会科学中的现象,例如,不同单位之间的相互配合与协作、部门间关系的协调、企业间相互竞争的作用,以及系统中的相互干扰和制约等。②随着学科的发展深化,协同学不光运用到自然科学中,也逐渐渗透在社会科学的研究中,成为社会科学研究中的一种新的视角和方法。

在英文中,不同的学科使用不同的单词来表达协同的概念,比如:synergy、collaboration、cooperation、joined-up、partnership、working together 等。哈肯创立的协同学使用的是英文单词"Synergy",该词来源于希腊文,意为"协调合作",其中前缀 Syn 表示"together",即在一起的协调与合作,ergy 表示"working"的意思,即组织结构和功能,两部分合在一起不仅有协调合作之意,而且强调协调合作产生的新的结构和功能,强调协调合作的结果。在管理学界,我们最初使用 coordination(一般翻译为"协调")一词来表达协同的含义,但是20世纪后半期协同学产生之后,协同的内涵变得更加丰富,collaboration、cooperation、working together 等词汇曝光的频率越来越高,出现了协同产品商务(Collaborative Production Commerce,CPC)、供应链的协同管理(Supply Chain Collaborative Management)、协同性公共管理(Collaborative Public Management)等专业术语。从描述工作方式的角度,也有学者使用"working together"表示"协同",例如尤金·巴达赫在《跨部门合作:管理"巧匠"的理论与实践》一书中提到:"部门一起工作的性质和形式多种多样。从长时期在相当大的地理区域内组织数百个联合现场执法小组,到以明确部门间分工为目的的中层管理者的偶然会议,这两级之间的任何形式都属于

---

① 张士英:《中国古代的和谐思想及现代教育价值》,《教育探索》2006年第5期,第50—51页。

② 苗东升:《系统科学原理》,北京:中国人民大学出版社1990年版,第518页。

协同。"①

尽管从严格的意义上说，synergy、collaboration、cooperation、joined-up、partnership、working together 等概念有细微的差别，但是其基本含义是相同的，即将各股力量整合、协调起来以发挥整体效应。基于近年来国际公共管理学的研究习惯，本书使用"collaboration"一词表示协同，它不仅有协调合作之意，而且强调由于协调合作产生新的结构和功能，强调协调合作的结果，即通过集体行动和关联实现资源最大化利用和整体功能放大的效应。这种效应既包括整体功能的放大，也包括产生新的、有序结构的质的飞跃；既可来源于组织合并等结构上的根本调整、实体资源的整合和隐形资源的共享，也可来源于一般意义上的关联和协调。各种相互联系的方式都可能产生协同，判断协同的标准不在于具体的联系形式，而在于是否形成了彼此啮合、相互依存的状态。② 需要说明的是，本书虽然从学理角度对协作、协调、协同进行了梳理，但是事实上学术界并未对这些概念的区别及使用规范达成共识，因此本书在此仅给出一个参考性的看法，并借此强调说明本书所指"协同"的含义，即针对碎片化状况的部门之间的协调与合作及其带来的整合效应等。③

那么到底该怎么界定跨部门协同？汤普森、麦克艾格等学者认为，"跨部门协同是带来更好决策和结果、带来方法创新以达到整个社会可持续发展的基本工具。它确保了知识共享，所有关键问题和部门得到适当的考虑，在适当的地方合作地制订决策和采取行动。它在具体问题上动用整个部门、资源和利益以共同达到具体的目标。它并不替代每个部门在各自负责的项目上的责任。它是一个机制，可以通过比如签署备忘录或协议这样的方式正式地实现，也可以通过非正式的方式，如有意各方召开年会考量成果、对下一步提出建议"等④。希克斯认为跨部门协同是政府部门间因为某

---

① E. Bardach, *Getting Agencies to Work Together: The Practice and Theory of Managerial Craftsmanship*, Washington DC: Brookings Institution Press, 1998, p.28.
② 李辉：《论协同型政府》，吉林大学2010年博士学位论文，第48页。
③ 本书选取的核心关键词是"协同"，但是由于三者概念内涵的交叉性，因此在具体行文论述的过程中也会依据中文的表达习惯交叉使用协调、协作、协同与合作等概念。
④ 汤普森、麦克艾格和威尔克斯：《跨部门合作原则及特点》，四川省委党校部门合作研讨会论文，2007年11月。

些特定的政策议题,形成不同政策领域(policy domain)间的互动关系,其所针对的主要是政府各部门之间缺乏协调的问题。①

本书对"跨部门协同"的定义是:政府内部的各种职能部门之间或职能部门与地方政府之间,针对跨部门的公共事务及政策议题,跨越各自的管理边界,协同开展横向协商与整合的行动,创建一种纵横协作、相互沟通、信息共享的集体互动与合作治理的需求与实践。这种合作发生在不同的政策领域和行政区域,体现在决策、执行、服务供给等不同的层次。

三、跨部门协同机制

"机制"一词最早源于古希腊文,原指机器的构造和运作原理。后来逐渐被运用在自然和社会现象领域,指其系统内部组织的运行变化规律。按照《现代汉语新词语词典》的解释,机制泛指一个工作系统的组织或部分之间相互作用的过程和方式,比如市场机制、竞争机制、管理机制、运行机制等;②理解机制这个概念,需要把握两点:一是事物(系统)的各个组成部分是机制存在的前提,否则就不存在各个部分之间的互动关系问题;二是协调各个部分之间的关系一定是一种具体的运行方式。简单来说,机制就是以一定的运作方式把事物的各个部分联系起来,使它们协调运行而发生作用。

"机制"一词一般与"体制"(System)相对应使用。体制是指国家机关、企事业单位在机构设置、领导隶属关系和管理权限划分等方面的体系、制度、方式、形式等的总称,如领导体制、管理体制等。③其关键点在于组织职能和岗位职责、权力大小的调整与配置。二者既有区别又有联系。从概念内涵上来看,首先体制侧重从静态的视角看制度内各权力主体之间的关系,即权、责、利的安排与分配,而机制则重视权力主体在实际的互动过程中所表现出的关系;其次,体制侧重于规范意义上政治权力结构的制度安排,而机制则强调实证意义上这种制度安排的执行效果;最后,体制侧重于从权力归

---

① Perri 6, D. Leat, K. Seltzer and G. Stoker, *Towards Holistic Governance: The New Reform Agenda*, New York: Palgrave, 2002. pp.31—35.
② 亢世勇、刘海润主编:《现代汉语新词语词典》,上海:上海辞书出版社2009年版。
③ 转引自孔伟艳:《制度、体制、机制辨析》,《重庆社会科学》2010年第2期。

属的角度分析政治权力结构,而机制侧重从过程的角度分析权力的运行过程。①

简单来说,通常我们认为"体制"侧重的是制度体系内部权力主体之间的结构性安排,涉及权、责、利的分配,而"机制"强调的是"运行"。但是本书所用的"跨部门协同机制"其概念内涵要大于传统意义上对"机制"的限定,它不仅包括"运行"的部分,还涉及"体制"的部分内容,如结构的设计与安排职责权限的调整等。这是因为,本书是在整体政府改革的时代背景下探讨"跨部门协同机制",按照OECD的说法,协同机制分为两类:结构性协同机制(structural mechanisms)和程序性协同机制(procedural mechanisms)。②为实现跨部门协同而设计的结构性安排,也被纳入了"机制"的讨论范畴,因此,本书借鉴了这一分类,对传统意义上"机制"的概念进行了外延上的扩大。本书所研究的"跨部门协同机制"是指有效协调政府各个部门之间,以及部门与地方政府之间关系的各种组织结构、制度及其运行方式的总称,具体包括政策措施、制度安排以及组织机构等。由于机制与体制唇齿相依的关系,在分析跨部门协同机制的组成及其实施效果时将不可避免会涉及深层次的体制性因素的探讨。

第三节 文献述评

一、国外相关研究

(一) 整体政府研究

随着20世纪80年代所兴起的世界性的政府改革浪潮,整体政府改革成为一个不可逆转的趋势。在此过程中形成的整体政府理论对改革起到了重要的指导作用,并成为西方公共行政领域一个不可或缺的体系。

西方有关整体政府的研究十分丰富,主要集中在整体政府产生的时代

---

① 张翔:《从体制改革到机制调整:"大部门体制"深度推进的应然逻辑》,《上海行政学院学报》2012年第2期,第61—68页。
② OECD Public Management Service/Public Management Committee (PUMA/MPM), *Government Coherence: The Role of the Centre of Government*, 2000, pp.6—7.

背景及核心特征研究、整体政府的主体及应用层次研究、整体政府的治理结构及运行机制研究等领域。

1. 整体政府产生的时代背景及核心特征

有关整体政府兴起的时代背景,希克斯、波利特等人认为,整体政府是伴随着当代社会问题的非结构化和前期新公共管理所带来的碎片化问题而产生的。吉欧夫·马甘(Geoff Mulgan)则从六个方面,归纳了整体政府产生的动因。他在《整体政府:过去、现在和未来》一文中指出,现存的政府结构和政策工具不能应对诸如贫困、竞争、环境等新问题;以前的改革议程不能适应复杂的问题情境和结合因特网的潜力;社会科学家提供了确凿的证据证明相互联系的问题迅速增加;信息和通信技术的发展减少了横向沟通与协调的成本;公众期望与消费者主义的影响使公民希望获得满足他们需求的公共服务;学界的关注点已经从原子化的模式转向越来越注重整体分析。[1]

希克斯总结了整体政府政策与管理方式上的12项特色,包括整体预算、围绕结果定义组织、联合信息系统、建立个案工作者的职位、基于结果的合同、预防性审计、强化预防工作的职责与地位、建立提供安全措施的预警系统、灵活性采购、文化审核、跨组织功能的结果测量等;汤姆·林(Tom Ling)从四个方面概况了整体政府的特征:一是通过整合文化与价值观、信息管理和人员培训等要素,创立新的组织形式;二是通过共享的领导、集合的预算、合并的机构和联合的团队寻找新的跨部门合作方式;三是通过一致共享的成果目标、绩效措施和规章制度建立新的责任和激励机制;四是通过联合磋商、共享客户焦点问题与界面提供新的服务供应方式[2];波利特从力图实现的目标角度,概括了整体政府的四个特征,即通过消除不同政策之间的矛盾和张力,直接有效地增加公共政策的效能;通过消除不同项目方案的重叠和冲突而充分利用资源;在政策部门的不同利益主体之间加强合作,传递优秀理念,形成一种协同的工作方式;以公民需求为导向,提供一套无缝隙的而

---

[1] G. Mulgan, "Joined-up Government: Past, Present and Future", in V. Bogdanor, *Joined up Government*, Oxford: Oxford University Press, 2005, pp. 175—87.

[2] Ling Tom, "Delivering Joined-up Government in the UK: Dimensions, Issues, and Problems", *Public Administration*, Vol. 80, No. 4, June 2000, p. 626.

不是碎片化的服务。①

2. 整体政府的主体与应用层次

从宏观上来说,整体政府涉及的主体是十分宽泛的,希克斯、利特、舒尔兹、斯科多(Perri 6, Diana Leat, Kimberly Seltzer and Gerry Stoker)等人认为整体治理的层级涵盖全球、大洲、国家、地区和地方这五个层级,它们之间通过网络技术的连接和相应的数据保护协议来共同应对日益增多的"跨界"公共议题;但是他们也指出整体政府的重心仍在政府内部机构和部门之间的功能整合。这种观点得到了大部分学者的认同,意大利学者马里奥(Di Maio)认为整体政府首先是在政府内部的合作,如在社会安全与国家税收部门之间的,或者在国家税收部门与海关之间的合作;其次是跨越不同层级的合作,如有着类似事务责任的不同层级政府(中央与地方)间的合作;再次,合作政府是跨越办事程序层级的一种合作,比如说在操作、管理和领导层之间加强合作,以提高政府对相关事情的反应能力以及洞察事物的变化能力;最后是在公私部门间的合作。②汤姆·林认为,跨界合作包括上下级政府之间的"纵向协同",同级政府之间、同一政府不同职能部门之间的"横向协同",政府公共部门与非政府组织之间的"内外协同",反恐或国际援助领域的国家间协同等。从应用的层次看,希克斯等学者将跨界合作归纳为四个层次:(1)政策制定中的协同或政策协同;(2)项目管理中的协同或项目协同;(3)服务提供(包括管制)中的协同;(4)面向个体的服务协同等。③澳大利亚政府在此基础上将跨部门协同简化为三个主要层次,即政策制定、政策执行和项目管理、公共服务提供。④

---

① Christopher Pollit, "Joined-up Government: A Survey", *Political Studies Review*, Vol. 1, Issue 1, 2003.

② Andren Di Maio, "Move 'Joined-Up Government' From Theory to Reality", *Industry Research*, No. 10, 2004, pp. 2—4.

③ Perri 6, "Joined-up Government in the Western World in Comparative Perspective: A Preliminary Literature Review and Exploration", *Journal of Public Administration Research and Theory*, Vol. 14, No. 1, 2004, p. 109.

④ Management Advisory Committee, Common wealth of Australia, *Connecting Government: Whole of Government Responses to Australia's Priority Challenges*, 2004.

3. 整体政府的治理结构和运行机制

治理结构研究。挪威学者克里斯汀森（Christensen）与列格里得（Leagreid）通过对整体政府的政治与行政领导的构成性质进行研究后，总结出了"整体政府"治理结构的两种治理形式：等级式和协商式。①等级式即通过强化中央的权威，采取自上而下的方式推动整体政府的改革，例如组建新的内阁/部委委员会或者联合小组等以加强政府部门之间的合作；也可以由首相或者内阁组建新的机构以加强部门之间的合作。协商式则强调以"协商而非等级命令"的方式来取得部门之间或组织之间的协调一致。在协商制中，政府跨部门合作依据的是组织之间的差异性，强调所有跨部门协同都是协商的结果，而不是等级命令。

运行机制研究。希克斯从结果导向出发，提出整体政府治理结构的政策、顾客、组织和机构四个层次的整合目标以及相应的运作机制。其中政策层面的目标是政府针对某特殊领域采取的干预性活动的跨界目标；客户层面的目标是满足顾客的需求或帮助其重塑偏好；组织层面的目标是组织关系的有效管理；机构层面的目标则是指参与跨界合作机构自身的目标。在希克斯看来，整合目标是实现"整体政府"治理结果导向的依据。他通过分析"输入—生产过程—输出—结果"四个维度搭建了整体政府在四个层次的基本的运作框架。② 经济合作组织（OECD）则根据目标一致性的原则提出了跨部门协同运行机制。第一，在宏观层面上要设定政府工作重点与战略规划，通过协调部际工作重点，化解冲突，平衡跨部门协同的重点，让中央政府的主要政策目标协调一致。第二，在组织协调方面，要根据不同的情况发挥各种协同机制的优势作用。例如部际委员会是促进部委与机构之间信息流动的渠道，有助于形成跨领域的"统一一致"的政策；专门工作组等临时性的协同机构有相当的灵活性，有助于增强组织的回应性。第三，在强化各公共主体作用方面，要承认现有的组织职能和运行框架，积极搭建各方参与、沟通和协商渠道，保证跨部门协同获得相应的建设与发展资源。第四，在实施

---

① T. Christensen, P. Leagreid, "The Whole-of-Government Approach to Public Sector Reform", *Public Administration Review*, Vol. 67, No. 2007, pp. 1059—1066.

② Perri 6, D. Leat, K. Seltzer and G. Stoker, *Governing in the Round: Strategies for Holistic Government*, London: Demos, 2001, pp. 60—61.

工具方面,要建设信息沟通网络,在政府中塑造跨部门协同的文化,促进跨部门协同向着统一、有序和协调的方向发展。①

(二) 跨部门协同研究

1. 跨部门协同机制的研究

经合组织对跨部门协同机制进行了分类,根据实现协同的手段和措施的不同,跨部门协同机制可以分为两大类:"结构性协同机制"和"程序性协同机制"。结构性协同机制侧重政策协同的组织载体,即为实现政策协同而设计的结构性安排,如中心政策小组、部际联席会议、跨部门政策小组等。程序性协同机制则侧重于实现政策协调的程序性安排和技术手段,如面临"跨界问题"时的议程设定和决策程序、制度化信息交流和沟通程序、促进政策协同的财政工具和控制工具的选择等。②国外学者对两类协同机制的具体形式、适用情境、运作原则等进行了系统深入的研究,对程序性机制所包含的具体工具及其效果也进行了系统深入的研究。

2. 跨部门协同促进和阻碍因素研究

哈尔帕特(Halpert)认为跨部门协同的促进和阻碍因素可以分为两类:"解释性因素"和"背景性因素",解释性因素涉及的是组织或部门成员的态度、价值以及个人的预期,例如部门间有良好的合作经历以及相似的资源、目标或需要,那么必然会促进跨部门协同的达成;反之,如果两个部门之间有不好的关系或者印象,并且各自的核心关注点、意识形态不同的话必然会阻碍跨部门协同的达成。背景性因素涉及的则是部门内部的环境、条件等因素。例如地理上比较接近、边界相互渗透或者存在互补性的组织或者人事上的关系必然有利于跨部门协同;反之,如果两个部门没有或者缺少边界的渗透,官僚化或者部门化严重,必然会阻碍协同的达成③。贝斯·盖兹利(Beth Gazley)从公共管理者的角度,提出了跨部门协作的四大影响因素:

---

① OECD Public Management Service/ Public Management Committee, *Government Coherence*: *the Role of The Centre of Government*, 2000, pp.6—7.
② 周志忍、蒋敏娟:《整体政府下的政策协同:理论与发达国家的当代实践》,《国家行政学院学报》2010 年第 6 期。
③ 转引自:E. Meijers, and D. Stead, "Policy Integration: What Does It Mean and How Can It Be Achieved? *A Multi-disciplinary Review*," paper presented at the Human Dimensions of Global Environmental Change: Greening of Policies, Berlin, 2004.

(1)个人特质要素,包括政治思想、性别。(2)培训教育要素,包括专业教育与培训、工作任期。(3)环境与法律要素,包括政府间政策,激励机制;伙伴的机遇和效力;能力;工作需要;党派从属。(4)直接和间接经验要素,包括伙伴的声誉;伙伴关系的以往结果;信任伙伴;作为志愿者的经历;与志愿者打交道的经验[1]。艾尔特和海芝(Alter & Hage)、英国政府(《现代化白皮书》,1999)、经合组织等则从成本/收益角度,对跨部门协同的促进和阻碍因素进行了系统研究分析。艾尔特和海芝[2]指出在跨部门合作中可能需要付出的成本包括:失去技术优势、资源(时间、金钱、信息、合法性等);被失败牵连,分担失败的成本;失去稳定性、确定性以及由于协调问题导致办法的延误等。合作同样也会带来丰厚的收益,包括:获得对某一领域影响的权力;应对不确定性的能力增加;解决看不见的、复杂的问题;应对专业化或多样化的问题以及获得双向的支持、组织的整合、协调的工作关系等。英国的《现代化白皮书》从决策者的角度勾画了实行跨部门合作的成本和收益,认为主要的成本来自于责任不明、绩效难以衡量;主要的收益则来自于组织整体目标的实现和服务质量的提高。

3. 跨部门协同过程的研究

格雷确认了跨部门协同过程的三个阶段:(1)问题设定阶段:定义问题、承诺将协助模式作为解决问题的一种方式、确认适当的利益相关方、确立每个利益相关人的参与水平、确认召集人和资源;(2)方向设定阶段:建立公开和相互尊重的基本原则、设定工作议程、组织协作过程、获取信息、探寻方法和达成协议;(3)实施阶段:在每个利益相关组织内部获得各要素的一致意见、获得外部支持、搭建必要的结构和适应任何要求的变化、监控活动和服从情况。[3]巴达赫在其"巧匠理论与实践"中,研究了跨部门合作的"要素框架"和"过程框架",前者包括情境、机会、角色、潜质、聪明实践等,后者则分为"梯级平台构建"和"势头建设"两个相互联系的动态过程。其中"梯级

---

[1] Beth Gazley, "Intersectoral Collaboration and the Motivation to Collaborate: Toward an integrated Theory", in Lisa Blomgren Bingham and Rosemary O'Leary (eds.), *Big Ideas in Collaborative Public Management*, M. E. Sharpe, Inc. 2008, p.37.

[2] C. Alter, and J. Hage, *Organizations Working Together*, Sage, Newbury Park, 1993.

[3] Barbara Gray, *Collaborating: Finding Common Ground for Multiparty Problems*, San Francisico: Jossey-Bass, 1989.

平台构建"涉及运行能力的建设和演进过程;"势头建设"则集中于资源获取,二者相互联系形成了一系列成功的连锁反应。"巧匠理论"认为跨部门协同的过程就好比建房子,聪明的政治家和管理者能够像"巧匠"一样有效整合现有的资源创造出新的可能。①林和范迪文等②为思考跨部门协同过程提供了一个特别有用的思维框架,他们把协同看成是反复循环的过程,而不是线性过程。利用这一逻辑框架,参与协同的组织或部门能够根据他们的集体行动针对其最低的适度预期进行谈判,然后对初期的行动做出承诺。如果集体行动以一种互惠的形式执行,参与部门就会继续或拓展其相互的承诺。如果这些承诺没有在互惠的基础上执行,参与部门就会通过重新谈判或减少承诺的方式启动适当的纠正措施。

4. 各国跨部门协同的实践研究

一是不同国家跨部门协同的侧重点、目标、推进力度、效果等的比较研究。例如,Hopkins 和 Moor 等以加拿大政府为研究对象,总结归纳了加拿大政府的五种协同模式或机制安排:(1) 协调安排,即将联邦部门或机构以及其他的伙伴集合在一起,在共同的利益领域协调、催化彼此的工作;(2) 联邦横向合作秘书处,通过秘书处可以直接进行资源的正式分配;(3) 政府间合作协议,即联邦政府与其他各级政府或机构就某个跨辖区界限的问题,签订正式协议,承诺为合作提供资源并承担一定的职责;(4) 服务网络或共享目标,即通过包括政府在内的多方合作,向公众或者一个特定的行业或商业领域提供整体性的服务,或协同一致追求共同的目标(例如促进国际贸易等);(5) 广泛的政策咨询或开发论坛,即由联邦政府提供资源,建立一个磋商或讨论机制,吸纳联邦政府、其他各级政府、大学、私人部门或者志愿者部门及个体专家等各方的参与。③二是具体政策和公共服务领域跨部门协同的经验研究和案例研究。例如,Kinder 以英国地方政府基础设施服务建设为案例,

---

① 〔美〕尤金·巴达赫:《跨部门合作:管理"巧匠"的理论与实践》,周志忍、张弦译,北京:北京大学出版社2011年版,第211页。

② Peter Smith R., and Van de Ven Andrew H., "Development Processes of Cooperative Inter-organizational Relationships", *Academy of Management Review* Vol.19, No.1, 1994, pp.90—118.

③ Mark H., Chantal C. and Elizabeth M., Moving From the Heroic to the Eeveryday: Lessons Learned from Leading Horizontal Projects. Canadian Centre for Management Development, 2001.

探讨了如何使用联合的技术和共享的公共基础设施来改善地区的公共服务。① Darlington 和 Feeney 等学者采用量化分析的方法,以澳大利亚儿童保护和心理健康部门(Child Protection Services and Mental Health Services)的合作案例探讨了促进或者阻碍跨部门协同的因素,并得出结论认为尽管儿童保护和心理健康部门的工作人员有合作的意愿,但是他们需要持续的结构和资源的支持;组织的结构和提供服务的方式是影响跨部门协同的主要因素;有效的跨部门协同是一个复杂的过程,需要得到充分的政策支持和资源②。三是特定领域(反恐、对"脆弱国家"的国际援助、欧盟共同劳工政策)的跨国家协同研究等。

二、国内相关研究

近年来,有关"跨部门协同"的议题得到越来越多国内学者的关注,相关研究成果也日渐丰富。综合来看,中国学者关于整体政府、跨部门协同的研究,主要可以分为两个层面:一是国内学者对西方整体政府理论与实践的研究;二是国内学者对中国跨部门协同的研究。具体来说,第一个层面又可以分为对西方整体政府理论研究和对西方整体政府的相关实践研究;第二个层面又可以分为三个层次:第一个层次是大部制视角下政府部门间协调配合机制研究,强调大部制改革背景下进行部门协调机制改革的必要性与重要性,提出完善传统行政协调机制的可能方式与途径;第二个层次是某个特定领域或层面的跨部门协同研究,主要集中在突发性公共事件、食品安全监管、电子政务协同、跨域环境治理等领域;第三个层次是超越某一特定领域有关跨部门协同综合研究,这部分研究与本书试图从宏观综合角度研究跨部门协同机制的途径相似,因此也是本书综述评论的重点(见图1-3)。

---

① T. Kinder, "Introducing an Infrastructure for Joined-up-Government in Local Public Administration: a West Lothian Case Study", *Research Policy* 31, 2002, pp. 329—355.

② Yvonne D. et al., "Interagency Collaboration between Child Protection and Mental Health Services: Practices, Attitudes and Barriers," *Child Abuse & Neglect* 29, 2005.

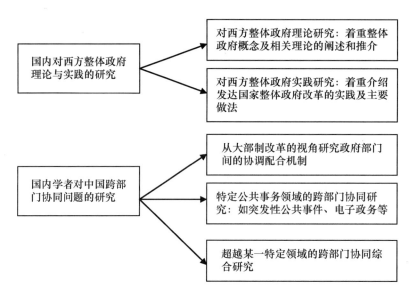

图 1-3　中国学者关于跨部门协同的研究视角

（一）国内对西方整体政府理论与实践的研究

1. 对西方整体政府的内涵和理论体系的研究

和其他新的领域一样,整体政府涉及庞杂的概念和理论体系,国际学术界在许多方面尚未形成共识。因此,介绍和推介这一新的理论也就成为早期国内学者研究的主要方向。陈瑸是国内最早介绍整体政府理论的学者,他在《东南学术》上发表的《合作政府:英国行政改革的新走向》一文,首先将"Joined-up Government"翻译成"合作政府",并指出"合作政府"是许多致力于"改造政府"的国家,如英国、新西兰、澳大利亚、加拿大以及美国一些地方政府在20世纪90年代中期之后的新的改革方向。其目标是要超越以往只关注以功能为导向的预算、目标、激励、机构管理和责任机制方面的改革,转向追求包括政策制定、机构内部和机构之间、财政预算以及信息系统上的整合,以此打造以包容性(inclusive)和整合性(integrated)为特征的"合作政府"。① 2005年台湾大学政治学系彭锦鹏在《政治科学论丛》发表的《全观型治理:理论与制度化策略》,全面介绍了佩里·希克斯整体性治理(Holistic

---

① 陈瑸:《"合作政府":英国行政改革的新走向》,《东南学术》2002年第5期,第30页。

Governance)理论的缘起、发展和内容,彭锦鹏认为"整体性治理理论可望成为21世纪有关政府治理的大型理论(Grand Theory),是继传统官僚制、新公共管理之后的第三代公共行政理论典型范式"①,并提出了实现整体性治理的三项制度化策略:运用资讯科技搭建线上治理平台、建立整合型政府组织和主动型文官体系。

竺乾威在其《公共行政理论》一书中,利用一章的篇幅系统介绍了西方整体性治理(整体政府)的起源和背景、概念框架和目标,并对整体性治理的四大功能性要素——信任、信息系统、责任感和预算的重要性和作用进行了阐述。②周志忍在《整体政府与跨部门协同》一文中明确了整体政府及其相关概念(如网络化治理、水平化管理、协同政府、跨部门协同等)的内涵即强调制度化、经常化和有效的"跨界"合作以增进公共价值,并指出整体政府理念并不是对分工和专业化的否定,它所针对并试图取代的是"碎片化政府"。曾维和围绕整体政府产生的背景动因、内涵目标、组织模式发表了多篇论文。③在《当代西方"整体政府"公共服务模式及其借鉴》中,张立荣、曾维和总结了"整体政府"公共服务模式的三个基本特征,对澳大利亚的最佳实践公共服务模型进行了解析,并从价值取向、组织结构、供给方式、技术手段等四个方面对我国建设服务型政府和进行公共服务体系改革提出了建议。④

我国台湾学者韩保中,援用新涂尔干理论及组织社会学的分析框架,从理论层面详细探讨了整体性治理理论的发展历程、组织协调论题等,强调了整体性治理理论的重要价值。⑤曾令发研究了整体性治理的行动逻辑,指出整体性治理是对官僚制和新公共管理所追求的工具理性的重新解读,通过

---

① 彭锦鹏:《全观型治理:理论与制度化策略》,《政治科学论丛》2005年3月,第73页。
② 竺乾威:《公共行政理论》,上海:复旦大学出版社2008年版,第452—474页。
③ 曾维和:《西方"整体政府"改革:理论、实践与启示》,《公共管理学报》2008年第4期;《从"企业家政府"到"整体政府":当代西方政府改革组织创新的逻辑及方法》,《华中科技大学学报》2008年第5期;《当代西方政府改革创新的反思》,《思想战线》2009年第1期;《"整体政府"论——西方政府改革的新趋向》,《国外社会科学》2009年第2期;《当代西方政府治理的理论化系谱:整体政府改革时代政府治理模式创新解析及启示》,《湖北经济学院学报》2010年第1期。
④ 张立荣、曾维和:《当代西方整体政府公共服务模式及其借鉴》,《中国行政管理》2008年第7期,第108—111页。
⑤ 韩保中:《全观型治理之研究》,《公共行政学报》2009年第31期,第1—48页。

重视协调和整合来实现公共治理的效率;同时整体性治理强调公民身份在治理中的作用,寻求公共价值理性的回归。① 翁士洪介绍了整体性治理理论兴起的时代背景、概念、特征、实际运用情况、存在的障碍和缺陷及其前景,认为整体性治理强调整体与合作,其组织创新主要体现在以协同为特征的组织形态、以结果为导向的组织目标和以整合为核心的运作机制,同时强调官僚制的组织结构基础,等等。

2. 国内对西方整体政府实践研究

"整体政府"作为一种理论范式,其内容来源于实践,与实践密不可分。国内已经有不少学者在研究整体政府时,将关注的焦点放在了西方发达国家整体政府改革的实践层面。解亚红从决策统一、目标整合、组织整合和文化整合四个层面详细地介绍了英国改革的一系列举措,并从政府职能回归、超越竞争、强调合作等角度总结了英国整体政府改革特点②。李海峰总结了加拿大政府在面对诸多跨界政策和管理问题时构建跨部门协同网络的五个方法和途径:目标需要是跨部门协同的前提;独立的议事协调机构是加拿大政府部门协同成功运行的组织实体;行政协议是协作制度化的保证;强调建立在共识决策原则基础上的合作伙伴关系;有效执行与可问责的监督制度设计③。

周志忍、蒋敏娟以整体政府背景下的政策协同为主题,选择宏观、中观两个层面介绍了西方主要发达国家的政策协同实践,并联系中国的实际指出中国的协同困境可能来源于行政体制和技术性机制两个方面,在目前中国的政治行政体制难以实现重大变革的情况下,借鉴西方国家的经验从程序性机制和技术细节中寻找原因,可能更有意义④。孙迎春从公共协作治理的角度阐述了美国国家海洋政策产生的背景、政策框架和运行机理,强调有效的协作治理需要建立一个可以整合各种原则和网络的体制机制⑤;同时在

---

① 曾令发:《整体型治理的行动逻辑》,《中国行政管理》2010年第1期,第111—114页。
② 解亚红:《"协同政府":新公共管理改革的新阶段》,《中国行政管理》2004年第5期。
③ 李海峰:《加拿大政府跨部门协同的实践及其启示》,《"建设服务型政府的理论与实践"研讨会暨中国行政管理学会2008年年会论文集》,2008年12月,云南昆明。
④ 周志忍、蒋敏娟:《整体政府下的政策协同:理论与发达国家的当代实践》,《国家行政学院学报》2010年第6期。
⑤ 孙迎春:《公共部门协作治理改革的新趋势——以美国国家海洋政策协同框架为例》,《中国行政管理》2011年第11期,第96—99页。

她的另外一篇论文中,对澳大利亚整体政府改革的历程进行了简要的回顾,并选取该国政府最新的实践案例,从宏观决策协同、中观政策协调和微观服务供应的角度阐述了澳大利亚跨部门协同机制的最新发展。①袁方成、盛元芝从新公共管理改革出发,揭示了新西兰政府部门"碎片化"产生的原因,并从矫正和调试的角度讨论了整体政府改革在新西兰的诞生及发展,认为新西兰社会服务部门的改革,在具体政策层面是源于"碎片化"制度缺陷等问题的推动,而从更深层次来看,则体现了公共行政范式的转换②。

(二) 国内学者对中国跨部门协同问题的研究

1. 大部制视角下的跨部门协同机制研究

随着我国行政体制改革的深化,一部分学者开始关注大部制与政府部门间协调配合机制问题。北京大学政府管理学院的周志忍教授最先提出,"跨部门协调配合机制与大部制同等重要","部门再大,也得有个边界,超越这一边界,职责交叉就是必然的,矛盾和扯皮也是不可避免的,大部门之间也不例外。……热炒大部制而忽视'部门间的协调配合机制',不能不说是一个遗憾。"③

正是在这样的理性呼声下,近年来我国逐渐出现了一些从大部制的视角研究跨部门协同机制的研究。如施雪华从政府部门内整合的视角出发,分析了推行大部制的优点,及其可能的一些负效应,并指出新建立部门或重组合并现有部门的时候,应考虑到合并后的部门内部协调的问题,并建立相应的内部协调沟通机制。④麻宝斌和仇赟的《大部制背景下中国中央政府部门间行政协调机制》研究论述了大部制改革的进程中,探讨部门间行政协调机制具有重要意义,并归纳了我国现行的中央政府部门间行政协调的三种类型,即会议、组织机构和主要领导参与。⑤乔小明从四个方面阐述了大部制改革进程中建立与完善政府部门间协调机制的必要性,认为我国政府部门

---

① 孙迎春:《澳大利亚整体政府改革与跨部门协同机制》,《中国行政管理》2013年第11期。
② 袁方成、盛元芝:《对新西兰整体政府改革的理解》,《政治学研究》2011年第5期,第107—114页。
③ 周志忍:《大部制:难以承受之重》,《中国报道》2008年第3期。
④ 施雪华、孙发锋:《政府"大部制"面面观》,《中国行政管理》2008年第3期。
⑤ 麻宝斌、仇赟:《大部制前景下中国中央政府部门间行政协调机制研究》,《云南行政学院学报》2009年第3期,第51—53页。

间协调机制主要有三种类型:水平式、垂直式以及垂直水平并用的部门间协调机制。①朱玉知在《跨部门合作机制:大部门体制的必要补充》一文中指出,"建立协调议事机构和机制无法突破传统的协调限制,且成本高昂,应该按照职能整合原则,重组政府机构,推进核心能力部门建设,围绕特定的政策目标,在不取消部门边界的前提下实行跨部门合作"。②

张翔从体制与机制的关系的角度提出"机制调整是大部门体制深入推进的主要途径",他认为通过建立跨部门的合作机制,促进部门之间在现实运行过程中的制度化沟通与协商,使政府部门结构能够有机化有利于从实质上推进"大部门体制"的制度安排落到实处。③胡象明、陈晓正从更加微观的视角入手,将目光聚焦于大部门内部的司局管理层,提出了目前部门体制改革所面临的内部协同困境,探索经由部内治理结构的优化来对业务协调、职能整合和司局融合三个命题的破解之道。④

2. 某个特定领域或层面的跨部门协同研究

目前国内关于特定领域的跨部门协同研究主要集中在突发性公共事件、食品安全监管、电子政务协同以及跨界流域治理等领域。

(1) 突发性公共事件领域的跨部门协同研究

近年来,随着"非典"、汶川地震、食品安全事故等突发性公共事件的频发,学术界有关突发性公共事件中的部门协同研究也逐渐增多。于晓光等以近年来我国一系列重大公共突发事件为例,阐述了行政协调存在的理论和现实基础,并进一步探讨了如何建立和完善我国公共突发事件行政协调机制⑤。吕志奎、朱正威的《美国州际区域应急管理协作:经验及其借鉴》,详细介绍了美国《州际应急管理互助协议》的体制特点,即以互惠意愿与协作

---

① 乔小明:《大部制改革中政府部门间协调机制的研究》,《云南师范大学学报》2010年第4期,第73—78页。
② 朱玉知:《跨部门合作机制:大部门体制的必要补充》,《行政与法》2011年第10期,第13—16页。
③ 张翔:《从体制改革到机制调整:大部门体制深度推进的应然逻辑》,《上海行政学院学报》2012年第13卷第2期,第61—68页。
④ 胡象明、陈晓正:《"大司局"视野下大部制改革内部运行机制微谈》,《南京社会科学》2011年第5期,第68—72页。
⑤ 于晓光、时秋、宋慧宇:《完善公共突发事件行政协调机制》,《社会科学战线》2009年第9期,第187—190页。

能力为基础,将制度化协作契约、网络化协调机构和整体化协作流程融于跨州区域应急管理协作制度框架,总结了该协议给中国跨行业、跨领域和跨地域重特大事件处理应对带来的启示①。胡建奇的《美国反恐跨部门协同研究》从组织保障、技术保障和运作过程三个层面,阐述了美国政府为促进反恐中的跨部门协同所做的努力②。彭辉安以整体性治理为视角,讨论了我国跨域危机治理的现实困境,认为我国跨域危机治理中存在的碎片化问题制约了对危机的良好治理,耗费了社会资源,导致公共利益得不到切实保障,强调应依据"整体性治理"理论重塑跨域危机治理体系,实现跨域危机的协同共治③。

（2）食品安全监管领域的跨部门协同研究

张晓涛、孙常学分析了我国食品安全监管体制的现状和问题,并提出在食品安全监管诸多问题中,监管主体的设置与职能分配是核心问题,分段监管的运行模式暴露出部门之间的协调问题,改革思路是将多部门监管体系转变为综合部门监管体系,加大协调的力度完善协调机制④。但是对这一结论,有学者表示了质疑,冀玮认为现阶段我国实行多部门监管的体制有其必要性,并且从总体上看多部门分段监管总体上利大于弊⑤。王洛忠、郝君超、朱美静以我国牛奶行业食品安全监管为例,分析奶业食品产业链的构成环节及监管措施,并借鉴西方协同政府理论,提出了我国奶业食品安全的协同监管模式。⑥韩忠伟、李玉基分析了传统分段监管模式的现实障碍,强调食品安全分段监管易产生行政权的碎片化,导致职能部门对监管权行使的掣肘与推诿,"多管"与"少管"甚至"不管"已经成为我国食品安全事故频发的根源,并指出我们应该借鉴美国和日本体现行政权衡平的食品安全监管模式,

---

① 吕志奎、朱正威:《美国州际区域应急管理协作:经验及其借鉴》,《中国行政管理》2010年第11期,第103—109页。
② 胡建奇:《美国反恐跨部门协同研究》,北京:中国人民公安大学出版社2011年版。
③ 彭辉安:《困境与出路:我国跨域危机治理的现状考察》,《四川行政学院学报》2012年第4期。
④ 张晓涛、孙常学:《我国食品安全监管体制:现状、问题与对策》,《经济体制改革》2008年第1期,第45—48页。
⑤ 冀玮:《多部门食品安全监管的必要性分析》,《中国行政管理》2012年第2期。
⑥ 王洛忠、郝君超、朱美静:《协同政府视域下的我国奶业食品安全监管体制探析》,《中国行政管理》2009年第10期。

重构我国的食品安全监管体系[1]。此外,颜海娜[2]、常存平、刘智勇[3]、宋强,耿弘[4]等学者也相继从整体政府的视角对我国食品安全监管体制未来的改革和发展方向进行了探讨。

(3) 电子政务领域的协同研究

杜治洲和汪玉凯提出,电子政务冲击了层级节制的集权体系,调整了政府部门边界,增强了政府部门的协作,改变了政府管理主体的构成,催生了新的协同管理模式,包括政府内部纵向分权协同管理、政府部门协同管理以及政府与其他管理主体协同管理[5]。杨冰之认为协同政务是中国电子政务发展的趋势与实现之道。协同政务是提高政府效率的必由之路,我们必须建立以需求为导向的协同机制,通过项目建设与管理创新来实现局部协同,高度重视制度层面的协调与协同,要有压力机制与示范效益,共同实现政务协同。[6]张建分析了协同电子政务的协作特点和优势,并指出协同电子政务是对政府自身运作能力的强化,有助于政府组织实现职能整合、信息整合、业务整合、流程整合、最终实现政务工作和服务的全面提高[7]。龚立群、高琳、魏疆在对国内外电子政务协同典型案例进行比较分析的基础上,构建了一个由外部环境域、协同网络域和协同部门域所构成的协同政务影响因素模型,并分析了协同政务的主要影响因素及这些因素间的相互作用。[8]

(4) 环境治理领域的跨部门协同研究

王玉明探讨了广东环境治理中政府的协同困境,认为在现行的环境体

---

[1] 韩忠伟、李玉基:《从分段监管转向行政权衡平监管——我国食品安全监管模式的构建》《求索》2010年第6期。
[2] 颜海娜:《我国食品安全监管体制改革——基于整体政府理论的分析》,《学术研究》2010年第5期。
[3] 常存平、刘智勇:《整合与协同:我国食品安全监管体制改革的方向》,《四川行政学院学报》2012年第3期。
[4] 宋强、耿弘:《整体性治理——中国食品安全监管体制的新走向》,《贵州社会科学》2012年第9期。
[5] 杜治洲、汪玉凯:《电子政务与政府协同管理模式的发展》,《中共天津市委党校学报》2006年第2期,第40—43页。
[6] 杨冰之:《协同政务:中国电子政务的趋势与实现之道——电子政务的突出问题与解决思路谈之四》,《信息化建设》2005年第6期,第22—23页。
[7] 张建:《跨部门协同电子政务的协作模式研究》,《东岳论丛》2006年第4期,第205—206页。
[8] 龚立群、高琳、魏疆:《网络环境下协同政务的影响因素研究》,《电子政务》2011年第7期,第68—74页。

制下,政府相关部门在环境治理中的职能不清、协调不顺,体现在环境行政主管部门与分管部门协作困难、政府的政策规划制定与环境审批不协调、流域管理机构与行政区管理部门合作困难、上下环境行政主管部门间集体行动困难等[1]。朱德米以太湖流域水污染防治为案例,从政策制定、执行和监督三个层次分析了跨部门合作机制的现状以及深化合作的政策建议[2]。王洛忠从协同政府的角度研究了我国推进绿色经济中的跨部门协同,指出我国在推进绿色经济建设中需要借鉴西方"协同政府"的理念和做法,既要构建中央政府与地方政府之间的纵向协同机制,又要构建不同区域地方政府之间和同一级政府不同职能部门之间的横向协同机制[3]。柯坚从法律的视角,考察了环境部门法的形成和发展,并指出环境问题的跨部门协同有赖于部门法之间的对话、沟通与互动。[4]郑寰以流域水资源保护为例对涉及多个层级和多个部门集体行动的政策执行现象进行了分析,认为我国目前"集权式"的政策执行结构是执行碎片化困境产生的主要原因,流域水资源保护涉及多个职能部门,需要利益相关者的大量政策对话和协作沟通,而各个部门在执法依据、权力责任上都来源于纵向"条条"的划分,这种命令型的封闭治理模式阻碍了跨部门协同治理的实现。[5]

3. 超越某一特定领域的跨部门协同综合研究

随着研究的深入,近年来也出现了一些从系统全面的视角研究跨部门协同的研究。这类研究通常超越了某一特定领域,从综合视角研究中国的跨部门协同,采取问题—对策式的研究路径。涉及这一部分的研究是与本书最为接近的研究领域,相关研究文献并不多。

华奕曦基于我国政府组织中存在的"机构臃肿、设置重叠、职能交叉、人

---

[1] 王玉明:《广东环境治理中政府协作困境及原因分析》,《广东省社会主义学院学报》2009年10月。
[2] 朱德米:《构建流域水污染防治的跨部门合作机制——以太湖流域为例》,《中国行政管理》2009年第4期,第86—91页。
[3] 王洛忠:《中国推进绿色经济中的跨部门协同》,《经济研究参考》2011年第2期。
[4] 柯坚:《当代环境问题的法律回应——从部门性反应、部门化应对到跨部门协同的演进》,《中国地质大学学报(社会科学版)》2011年9月第5期,第25—32页。
[5] 郑寰:《跨域治理中的政策执行困境——以我国流域水资源保护为例》,《甘肃行政学院学报》2012年第3期。

浮于事、效率低下"等现象,提出政府组织协同性的研究。①论文以结构功能主义理论为依据,结合实际情况对横向和纵向政府组织的机构设置和运行机制进行了协同性分析,并提出了提高政府组织协同性的途径。李积万分析了部门间协调的概念和类型,他认为"部门间协调是指在公共管理过程中政府部门之间建立相互协作和主动配合的良好关系,以及有效利用各种资源实现共同预期目标的活动"②,他概括了部门间协调的三种形式:垂直式、水平式以及垂直水平并用的模式,并对现有部门间协调机制存在的问题进行了简要阐述。徐超华在其发表的论文《政府部门间协调机制问题研究》中首先指出健全部门间协调机制是我国行政管理体制改革的新目标和新要求,并对我国部门间协调存在的主要问题进行了探讨,他认为就现状来看,主要存在三个问题:协调启动与协调机构设置的随意性、协调过程的随意性、对协调的监督与追责的缺失,随后他从组织结构、政府职能配置以及决策集中执行分散的角度提出了对策建议。③

高轩、朱满良在《我国政府部门间关系的探讨》一文中,以同级政府横向层面上的部门间关系为研究重点,阐述了我国政府部门间关系的三重困境,"抢着管""都不管"以及"都难管",并分析认为机构臃肿、职责不清、部门利益化、部门间协调难是导致部门间关系困境产生的原因,在此基础上,论文提出了改善部门间关系的对策④。高轩的另一篇论文《整体政府与我国政府部门间协调》是将"整体政府"与我国政府部门间协调问题联系起来研究的初步尝试,该文从整体政府兴起的背景、含义和特点入手,着重探讨了整体政府模式对我国部门间协调的启示。随后,他又在其博士论文《当代中国政府组织协同问题研究》中利用协同理论、系统理论、治理和组织间网络理论研究了政府组织协同的变量和产生的效应,并从组织结构、权力结构和职能结构出发,简要分析了西方国家政府间和政府部门间的协同状况,着重梳理了中国政府组织协同的发展脉络,并根据中国政府组织协同的现状和问题,

---

① 华奕曦:《政府组织协同性研究——基于结构功能主义理论》,河海大学2006年硕士学位论文。
② 李积万:《我国政府部门间协调机制的探讨》,《汕头大学学报(人文社会科学版)》2008年第6期。
③ 徐超华:《政府部门间协调机制问题研究》,《四川教育学院学报》2009年第11期。
④ 高轩、朱满良:《我国政府部门间关系的探讨》,《四川行政学院学报》2010年第1期。

提出了提高政府组织协同性的相关建议。①

李琳从部门职能界定的角度对部门间协调配合机制进行了研究,着重探讨了部门职能界定与部门间协调配合机制的关系,认为合理界定政府职能是健全部门间协调配合机制的前提,二者相辅相成,分析了政府部门职能界定缺失的表现、原因及其对部门间协调配合机制的负面影响,通过借鉴国外实践经验和理论成果,针对当前协调配合机制的弊端从行政文化、监督机制、法律保障等层面提出对策。②李勇、王喆以济南市政府为例,总结了市级政府层面的三种主要的协调配合机制——会议协调、架构组织和主要领导参与;分析并阐述了济南市政府部门间协调配合机制实施过程中存在的五个问题。③

三、对现有文献的述评

应该说,上述国内外已有的研究成果为该领域的研究提供了丰富的参考资料和有力的论点支持,并且开阔了本研究的视野。尤其是大部制视角下部门间协调配合机制研究以及宏观视域下的政府部门协同综合研究的相关成果对本研究影响甚大,奠定了本书的基础和框架。但是具体来看,国内有关跨部门协同的宏观系统研究还存在以下不足:

首先,有关中国跨部门协同机制专门性研究成果总体来看还是不够,并且相关研究对我国政府跨部门之间的协同问题的纵深分析与考证也不够,导致研究分析的精确度欠佳。中国跨部门协同机制现状及存在的问题应该是相关研究的逻辑起点。这些问题的产生涉及制度、政策、操作和技术工具等多个层面,不是仅仅局限于"一个原因产生一个问题"的线性思维,而是有着相当复杂的逻辑、制度与行为相互交织的原因。然而,现有的研究要么对存在的问题和产生问题的原因进行简单罗列泛泛而谈,要么干脆避开对原因的分析,直接进入对策研究,这样的逻辑设计,大大影响了"对策"的针对性和有效性。

---

① 高轩:《当代中国政府组织间协同问题研究》,中共中央党校 2008 年博士学位论文。
② 李琳:《部门职能合理界定与健全部门协调配合机制研究》,湘潭大学 2011 年硕士学位论文。
③ 李勇、王喆:《市政府部门间协调配合机制研究》,《机构与行政》2013 年第 3 期。

其次,对国外经验的借鉴存在着"引用过度"和"借鉴不足"的双重现象。整体政府及其语境下的"跨部门协同"可以说是个舶来品,西方国家围绕政府的协同与整合已经进行了二十多年的改革,积累了丰富的经验,因此,参照和借鉴国外的先进理论和工作方法,是促进国内跨部门协同理论研究和实践发展的重要途径。但是,目前学术界对国外相关经验的介绍却存在着"引用过度"和"借鉴不足"的双重现象。已有的相关研究,十分重视西方国家跨部门整体政府理论及实践的介绍,与之相对应的对中国跨部门协同的现状及问题的分析却大大不足。笔者认为,这不能不说是一大遗憾,因为在对本土的情况了解尚不透彻的情况下,便匆忙地照搬国外的经验,满足于西方理论和方法的简单移植,很有可能会陷入西方理论和方法"普遍适用"的认识误区。而在另一方面,现有的文献又存在着对西方国家经验"借鉴不足"的问题,目前大部分文献对西方国家经验的研究偏好按照国别进行梳理,侧重介绍西方国家的一般做法,还鲜有学者从具体的层面对国内外的政策设置及协同情况进行详细的对比分析,在这种情况下,"国外经验借鉴"往往成为一种"装饰物",其价值和精髓并未也很难渗透到研究结论当中。由于政治体制、社会背景、经济发展水平等条件的不同,先进的经验在我国可能会面临"水土不服"的问题。

再次,在研究的视角与方法上,已有研究侧重于规范的制度分析、描述分析和对策研究,缺乏整体上的理论构建。尽管学者们从对策研究角度提出的观点给人颇多启发,但是,对策研究的前提是学理研究,需要我们首先厘清学理层面的认知,了解学理研究已有的思路,方可建立一个对策研究的理论参照,进而才能为现实实践的对策设计提供学理上的支撑和参照。已有研究中鲜有在一个统一理论框架指导下,对跨部门协同存在的问题、原因解析与方案对策进行系统研究。尽管有不少学者都引入了"整体政府"的概念及其相关理论,但是大多数都还是停留在对整体政府产生背景、含义特点等基础内容上的重复介绍;少数一些学者虽然也开始将整体政府理论作为一种分析工具,但是其着眼点在于对某一个案例的分析,迄今为止还没有一个研究从整体政府的视角来搭建跨部门协同关系的理论分析框架。

最后,从更宽阔的学术视域来看,上述研究文献的屈指可数与其他相关问题(如府际关系、地方政府间关系、政府与社会的协同治理等)研究文献的汗牛充栋形成了鲜明的对比。这表明我国公共行政学界对政府跨部门协同问题及跨界政策议题的回应是相当匮乏的。正是这种理论研究的滞后,或者缺乏新的思考问题的视角,或者受传统思维定式的束缚,使得我们的政府公共管理实践在这一新型公共事务治理上缺乏系统和有效的机制,因而,没有取得预期的效果,这些问题时至今日仍然在延续,这不能不引起公共管理研究者的高度重视。正如江泽民所指出的:"实践基础上的理论创新是社会发展和变革的先导,通过理论创新推动制度创新,才能不断在实践中探索前进。"①因此,在后工业时代,面对着当代中国改革与发展中跨部门公共事务的凸显,我们不能墨守成规,也不能拘泥于传统政府公共管理的理论视角,应该在积累经验材料的基础上,进行理论创新,才能寻找新型治理之道,提高政府的管理水平和效能。

第四节 研究思路、方法及可能的创新

一、研究思路与分析框架

本书的研究目的是以整体政府理论为视角,探索中国的跨部门协同机制,梳理我国跨部门协同机制的现状,厘清其存在的问题及产生的原因,并在此基础上提出完善中国跨部门协同机制的对策。为了达到这一目的,需要建立一个以既有研究为基础的、更为统合的分析框架,以确定研究的具体方向、研究步骤和研究范围。

正如前述一系列观点所揭示的,"整体政府"涉及的范围和层面很广,既包括上下级政府之间的"纵向协同",同级政府之间、同一政府不同职能部门之间的"横向协同"也包括政府公共部门与非政府组织之间的"内外协同"。② 然而,正如波利特(Politt)分析的那样,"公—私"合作是"新公共管理"改革的主要内容之一,新一轮的"整体政府"改革从本质上讲固然要涉

---

① 江泽民:《全面建设小康社会,开创有中国特色社会主义事业新局面》,北京:人民出版社2002年版,第12—13页。
② 周志忍:《整体政府与跨部门协同——公共管理经典与前沿译丛首发系列序》,《中国行政管理》2008年第9期,第127—128页。

政府与私营组织之间的合作,但这并不构成本轮改革的主要侧重。英国政府在《现代化白皮书》中开宗明义地说道:"政府很重要(Government matters.)"①,明确地表明整体政府改革的重点在于关注政府本身,从政府自身出发解决问题。因此,尽管"整体政府"包含的范围很广,但是其重点被明确在政府部门自身是改革者的初衷;如何解决政府部门之间的、跨越组织边界的矛盾问题、实现公共部门之间的整合,才是"整体政府"改革关注的重点。与之相一致,本书对"整体政府"的讨论范围也将限定于政府内部各个部门之间,尤其是水平层级的政府部门之间。需要强调的是本书所探讨的"政府跨部门协同机制"中的"政府"是小政府即仅仅指行政机关,不涉及立法、司法机关,也不涉及政党。尽管不可否认,"党组织"在我国的政府体系中发挥着不可忽视的协调作用,但是一方面"党组织"的协调运作比较难以观察,另一方面都纳入研究范畴,可能导致研究对象过宽从而影响研究的深度,因此本书侧重的是行政部门内部的跨部门协同研究②。

研究范围的确定为我们的研究框架画了一个大圈,然而内部框架该如何搭建是我们下一步要考虑的问题。希克斯等学者将跨界合作归纳为四个层次:(1)政策制定中的协同或政策协同,例如地区级的环境、经济和交通政策的整合、地方战略规划伙伴关系以及跨部门的社区战略等。(2)项目管理中的协同或项目协同,例如地方当局和卫生部门联合委派的卫生与社会统一服务、跨部门的公共卫生或就业行动网络等;(3)服务提供(包括管制)中的协同,即强调服务之间关系的协调与整合,而不必考虑地理位置的匹配性,例如由卫生、安全、环境和数据保护等监管机构进行的联合检查,统一的航空—铁路—公路—出租车票务制度,学校、警察局和卫生部门等机构之间发起联合行动,共同解决青少年的不良行为等;(4)面向个体的服务协同,即围绕个体客户的需求、偏好提供整合的服务,例如提供针对个体服务的"一站式服务中心"、在线提供与人们生活息息相关的一揽子服务等。③

---

① Cabinet Office of Britain, Modernising Government, Cm4310, London: The Stationery office, 1999.
② 当然,由于我国的特殊国情,在某些时候党组织的作用难以忽略,我们也会在相应的部分对此有所提及和分析。
③ Perri 6, "Joined-up Government in the Western World in Comparative Perspective: A Preliminary Literature Review and Exploration", *Journal of Public Administration Research and Theory*, Vol. 14, No. 1, 2004, p. 109.

澳大利亚政府从实践出发将跨部门协同简化为三个主要层次,即政策制定、政策执行和项目管理、公共服务提供。① 由于面向个体的公共服务协同相较于前三个层次而言是更高的要求,因而在实践中较难实现。从政府行政管理的过程来看,政策制定——政策执行和项目管理——公共服务提供基本上涵盖了政府所有的行为与功能,因此本书在构建中国政府跨部门协同机制的分析框架时也借鉴了这一层次分类。

根据本书的研究目的,笔者将研究框架分为三个主要部分:叙事框架、诊断框架和对策框架。叙事框架所要回答的问题是:中国跨部门协同机制的现状如何?存在哪些协同失灵的现象?诊断框架要回答的则是:为什么我国会出现这么多协同失灵的现象?有哪些因素影响了跨部门协同的达成?最后,对策框架是要根据前两个框架的描述、分析及诊断,开出解决中国跨部门协同问题的有效"药方"。本书的分析框架见图1-4:

依据分析框架,本书的研究思路是首先按照OECD对协同机制的划分,从结构性机制和程序性机制两个维度对中国当前的跨部门协同的主要组织模式及协调方式进行梳理,确认中国跨部门协同的主导模式及其主要特征。其次从实际效果或者"绩效差距"着眼,围绕政策制定、政策执行与项目管理、公共服务提供三个层面,总结描述我国存在的跨部门协同失灵的现象;再次,从中国跨部门协同的"技术理性"和"制度理性"层面对造成跨部门协同失灵的原因进行剖析,从微观到宏观,由浅入深,探究中国跨部门协同失灵的体制因素及深层次原因。最后,根据对协同失灵的原因分析的"诊断",开出"对症药方"寻找中国跨部门协同的发展路径。

按照上述思路,本书共分为六章。

第一章导论,主要阐述了研究的背景、问题和意义,对国内外相关文献进行系统梳理和评析;对本研究中的主要概念进行了简单的界定,阐明了本书的研究框架、研究方法,并对可能的创新点进行了说明。

第二章分析了当代中国跨部门协同机制的主要组织模式及对应的协同方式。分析了以副职分口管理、议事协调机构、部际联席会议等为代表的结构性协同机制以及以"三定"方案、行政协助制度等为代表的程序性协同机

---

① Management Advisory Committee, Commonwealth of Australia, *Connecting Government: Whole of Government Responses to Australia's Priority Challenges*, 2004.

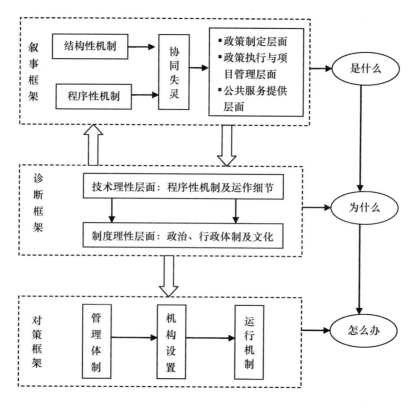

图 1-4　本书的分析框架

制并对中国跨部门协同机制的特点进行了简要概括。

第三章对中国现有的跨部门协同机制的实际效果进行了说明。本章对我国跨部门协同机制效用的讨论遵循问题导向的原则,即无意对跨部门协同的现状进行全面总结和评价,而是聚焦于现实问题的系统审视和梳理。从公共政策制定、政策执行与项目管理、公共服务提供三个层面,借用若干案例片段或连续发生的多个具体相关细节组成的静态和动态场景,呈现中国跨部门协同的"碎片化"困境。① 这一批判视角的意义在于:用系统事实和证据展示"健全部门间协调配合机制"的必要性和迫切性;体现行政管理学

---

① 呈现问题的目的在于为后文分析原因提供基础,本书并没有得出结论说中国是一个全面协同失灵的国家,只是将人们的日常感知及相关研究中反映的"协同问题"进行了集中展示,以引起人们的重视。

以解决问题为导向的学科特征;为后面的问题诊断提供事实铺垫。

第四章从技术理性层面对跨部门协同失灵的原因进行分析。研究认为,首先部门之间资源的不对称及"核心使命与边缘目标"之间的冲突抑制了协同动力的产生;其次,以权威为依托的等级制纵向协同本身存在的逻辑悖论给协同带来了挑战;再次,部门之间职责交叉,权责不清,客观上导致部门之间协调配合难度很大,而大部制的改革方案由于其自身的限度,也不能从根本上解决机构重叠、职能交叉以及协同难的问题;最后,中国粗放式的管理模式以及部门之间信息沟通的失灵也加剧了协同失灵的产生。

第五章在第四章分析的基础上,在制度理性层面,进一步从人治与法治、权力部门化与部门利益化、官本位意识与官员自利性冲动、跨部门协同的文化障碍四个维度对我国跨部门协同困境的深层诱因进行剖析,深入考察了阻止跨部门协同关系的体制性因素和文化因素。

第六章主要探讨了适合中国国情的跨部门协同机制建设的行动指南,所要解决的是"怎么办"的问题。本章立足于整体政府的最佳实践模式,结合中国的实际情况,构建了中国的整体政府治理框架,并提出了切实可行的政策措施,认为要在管理体制、机构设置和运行机制三个方面共同推进中国的跨部门协同机制的建设。

二、研究方法

合适的方法是正确认识事物的手段、途径和保证。"不仅探讨的结果应当是合乎真理的,而且引向结果的途径也应当是合乎真理的。"[①]对于一个研究者而言,研究方法的选择和运用既受自己的认识水平、知识背景、研究能力等因素的制约,又受制于研究对象的实际状况,同时还和自己在研究中的学术追求有关。从现实中发现问题,从历史中获取智慧,从比较中激发灵感,从经典中寻求启迪,是本书选择研究方法的指导思想。具体来说,本研究主要采取以下几种研究方法:

(一)文献研究方法

文献研究是一种通过收集和分析现存的,以文字、数字、符号、画面等信

---

① 《马克思恩格斯全集》第1卷,人民出版社1956年版,第8页。

息形式出现的文献资料,来探讨和分析各种社会行为、社会关系及其他社会现象的研究方式①。本研究的文献(数据)收集包括理论和实证两个方面。在理论方面,本书系统梳理整体政府理论、跨部门协同等方面研究的国内外专著、期刊文献、学位论文、调查研究报告等文献资料,理清中国跨部门协同的研究现状,以利于"站在巨人肩膀上"构建本书的分析框架和确立研究切入点。在实证资料方面,从网络报道、报刊和杂志中收集相关案例资料,并通过现场调研获得政府文件、报告、资料汇编等第一手的资料。

(二) 案例研究法

案例研究方法是一种常用的定性研究方法。这种方法适合对现实中复杂而又具体的问题进行深入且全面的考察。与其他大样本数据分析方法相比,案例研究方法具有能够获取极其丰富、详细和深入信息的特征。根据研究需要和设计的不同,案例研究方法可以分为探索性的案例研究(exploratory case study)、描述性的案例研究(descriptive case study)以及解释性的案例研究(explanatory case study)。探索性案例研究往往是界定一个研究问题前的试验性研究;描述性案例研究是指在研究前就形成和明确一个理论导向,以此作为案例分析的理论框架,它一般要求在研究前明确分析单元。解释性案例研究则通常用于因果关系的探索,通过揭示案例的多维信息来阐明相关理论陈述②。本研究综合使用了描述性案例研究和解释性案例研究两种方法,通过一系列跨部门协同的案例分析了影响协同的因素,验证本书的分析框架。

(三) 比较研究法

从研究思路和论证逻辑来看,比较的研究方法始终贯穿于研究的始终。从协作、协调、协同不同概念的比较到中西方跨部门协同机制的比较,再到不同文化理念下信任制度的比较等。可以说本研究虽然没有专门的一章介绍西方发达国家的跨部门协同机制,但是却在各个层面从不同的角度对中西方跨部门协同的理念、做法和实际效果的差异等做了比较。因此,比较研究法也是本书的一个重要的研究方法。

---

① 风笑天:《社会学研究方法(第三版)》,北京:中国人民大学出版社2009年版,第233页。
② 〔美〕罗伯特·K.殷:《案例研究:设计与方法》,周海涛译,重庆:重庆大学出版社2010年版,第129页。

（四）调查研究法

调查研究法是指"通过直接或间接的接触，考察了解政治现象的客观情况，直接获取有关资料，并对这些资料进行分析的研究方法"。①本研究力求将实证研究与理论研究相结合，运用具体的实践案例对理论论证的结论加以佐证。为此，有必要对中国跨部门协同的状况进行实地调研，笔者在研究期间曾前往Y省政府扶贫办调研，通过参与观察和访谈的方法，获得了部分有价值的一手资料。

三、可能的创新

一是研究主体具有新颖性。本书选择中国政府跨部门协同机制进行专门研究，研究主题上力图体现出"广度"和"深度"的合理平衡。首先，"广度"即研究的系统性，本书将研究主题定位于中国政府跨部门协同机制的系统梳理和审视。从研究综述部分可以看出，既有研究或聚焦于特定领域进行个案研究，或从某个特定层次（如政策协同、公共服务协同）、特定方面（如从大部制的角度阐述）研究跨部门协同，还鲜有从较为统合的层面进行的系统研究。其次，"深度"则是指研究相对聚焦。整体政府视角下的政府协同包括公私部门之间、政府与非政府之间、政府部门之间、中央与地方政府之间以及地方政府之间的合作等多种表现形式。已有的研究大都集中在政府与外部组织之间或者地方政府之间的合作，专门研究政府内部"跨部门"协同的文献较少。本书将研究的对象聚焦在政府内部，并非"横向、上下和内外"通吃，这样在一定程度上保证了研究的相对深入。

二是采用了新的叙事框架，重视案例和经验材料的举证。本研究对中国跨部门协同机制现状的分析及实际运行效果的评价借鉴了西方整体政府理论的相关分析工具，在结合我国国情的基础上从政策制定、政策执行与项目管理、公共服务提供三个层面搭建分析框架，并从海量的新闻报道和政府文件等资料中搜集零散的证据，以生动的案例和丰富的经验材料充实全书的"骨架"，以"放映式"的方式考察了我国存在的跨部门协同失灵现象，得出中国的协调机构数量、级别、规模以及资源等方面不亚于发达国家，但效果

---

① 丁又双等：《政治学词典》，上海：上海辞书出版社2009年版，第39页。

存在差距的结论。这种研究路径区别于已有的罗列问题的方式，能更加生动形象地说明问题。

三是本书构建的"诊断框架"具有一定的新颖性。本书的叙事框架的设计路径是从学理到现实，即按照整体政府的相关理论设计框架再把现实证据和案例等整合进框架，描述一个整体图景；而诊断框架的设计路径则跳出"窠臼"，力图从现实需求到理论，即不是按照有关理论文献和需求构建普适性系统理论框架，而是基于对现有理论的梳理和中国特色的系统思考，对中国政府跨部门协同面临的特殊障碍做了重点的思考与选择，从技术理性和制度理性两个层面对影响政府跨部门协同的浅层次原因和深层次的影响因素进行了分析，在吸收理解西方理论的基础上，更多地考虑了"本土化"的因素，具有一定的创新性。

四是本研究立足于中国国情，对一些传统的观点作出新的理论解释，如集体主义文化对协同的影响、社会信任与跨部门协同、官本位意识与人治协同等，通过规范研究与经验材料的结合得出中观、微观层次的理论。对一些似是而非的说法，如"中国集体主义的文化有利于跨部门协同"，"人治协同具有较高的效率优势"等观点从学理上作出了自己的分析和阐释。

> 如果我们知道了我们在哪里，要走向哪里，我们就能更好地判断要做什么，如何做。
>
> ——林肯

第二章

中国政府跨部门协同机制的主要模式及其特点

跨部门协同可以分为"紧急状态下的协同"和"常态管理中的协同"两种基本类型。两者之间的主要区别在于：(1) 社会关注度不同——紧急状态具有突发性、不确定性、后果严重等特性，容易引起高层领导和社会的高度重视，所形成的政治气氛会迫使相关部门积极协同以寻求解决方案，而常态管理一般不具备这些特性；(2) 资源配置机制不同——处理紧急状态往往超越特定部门或地方政府的资源和能力，需要其他外部资源的投入，紧急状态下这些资源不可能预先进行科学规划，且不惜代价解决问题的气氛容易造成资源配置和使用的低效率；(3) 协同机制和运作过程存在一些明显差别；(4) 所产生的后果不同——紧急状态下协同失灵的负面影响立竿见影，失去的是公信力、政治合法性甚至权位，而常态管理中的协同失灵往往带来"机会"的丧失，包括防止不良事件发生的机会，避免萌芽状态问题扩大化的机会,以及"无中生有""增进公共价值"的机会。①由于部门和官员很少因为坐失机会受到问责和处罚,常态管理中的跨部门协同会面临主动性和动力不足的尴尬,而通过跨部门协同"增进公共价值"的需求,更多体现在常态管理中。因此,本书聚焦于常态下的跨部门协同。

经济合作与发展组织把跨部门协同机制分为两大类:"结构性协同机制"(structural mechanisms)和"程序性协同机制"(procedural mechanisms)。②结构性协同机制侧重协同的组织载体,即为实现跨部门协同而设计的结构性安排,如中心政策小组、部际委员会、专项任务小组等。程序性协同机制则侧重于实现协同的程序性安排和技术手段,如面临"跨界问题"时的议程设定和决策程序、制度化信息交流平台、促进协同的财政工具和控制工具的选择等等。③本章将以此为分析维度对当前我国政府跨部门协同的主要机制及其特征进行系统的梳理和总结。

第一节 中国政府跨部门协同的结构性机制

如上文所述,结构性协同机制即为实现跨部门协同而设计的结构性安排。依笔者的理解,它指的是通过对政府组织结构的设置和调整,使政府各组成部门在政策制定和执行等各方面实现相互协同的方法和技术的总称。根据我国的实际,中国的跨部门结构性协同机制根据其协调的主体和方法的不同,主要可以分为三种模式:等级制纵向协同、横向水平协同以及条块间的交叉协同模式。每一种模式下又包含了多种协同机制。④

---

① 有关通过跨部门协同"无中生有""增进公共价值"的机会的详细讨论,可参见尤金·巴达赫:《跨部门合作:管理巧匠的理论与实践》,周志忍、张弦译,北京:北京大学出版社 2011 年版,第22—25 页。

② OECD Public Management Service/Public Management Committee (PUMA/MPM), *Government Coherence: The Role of the Centre of Government*, 2000, pp.6—7.

③ 周志忍、蒋敏娟:《整体政府下的政策协同:理论与发达国家的当代实践》,《国家行政学院学报》2010 年第 6 期。

④ 对于协同机制的划分,需要说明的是由于是套用西方学界的分类,中国现存的很多协同方式并不能从学理上泾渭分明地分开,本书的分类主要基于其发挥协同作用方式的一面,对于某些机制可能是两者皆包含的,如议事协调机构的设置本身是一种结构性的协同,但是设置之后其运行环节的相关程序安排就属于程序性机制了。

一、等级制纵向协同模式及其对应的结构性机制

官僚制(又称科层制)的特色之一是分工和专业化,这必然催生协同的需求,因而协同是公共行政的永恒主题之一①。官僚制又强调权力集中基础上的高度统一,其协同机制相应具有两个明显特征:一是对权威的高度依赖,二是信息的纵向流动。在典型官僚制下,如果两个平级部门或单位之间出现需要协同的事项或冲突,解决办法是报告给同一上级,或者由上级仲裁,或者在共同权威的指导干预下,相关方拿出解决方案或妥协办法。伯恩斯曾对此作过形象的描述:"一个人的管理等级越低,他会发现每一个人的任务被其上级规定得越来越明确。超过一定的限度,他就没有足够的权力、足够的信息,通常也没有能够进行决策的足够的技术能力。……他只有一条路——向他的上级报告"。②奥斯本和盖布勒指出,"只有处在金字塔顶端的人才掌握足够的信息而作出熟悉情况的决定。"③韦伯则把这种协同模式称为以权力为中轴的"强制性协调格局"。

我国的行政体制存在"官僚制不足"和"官僚制过盛"双重特征,因而需要推进"理性重建"和"去官僚化"的双向努力。"官僚制不足"主要表现为法制基础相对薄弱、职能分化和专业化不足、运作规范化不足、人事管理中功绩制原则未能充分体现等;而"官僚制过盛"则表现为权力的过分集中、金字塔组织结构对层级节制的过度依赖、过程导向而非结果导向的控制机制等。④与官僚制过盛的几点相对应,我国跨部门协同的主导模式可归结为韦伯所说的"强制性协同格局",或者说是"以权威为依托的等级制纵向协同模式"。

权威可划分为"职务权威"和"组织权威"两种基本类型,前者以任职的领导者个人为代表,后者则以拥有特定权力的机构为代表。相应地,等级制

---

① 周志忍:《整体政府与跨部门协同——〈公共管理与前沿译丛〉首发系列序》,《中国行政管理》2008年第9期。
② 伯恩斯:《机械结构和有机结构》,载 D. S. 皮尤编:《组织理论精粹》彭和平、杨小工译,北京:中国人民大学出版社1990年版,第34页。
③ 〔美〕戴维·奥斯本、特德·盖布勒:《改革政府——企业精神如何改革着公营部门》,上海市政协编译组、东方编译组编译,上海:上海译文出版社1996年版,第16页。
④ 有关讨论可参见李若鹏:《官僚制与中国行政改革》,文自成等主编:《行政管理论文集》,沈阳:辽宁人民出版社2000年版。

纵向协同模式可以细分为"以职务权威为依托"和"以组织权威为依托"两种基本类型,不同的类型又包含不同的结构性协同机制。

(一) 以职务权威为依托的副职分口协同

孟德斯鸠指出:"行政贵乎速,与其托乎于多数人,不如托付于一人,立法要深思熟虑,与其托乎于一人,不如托付于多数人。"①在我国行政机关一般实行首长负责制,在这种体制下,行政首长根据宪法和法律赋予的职务权威,调动其职权范围内的资源,协同各方面的关系,可以从制度上保证行政组织各子系统不会严重持续对抗,遇到重大紧急情况能够迅速协同解决,不至于相互推诿。"以职务权威为依托"的纵向协同主要依赖领导者的"职务权威",协同的结构性载体即是各级各部门的领导和大量副职岗位,以及副职间的分工和分口管理。这种"分管型"副职领导结构(见图2-1)的典型特点是:第一,将副职作为介于正职与各个职能部门之间的一个行政层级,被赋予了一定的权力,副职受正职的领导同时又领导相关职能部门。第二,副职的设置与安排是按照业务归口管理的原则进行划分,也就是每个副职分管几个部门。

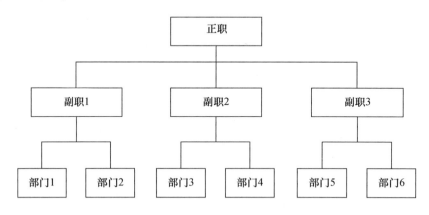

图2-1 分管型副职领导结构

通过设置副职进行分口管理,一方面可以替正职分管掉一些具体工作,有效地解决管理幅度过宽的问题,以避免领导精力不济而造成鞭长莫及的情况;另一方面,分口副职管理模式还可以在组织中发挥协调作用。设置副

---

① 〔法〕孟德斯鸠:《论法的精神》上册,北京:商务印书馆1961年版,第160页。

职来管理相关业务,使正职更易于协调各方面工作,同时也有利于副职领导所分管领域内各项业务的协调,如分管政法的就可以协调各有关政法部门的工作,分管科教文卫的就可以协调本来不相联系的几个职能部门的事务,诸如此类。通常情况下,如果跨部门事项发生在同一个"职能口"内部(例如,部门1和部门2之间),共同权威基本上能较快实现部门间的协同配合或解决冲突;如果发生在不同的"职能口"由几个领导分管(例如部门1、部门2、部门3和部门4之间),不同职能口主管领导(例如,副职1和副职2)之间会采用多种形式进行协同,但一般只有涉及重大事项时才会启动这一过程。

副职分口管理体制的形成在我国是一个渐进的过程。由于计划经济、"政府万能"等体制模式和思维观念的影响,我国政府所要管理的事务非常之多,这使得政府组织不得不分出若干层次。1949年通过的《中华人民共和国中央人民政府组织法》规定政务院下设三委,即政治法律委员会、财政经济委员会和文化教育委员会,具体负责下属的35个工作部门,管理国家行政工作。当时之所以设置这些指导性质的委员会,就是为了在政务院和其下属的部门之间增加一道归口管理的中间层次,这样中国政府治理中的归口管理制度便确立了下来。1954年,第一届全国人民代表大会通过的《国务院组织法》撤销了三个委员会,设置了具有承上启下作用的国务院8个办公室,分别是政法、文教、重工业、轻工业、财贸、交通、农林水和国家资本主义办公室,分口管理各有关部门(见表2-1),每一个工作部门都有一个归口的"办公室"。这些办公室都由一个副总理牵头,对该办公室分管的各个部门进行统一领导,协调管理,其功能与之前负责指导部门工作的委员会是一致的。

表2-1 建国初期国务院八大办公室归口管理分工

办公室	分管部门
1. 政法办公室	内务部、公安部、司法部、监察部
2. 文教办公室	文化部、教育部、高等教育部、卫生部、新华通讯社、广播事业管理局
3. 重工业办公室	重工业部、第一机械工业部、第二机械工业部、燃料工业部、建筑工业部、地质部

（续表）

办公室	分管部门
4. 轻工业办公室	纺织工业部、轻工业部、地方工业部、劳动部、中央手工业管理局
5. 财贸办公室	财政部、粮食部、商业部、贸易部、中国人民银行
6. 交通办公室	铁道部、交通部、邮电部、中国民用航空总局
7. 农林水办公室	农业部、林业部、水利部、中央气象局
8. 国家资本主义办公室	涉资本主义工商业改造部门、中央工商行政管理总局

资料来源：根据苏尚尧主编：《中华人民共和国中央政府机构：1949—1990》，经济科学出版社 1993 年版；王敬松：《中华人民共和国政府与政治》，中共中央党校出版社 1995 年版等相关资料整理绘制。

后来经过多次机构改革 8 个办公室被取消，仅仅保留国务委员和副总理具体分管各部委的工作，一岗一人，其下属各部门具体设置亦大体相同。地方政府对此也有相应设置，分别为综合、监督、政法、文教卫等"六口"。[①] 总的来说，虽然在不同的时期，归口管理的形式有一定的变化，但是总体都是按照业务性质归口，分门别类进行管理。但是近年来随着行政事务的日益复杂化，这个标准并不能严格地契合各地政府的实际。通过分析近年来各地方政府副职分口管理的实际情况可以发现，由于各地政府的副职职数不一定相同（例如北京市政府当前是 7 个副市长、重庆市政府是 8 个副市长、广州市政府是 6 个副市长）[②]，具体的分工安排也有较大的差异，甚至并无特定的规律可循。据笔者调查，很多市级政府对副市长的分工还会考虑该负责人的过往经历和擅长领域，大都有自己的一套分工安排。即使是同一个地方政府遇到换届等情况发生，副职分口管理的领域也会相应地发生变化。

可见，在我国虽然副职的设置是以"组织权威"为基础，但是在权力配置和分工管理上却存在着强烈的人格化倾向。首先从分工来看副职分管的领域以及在分管领域中的权力和职责范围很多时候都由班子集体（实际上是由正职）确定，没有明确的规范性依据。其次，副职本人的地位、能力以及个人魅力在很大程度上决定着其拥有的实际权限，并没有明确的法律边界，也

---

① 参见徐争游等：《中央政府的职能和组织结构》，北京：华夏出版社 1994 年版，第 276—282 页。

② 参见各级地方政府官方网站，最后访问日期 2015 年 1 月 22 日。

不受规范性文件的保护。① 正如有的学者指出的那样,在中国由法律权威、机构权威和人格权威组成的权威体系中,人格权威起着支配作用。②"组织作用的重要性看起来常常是由这个职位上的个人重要性衡量的。"③

(二) 以组织权威为依托的议事协调机构协同

"以组织权威为依托"的协同可以说是"以职务权威为依托"的协同的一个变种,同属等级制纵向协同模式,具有依赖权威和信息纵向流动的共同特性。两者之间的主要不同点在于:(1)"以组织权威为依托"意味着把主管领导的个人权威转变为机构的组织权威;(2) 在构建协同组织架构的过程中会明确职责分工、领导体制和运作方式,可以说在协同的制度化、规范化方面进了一步;(3) 协同机构一般会设立相应的辅助工作机构,有助于摆脱"以职务权威为依托"的协同模式对领导者个人观念和个人能力的过度依赖。在我国实践中,"以组织权威为依托的纵向协同"的主要载体,就是各种议事协调机构。所谓议事协调机构,是指为了完成某项特殊性或临时性任务而设立的跨部门协同机构,包括各类的领导小组、协调小组、工作组和部分委员会、办公室、指挥部等。议事协调机构通常具有三个方面的功能:"第一,全面沟通相关并列机构的横向信息联系;第二,在全面沟通的基础上协调一致、统一行动;第三,弥补管理漏洞,提高工作效率。"④由于中央政府议事协调机构通常由总理、副总理、国务委员或秘书长挂帅,地方政府议事协调机构则由各级党政一把手担任,因此具有明显的等级纵向协同的特性,其基本的运作逻辑就是借助上级的权威,通过"任务发包"和"责任捆绑"的形式整合职能部门力量,促成非常规任务的快速推进,⑤通过设置一个高于各个参与部门的"上级"来获取协同的资本和权威。在中国现有的官僚体系下,通常来说级别越高的领导决策的事项,执行力越强,协调能力也越强,其合法性也更易得到相关部门认可。

---

① 朱光磊、李利平:《从"分管"到"辅佐":中国副职问题研究》,《政治学研究》2007年第3期。
② 谢庆奎等:《中国政府体制分析》,北京:中国广播电视出版社1995年版,第92—93页。
③ 〔美〕詹姆斯·R.汤森、布兰特利·沃马克:《中国政治》,顾速、董方译,南京:江苏人民出版社2004年版,第65页。
④ 程同顺、李向阳:《当代中国"组"政治分析》,《云南行政学院学报》2001年第6期。
⑤ 谢延会、陈瑞莲:《中国地方政府议事协调机构设立和运作逻辑研究》,《学术研究》2014年第10期。

新中国成立至今,我国的议事协调机构经历了一个从逐渐增多到大量涌现然后又逐渐减少的过程。以国务院议事协调机构为例,1992年底曾达到了85个,此后经过几次精简,议事协调机构数量逐渐减少。在最新一轮的国务院机构调整之后,国务院中的议事协调机构共有34个,其中名称为"委员会"的有19个,"领导小组"的有10个,"协调小组"的有1个,"工作小组"的有1个,"指挥部"的有2个,"办公室"的有1个(见表2-2)。

表2-2 国务院议事协调机构

机构名称	成立时间(年)	现任领导	组成部门数量(个)	办事机构
1. 国家国防动员委员会	1994	主任:李克强	25	具体工作由国家发改委、总参谋部、总政治部、总后勤部承担
2. 国家科技教育领导小组	1998	组长:李克强	11	具体工作由国务院办公厅承担
3. 国务院西部地区开发领导小组	2000	组长:李克强	36	具体工作由国家发展和改革委员会西部开发司承担
4. 国务院振兴东北地区等老工业基地领导小组	2003	组长:李克强	30	具体工作由国家发展和改革委员会东北振兴司承担
5. 国家信息化领导小组	1996	组长:李克强	12	具体工作由工业和信息化部信息化推进司承担
6. 国家应对气候变化及节能减排工作领导小组	2007	组长:李克强	29	具体工作由国家发展和改革委员会应对气候变化司、资源节约和环境保护司承担
7. 国家能源委员会	2008	主任:李克强	20	具体工作由国家能源局承担
8. 全国爱国卫生运动委员会	1978	主任:刘延东	32	具体工作由国家卫生和计划生育委员会(卫生部于2013年3月和国家计划生育委员会合并)承担
9. 国务院学位委员会	1980	主任:刘延东	5	国务院学位委员会办公室(与教育部学位管理与研究生教育司"一个机构,两块牌子")
10. 国务院妇女儿童工作委员会	1990	主任:刘延东	33	国务院妇女儿童工作委员会办公室(设在中华全国妇女联合会)
11. 国务院防治艾滋病工作委员会	2004	主任:刘延东	23	具体工作由国家卫生和计划生育委员会承担
12. 国务院深化医药卫生体制改革领导小组	2008	组长:刘延东	18	具体工作由国家发展和改革委员会承担

(续表)

机构名称	成立时间（年）	现任领导	组成部门数量（个）	办事机构
13. 全国绿化委员会	1982	主任：汪洋	24	全国绿化委员会办公室（与国家林业局造林绿化管理司"一个机构，两块牌子"）
14. 国家防汛抗旱总指挥部	1985	总指挥：汪洋	24	国家防汛抗旱总指挥办公室（设在水利部）
15. 国务院扶贫开发领导小组	1986	组长：汪洋	45	国务院扶贫开发领导小组办公室（单独设置）
16. 国务院抗震救灾指挥部	2000	指挥长：汪洋	41	具体工作由地震局承担
17. 国务院中央军委空中交通管制委员会	1986	主任：马凯（国务院副总理）	14	具体工作由总参谋部承担
18. 国务院安全生产委员会	2003	主任：马凯	43	国务院安全生产委员会办公室（设在安全监管局）
19. 国务院促进中小企业发展领导小组	2009	组长：马凯	19	具体工作由工业和信息化部承担
20. 国务院农民工工作领导小组	2013	主任：马凯	31	具体工作由人力资源社会保障部承担
21. 国务院三峡工程建设委员会	1993	主任：张高丽	26	国务院三峡工程建设委员会办公室（单独设置，工作任务完成后撤销）
22. 国务院南水北调工程建设委员会	2003	主任：张高丽	30（含8个省级政府）	国务院南水北调工程建设委员会办公室（单独设置，工作任务完成后撤销）
23. 国务院食品安全委员会	2010	主任：张高丽	15	国务院食品安全委员会办公室（单独设置）①
24. 国务院残疾人工作委员会	1993	主任：王勇（国务委员）	35	国务院残疾人工作委员会秘书处（具体工作由中国残疾人联合会办公厅承担）
25. 国家减灾委员会	1989	主任：王勇	35	具体工作由民政部救灾司承担
26. 全国老龄工作委员会	1999	主任：王勇	32	全国老龄工作委员会办公室（设在民政部、与中国老龄协会合署办公）
27. 国家边海防委员会	1994	主任：常万全	36	具体工作由总参谋部承担
28. 全国拥军优属拥政爱民工作领导小组	1991	组长：回良玉	33	具体工作由民政部、总政治部承担

---

① 2013年机构改革以后，国务院食品安全委员会不再单独设立办公室，与国家食品药品监督管理总局一个机构两块牌子。参见人民网：《国务院机构改革和职能转变方案》，http://politics.people.com.cn/n/2013/0315/c1001-20796789.html。

(续表)

机构名称	成立时间（年）	现任领导	组成部门数量(个)	办事机构
29. 国务院关税税则委员会	1987	主任：楼继伟（财政部部长）	11	具体工作由财政部关税司承担
30. 国务院军队转业干部安置工作小组	1975	组长：尹蔚民（人力资源社会保障部部长）	18	国务院军队转业干部安置工作小组办公室（与人力资源和社会保障部军官转业安置司"一个机构，两块牌子"）
31. 国家禁毒委员会	1990	主任：郭声琨（国务委员兼公安部部长）	25	具体工作由公安部禁毒局承担
32. 国务院反垄断委员会	2008	主任：王岐山	18	国务院反垄断委员会办公室（与商务部反垄断局"一个机构，两块牌子"）
33. 国家森林防火指挥部	2006	总指挥：赵树丛（国家林业局局长）	19	国家森林防火指挥办公室（与国家林业局森林公安局"一个机构，两块牌子"）
34. 国务院纠正行业不正之风办公室	1990	黄树贤（中纪委副书记、监察部部长）	*	具体工作由监察部纠风室承担

资料来源：笔者根据《中央政府组织机构》（国务院办公厅秘书局等编，中国发展出版社1995年版），《国务院关于议事协调机构和临时机构设置的通知》（国发〔2003〕10号），《国务院关于议事协调机构设置的通知》（国发〔2008〕13号），国务院关于设立国务院食品安全委员会的通知（国发〔2010〕6）号，国务院办公厅关于成立国务院农民工工作领导小组的通知（国办发〔2013〕60号）等相关资料整理而成。备注：*为资料空缺。

各级地方政府也不例外。以广东省为例，2000年撤销议事协调机构和临时机构92个，2007年底省直议事协调机构又增至241个（不含已自行撤销的）。2009年在中央相关文件要求下，议事协调机构又大范围清理，缩减至113个。① 其他省、市、县也都存在着类似的情况，议事协调机构在维持一定数量的同时，每年还会有一些新增。我国议事协调机构广泛存在于各级政府行政体系中，已经成为中国官僚制运作的一种重要的模式。那么为什么在存在这么多职能部门的情况下还要设置这么多的议事协调机构呢？这主要基于两个重要的前提：一是政府内部各个职能部门之间越来越相互依赖，当前政府处理公共事务的大背景是一个充满不确定性和复杂性因素的环境，泾渭分明的分工难以满足当前跨部门事务的日益增多；二是突发性事件加剧和公共管理的不稳定、不确定性。社会冲突、自然灾害、特殊疫情等

---

① 转引自谢延会、陈瑞莲：《中国地方政府议事协调机构设立和运作逻辑研究》，《学术研究》2014年第10期。

公共危机事件频发,这些事件往往涉及政府的若干部门,其解决需要打破现行的部门分工和层级节制,集中相关部门的资源和力量在同一决策权威下共同行动。正是基于这样的前提,各类"议事协调机构"应运而生。所谓"人多力量大,众人拾柴火焰高"。中国官员基于卡里斯玛权威的组织动员能力,集中组织资源来创造"奇迹"是必然的组织策略。在原有官僚制组织所面临的政绩晋升激励背景下,各级卡里斯玛权威纷纷彰显身手,将各自管辖领域中的资源、权威等要素集中起来,打破固有的碎片化威权体制和归口管理分工负责的施政模式,以实现主动需求和被动应对的任务。[1]

议事协调机构的设立在我国有三种合法性来源:(1)通过国家法律、法规设立;如根据《反垄断法》,国务院设立反垄断委员会,负责组织、协调、指导反垄断工作。反垄断委员会的三个执法机构是商务部、国家发改委和国家工商行政管理总局,而办事机构是商务部。(2)根据"三定"规定设立;如根据国家发改委"三定",原国务院振兴东北地区等老工业基地领导小组、原国务院西部地区开发领导小组办公室的职责划入国家发改委。(3)通过"发通知"等形式由党政机关自己决定。从设立的规范性来说,无疑通过国家法律法规设立相关议事协调机构是最正规的,"三定"规定次之,而由相关部门"发通知"形式成立议事协调机构则规范层次最低。但是从目前大多数议事协调机构的设立来看,通过法律法规成立的数量较少,在国家层面大多数议事协调机构是由"三定"规定设立,而在地方政府通过各级党委或各级政府办公厅(室)以"发通知"的形式成立的更为普遍。

根据议事协调机构是否常设,我们将议事协调机构分为常设型议事协调机构和临时性议事协调机构。常设型议事协调机构通常是为了满足特殊需要而设置的,例如为了加强能源战略决策和统筹协调成立的"国家能源委员会",为了克服食品安全多部门分段监管难以协调成立的"食品安全委员会"等。临时性议事协调机构则是为了完成某一阶段性的特定的任务而设置的,如成立于2003年的"国务院南水北调工程建设委员会"等,以及成立于2008年的第二次全国经济普查领导小组,在国务院办公厅所发成立文件中都被明确注明"工作任务完成后撤销"。

---

[1] 谢延会、陈瑞莲:《中国地方政府议事协调机构设立和运作逻辑研究》,《学术研究》2014年第10期。

1. 议事协调机构的基本结构

无论是"委员会""领导小组"或是"指挥部"命名的议事协调机构大都具有相似的组织形态。例如国务院议事协调机构一般都由国务院高层领导如总理、副总理、国务委员或秘书长兼任第一领导即"组长"或"主任",其角色是作为政府处理该事项的全权代表,对任务的处理具有最后的决策权、议事召集权、文件签发权,并承担第一责任人。此外,议事协调机构还设置有2—3名副组长或副主任,其角色是协助第一领导开展工作,双方属于主副关系,组长或主任可以委托副组长、副主任主持工作。

由于议事协调机构的工作涉及面很广,因此除了设置组长、副组长以外,还有相当数量的相关工作领域的"成员单位"协助完成工作。从表3-1可以看出,我国大部分议事协调机构都超过20个成员单位,国务院扶贫开发领导小组和国务院安全生产委员会的组成部门甚至超过了40个。这些成员单位几乎涉及议事协调机构所协调领域的国务院各个部委办局,有的则不仅跨国务院内部各部委,还跨中共中央各部门、军队系统或者群团组织、高校等。例如国务院防治艾滋病工作委员会的组成部门就包括了国务院有关部委、中宣部、全国妇联、中国红十字总会等社会团体。

这些组成部门各派出一名"代表"就构成了议事协调机构的非领导成员。部门代表通常是各个部门内分管相关工作的副职。如果涉及的任务与本部门工作职能的相关性程度较高,也可能直接派出部门的负责人作为代表。根据各组成部门自身职能安排与议事协调机构的任务指向的程度存在的差异,彼此之间所承担的工作量的大小,可以将他们进一步区分为主要部门和一般部门。主要责任部门一般与议事协调机构联系较为紧密,承担着议事协调机构的大部分工作,因此相对于其他部门成员其重要性更为突出,这些部门的代表通常也就担任议事协调机构的副职领导。其余一般性部门,由于所承担工作量较小,因此其派出代表就任议事协调机构的一般成员。[1]

大部分议事协调机构都设有办事机构。有的议事协调机构单独设立办公室,有独立的预算,有经核定的编制,配备了专职的工作人员,具备实体性

---

[1] 周望:《中国"小组机制"研究》,天津:天津人民出版社2010年版,第140页。

的办事机构,如国务院安全生产委员会、国务院扶贫开发领导小组和国务院食品安全委员会办公室等。但多数情况是"一个机构,两块牌子"即将办事机构设置在主要责任部门内,国务院议事协调机构办事机构通常设在国务院某一个部门下面,与部内的司或者局"两块牌子",如全国绿化委员会办公室就设在国家林业局造林绿化管理司、国务院学位委员会办公室设在教育部的学位管理与研究生教育司。"办事机构设在哪个常规组织内,就意味着以那个常规组织为中心,以便联络和召集有关各方共同寻求解决问题的办法。"①

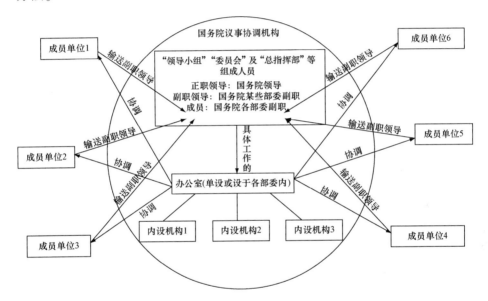

图 2-2 国务院议事协调机构组织结构及工作机制

资料来源:刘新萍、王海峰、王洋洋:《议事协调机构和临时机构的变迁概况及原因分析——基于 1993—2008 年间的数据》,《中国行政管理》2010 年第 9 期,第 43 页。

综合来看,议事协调机构的基本组织架构分为两层:一是协调机构("领导小组""委员会"或"总指挥部")本身,二是它的办事机构(办公室)。在实际运行过程中,办事机构是议事协调机构的日常事务的具体实施者,其职责包括:一是牵头提出议事协调机构的成立请示、成员构成、职责分工;二是牵头收集议题,落实会议召开事宜;三是起草工作计划、报告、请示;四是督促

---

① 张康之等:《任务型组织研究》,北京:中国人民大学出版社 2009 年版,第 67 页。

落实工作事项。"委员会""领导小组"或"指挥部"一般只负责较为宏观的任务如拟定政策、组织调查研究等。

2. 议事协调机构的运行①

就协调机构而言,其运行围绕着具体任务表现出"间歇性"的特点,由于其组成人员一般都由常设部门人员"兼任",因此只有在工作需要时,各位成员才会集中到一起开展工作。会议是议事协调机构最主要的工作形式。议事协调机构的会议通常包括全体会议、办公会议、办事机构会议、成员单位联络会议等几种形式。议事协调机构的全体会议,一般每年召开一到两次,会议由议事协调机构的正职或副职领导召集,出席人员为议事协调机构的正副职领导、各位成员以及办事机构的负责同志,有时可能根据需要邀请议事协调机构的成员部门之外的有关部门负责人、相关领域的专家列席会议;办公会议,由议事协调机构的正职负责人视情况召集,出席人员为议事协调机构的正副职领导、办事机构负责人等;议事协调机构的办事机构会议则由办事机构负责人主持,机构全体人员参加,如果是上下对口设置的议事协调机构,则还会召开由各个地方相应办事机构的负责人一起参加的全国性会议;另外,由于有的议事协调机构在常规的部门代表之外,还会要求各成员部门再指派一名联络员,具体负责所在部门与议事协调机构之间的协调联络工作,根据工作需要参加由议事协调机构办事机构的负责人不定期召集的会议,也就是议事协调机构的成员单位联络会议。②

议事协调机构的正常运行有赖于办事机构在决策——执行——监督这个程序过程中发挥其应有的作用。国务院的议事协调机构中的绝大多数都担负着本业务领域内的政策研究和起草工作,有的还要为全局性的决策提供政策建议和草案等。在决策形成过程中,议事协调机构的办事机构要在决策前做好调查研究工作,提出有关法规政策建议,供委员会或领导小组的决策作参考;处于决策系统的各位部门领导成员,通过召开会议的方式,针对跨部门的议题,在达成共识的基础上做出决策。然后各成员再将决策结

---

① 按照我们之前对结构性机制和程序性机制的定义,议事协调机构的运行严格地来说应该属于"程序性机制"的"程序性安排",但是为了读者阅读的方便这里我们还是把议事协调机构的运行和对其机构设置的阐述放在了一起。以下类似情况不再单独说明。

② 周望:《中国"小组机制"研究》,天津:天津人民出版社2010年版,第176—177页。

果反馈回职能部门,并据此制定本部门的相关政策。

正式的决策作出之后,议事协调机构还要负责决策实施过程中具体的组织落实工作。一般通过召开动员性大会或者专题性会议,由议事协调机构的领导发表会议讲话,启动政策实施活动,而具体的组织实施则由办事机构承办。中国的党政系统在实施重大决策的步骤和方式中,一般都要经过传达、试点、计划、组织、指挥、协调、总结这七个工作环节。①其中"组织"这一环节的具体操作手段就是由相关议事协调机构来部署落实②。议事协调机构在组织过程中会进行一系列局部、具体的决策权力和行为,但仅限于组织保障政策实施的范围内。部署落实后,各个成员单位按照议事协调机构的要求和政策精神执行政策。某个成员单位,在执行过程中如果遇到需要成员单位协调配合的情况,则首先向议事协调机构的办事机构申请协调,协调不成再上报议事协调机构的副主任或者主任出面协调。

最后,对于执行情况的监督,一般由议事协调机构的办事机构独立承担,办事机构定期或者不定期的组织人员进行反馈和督导工作,联络各成员单位,并向上层"议事协调机构"上报各部门的工作进展和落实情况等。值得注意的是,从长期来看议事协调机构的运行具有"间歇性",大多数的协调机构都是处于一种近似"沉寂"的状态,只有到了相应工作需要的时刻才"动"起来,个别议事协调机构甚至在一年中只开展极为有限的几次活动,主要是以召开工作会议的形式展开,内容一般包括总结上一阶段的工作,以及对下一阶段的工作作出全面部署。③

3. 案例:国务院食品安全委员会

为了克服中国食品安全多部门分段监管难以协调的问题,根据《中华人民共和国食品安全法》规定,2010年国务院决定成立"国家食品安全委员会",作为国务院食品安全工作的高层次议事协调机构,负责分析食品安全形势,研究部署、统筹指导食品安全工作;提出食品安全监管的重大政策措施;督促落实食品安全监管责任。同时设立国务院食品安全委员会办公室,

---

① 朱光磊:《当代中国政府过程(第三版)》,天津:天津人民出版社2008年版,第150页。
② 议事协调机构在这个过程中实际上充当了党政关系的"联结点",有学者认为以"小组"等为代表的议事协调机构是"中国党政关系最核心的联结点之一"(参见吴晓林:《"小组政治"研究:内涵、功能与研究展望》,《求实》2009年第3期)。
③ 周望:《中国"小组"机制研究》,天津:天津人民出版社2010年版,第60—61页。

具体承担委员会的日常工作。

（1）组成部门及人员

国家食品安全委员会的主任由国务院副总理兼任，副主任也都是总理级别的官员；委员会的其他成员，则主要由食品安全监管各相关部门的部长、副部长担任，涉及发展改革委、科技部、工业和信息化部、公安部、财政部、环境保护部、农业部、商务部、卫生计生委、工商总局、质检总局、粮食局、食品药品监督管理总局等15个部门。其中工业和信息化部、农业部、卫生部、工商总局、质检总局、粮食局、食品药品监督管理总局以及国务院食品安全委员会办公室都由正职领导参加，其余均为副职级领导（见图2-3）。

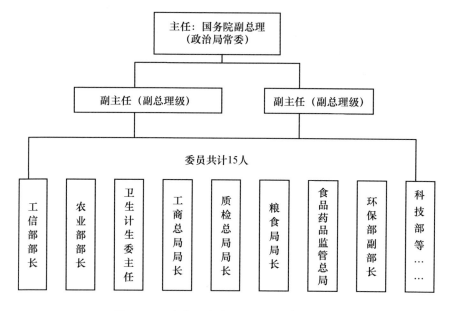

图2-3　国家食品安全委员会组成人员结构

（2）办事机构及其主要职责

国务院食品安全委员会作为国务院食品安全工作的高层次议事协调机构，其级别高于各个部委，以协调所有食品安全部门。食品安全委员会下设办公室，负责日常管理事务，承担食品安全综合协调的全部职责。目前国务院食品安全委员会办公室（简称"食安办"）共有综合司、监督检查司、应急管理司、政策法规司、宣传与科技司6个内设机构，机关行政编制55名，其中主任1名,副主任3名(副部长级),司局级领导职数18名①。根据中编办印发的《关于国务院食品安全委员会办公室机构设置的通知》(中编办发[2010]202号)的规定,食品安全委员会办公室不取代相关部门在食品安全管理方面的职责,相关部门根据各自职责分工开展工作。食安办的主要职责见表2-3。

表2-3　国务院食品安全委员会办公室的主要职责

1. 组织贯彻落实国务院关于食品安全工作方针政策,组织开展重大食品安全问题的调查研究,并提出政策建议
2. 组织拟订国家食品安全规划,并协调推进实施
3. 承办国务院食品安全委员会交办的综合协调任务,推动健全协调联动机制、完善综合监管制度,指导地方食品安全综合协调机构开展相关工作
4. 督促检查食品安全法律法规和国务院食品安全委员会决策部署的贯彻执行情况
5. 督促检查国务院有关部门和省级人民政府履行食品安全监管职责,并负责考核评价
6. 指导完善食品安全隐患排查治理机制,组织开展食品安全重大整顿治理和联合检查行动
7. 推动食品安全应急体系和能力建设,组织拟订国家食品安全事故应急预案,监督、指导、协调重大食品安全事故处置及责任调查处理工作
8. 规范指导食品安全信息工作,组织协调食品安全宣传、培训工作,开展有关食品安全国际交流与合作
9. 承办国务院食品安全委员会的会议、文电等日常工作
10. 承办国务院食品安全委员会交办的其他事项

资料来源:根据中央编办印发《关于国务院食品安全委员会办公室机构设置的通知》(中央编办发[2010]202号)相关内容绘制

(3) 食品安全委员会的运行

食品安全委员会通过召开全体会议、联络员会议,以及专家委员会等形式开展工作。

食品安全委员会全体会议属于例会性质,一般一年一到两次。会议一般由委员会主任主持召开,参会者为各个成员单位的一把手(实际参会的往

---

① 根据2010年10月,中央编办印发《关于国务院食品安全委员会办公室机构设置的通知》(中央编办发[2010]202号)文件,食品安全委员会办公室原有内设机构4个,机关行政编制30名,主任1名,副主任1名;2011年11月,经报中央编委批准,中央编办印发《关于国务院食品安全委员会办公室机构编制和职责调整有关问题的批复》(中央编办复字[2011]216号),将卫生部"食品安全综合协调、牵头组织食品安全重大事故调查、统一发布重大食品安全信息"等三项职责划入国务院食品安全办。同意国务院食品安全办增设政策法规司、宣传与科技司,分别承担食品安全政策法规拟订、宣传教育和科技推动等工作。同意国务院食品安全委员会办公室增加行政编制25名,并增设2名副主任。

往是主管的副职)。会议的内容一般都是就整体工作进行部署安排以及工作总结等。国务院食品安全委员会成立以来,一共召开了6次全体会议(截至2014年9月),明确了各个时期的工作任务和工作重点,组织协调各地区、各有关部门深入开展集中整治、严厉查处食品安全违法行为,同时加强长效机制建设,不断完善监管制度、堵塞监管漏洞(见表2-4)。

表2-4 国务院食品安全委员会召开会议情况

会议次数	会议主题	会议时间
第1次	审议并原则通过了《国务院食品安全委员会工作规则》《2010年深入开展食品安全整顿工作的安排》等文件。	2010年2月9日
第2次	进一步明确了2010年深入推进食品安全整顿工作的具体任务和责任分工	2010年8月16日
第3次	研究了2011年食品安全重点工作和任务分工,明确了8项重点工作	2011年2月19日
第4次	审议了《2012年食品安全重点工作安排》	2012年2月9日
第5次	明确了2013年食品安全工作重点,强调将继续深化专项整治,健全食品安全标准体系和法规制度等	2013年1月23日
第6次①	会议审议了《国务院食品安全委员会工作规则》,听取了食安委办公室及其成员单位的汇报,明确了下一步的工作方向和重点	2013年9月11日

资料来源:中国新闻网,中国政府网。

联络员会议属于非例行会议,一般由食安办的主任召集,参加人员为各成员单位联络员和有关部门司局负责人。会议次数不定,会议内容包括政策起草阶段的研究,法规规章及相关规范性文件的梳理工作、具体工作的协调等。2014年12月17日国务院食品安全办召开国务院食品安全委员会第一次联络员会议,由时任国务院副秘书长、国务院食品安全办主任、国家食品药品监督管理总局局长张勇出席会议并讲话。会议传达了中央经济工作会议对食品安全工作提出的新要求、新任务,交流了今年以来的食品安全工作,研究讨论了2014年食品安全重点工作安排、组建国务院食品安全专家委

---

① 前五次会议由时任副总理李克强主持,第六次会议由现任副总理张高丽主持。由于经历政府换届,因此第六次会议在有的地方也称为"食安委第一次全体会议",这里我们为了保持连续性,将其称为第六次会议。参见中国政府网,http://www.gov.cn/ldhd/2013-09/11/content_2486224.htm。

员会、清理法规规章及规范性文件等有关工作。

为了充分发挥专家学者"资政启民"的积极作用,国务院食品安全委员会还成立了专家委员会,作为食品安全委员会的决策咨询机构,主要承担食品安全技术咨询、政策建议、科普宣传等工作。专家委员会由国务院食品安全委员会办公室负责管理。专家委员会主任委员由国务院食品安全委员会办公室主要负责同志担任,负责全面工作。副主任委员由权威专家和富有经验的相关部门领导同志担任,根据主任委员的指定,分工负责联系相关工作。第一届专家委员会由51名委员组成,委员经多方推荐和严格遴选产生,既有在食品安全风险监测评估、检验检测技术研究、公共政策、危机应对以及犯罪侦查等方面卓有建树的权威专家,也有多年从事食品安全监管工作,在风险管理、标准制定、应急处置等方面积累丰富经验的专业人士,具有广泛代表性、权威性和独立性。2014年4月15日专家委员会在北京召开第一次全体会议,除与会专家以外,国务院食品安全委员会有关单位的联络员、国家食品药品监督管理总局有关司局的同志也参加了此次会议。会议就风险管理、科普宣传、标准规范、农产品质量安全、企业监管等方面的工作,以及专家委员会自身建设、年度工作要点、完善专家库等有关事项进行了讨论,提出了建议。①

国务院食品安全委员会的成立,从国家层面上加强了综合协调部门的权威,并对监管职能存在交叉、重复之处以及监管盲区进行了明确的重新分工,能够更有效地发挥食品安全决策评估、综合协调的作用。从结构上来看,国务院食品安全委员会由副总理、政治局常委挂帅,因此从成立之初就具有"超正部级"的色彩,这体现了国务院食品安全委员会作为高规格的议事协调机构,带有明显的以"组织权威"为依托的等级纵向协同性质。

4. 中共中央议事协调机构

与国外政府中的协调机构和临时机构一般只存在于行政系统中不同,在中国以"委员会"或"领导小组"出现的议事协调机构还广泛地存在于中国共产党组织体系内。爱丽丝·米勒(Alice L. Miller)认为在中国共产党内部作为非正式机构存在的"领导小组"数十年以来一直是决策层用以提出政策

---

① 《国务院食品安全委员会专家委员会在京成立》,国家食品药品监督管理总局网站,2014年4月18日,http://www.sfda.gov.cn/WS01/CL0050/98315.html。

建议、协调政策执行的重要制度性设计。这些领导小组根据分工的不同在各自的政策领域中发挥着枢纽性的作用。[①]与国务院议事协调机构相对应,中共中央议事协调机构的配置规格也比较高(甚至更高),一般由中共中央政治局常委(或者政治局委员)分管领导担任议事协调机构负责人,有关中共中央直属部办委局或者中央军委所属机关单位负责人担任领导成员。议事协调机构一般在牵头单位专业对口的司局设立办事机构,并由该部门的领导担任议事协调机构办事机构的负责人。中共中央议事协调机构议定的事项,经中共中央政治局同意,由有关的中共中央直属机构按照各自的职责负责办理。中共中央议事协调机构的设立、撤销或者合并,由中央机构编制委员会提出方案,报中共中央政治局决定。与国务院议事协调机构一样,中共中央议事协调机构根据工作的需要,也分为常设性议事协调机构和非常设性议事协调机构。其中非常设临时性的议事协调机构在工作任务完成后就会适时撤销。

表2-5是现今存在的中共中央主要常设性议事协调机构名单,按照成立的时间先后顺序排列。

表 2-5　中共中央常设性的议事协调机构

机构名称	成立时间	现任主要领导	成员单位	办事机构
1. 中央保健委员会	1950 年	主任:栗战书(中央书记处书记、中央办公厅主任) 副主任:刘谦(卫计委副主任)	中共中央办公厅、国务院办公厅、军委办公厅、全国人大常委会办公厅、全国政协办公厅(5个部门)	中央保健委员会办公室(具体工作由卫生部保监局承担,归口中央办公厅管理)
2. 中央对台工作领导小组	1979 年	组长:习近平(中共中央总书记,国家主席) 副组长:俞正声(政治局常委、全国政协主席)	中央宣传部、中央统战部、中央外事工作办公室、海峡两岸关系协会、总参谋部、国家安全部(6个部门)	中共中央台湾工作办公室(与国务院台湾事务办公室"一个机构,两块牌子")

---

① Alice L. Miller, "China's New Party leadership", *China Leadership Monitor*, No. 23, 2008.

(续表)

机构名称	成立时间	现任主要领导	成员单位	办事机构
3. 中央财经领导小组①	1980年	组长:习近平 副组长:李克强(政治局常委、国务院总理)	国务院办公厅、国家发展和改革委员会、财政部、中国人民银行、国务院国有资产监督管理委员会等(10个部门)	中央财经领导小组(单设)
4. 中央宣传思想工作领导小组	1980年	主任:刘云山(政治局常委,中央书记处书记) 副主任:刘奇葆(政治局委员、中宣部部长)、刘延东(政治局委员、国务院副总理)	中央宣传部、中央统战部、中央外事办公室、国务院新闻办、国务院侨务办公室、国务院港澳办公室、国家新闻出版广电总局、文化部、新华社等(13个部门)	中央宣传思想工作领导小组秘书处(设在中宣部)
5. 中央外事工作领导小组(中央国家安全领导小组)②	1981年	组长:习近平 副组长:李克强、李源潮(政治局委员、国家副主席)	外交部、国防部、国家安全部、商务部、国务院港澳事务办公室、国务院台湾事务办公室、中央宣传部、总参谋部等(13个部门)	中央外事工作领导小组办公室(单设)
6. 中央职称改革工作领导小组	1985年	组长:马凯(政治局委员,国务院副总理) 副组长:尹蔚民(人力资源和社会保障部部长)	国务院办公厅、人力资源和社会保障部、中央组织部、中央宣传部、教育部、科技部、财政部、中国科学院等(10个部门)	办公室设在人力资源和社会保障部内
7. 中央党的建设工作领导小组	1988年	组长:刘云山 副组长:王歧山(政治局常委、中纪委书记)、赵乐际(政治局委员、中组部部长)	中央组织部、中央政策研究室、中央党校、国资委、中央国家机关工作委员会等(6个部门)	中央党的建设工作领导小组秘书组(设在中央政策研究室)

---

① 中央财经领导小组的前身最早可追溯至成立于1957年1月的"中央财经工作五人小组",现在的中央财经领导小组设立于1980年3月。中央财经领导小组是中共中央领导经济工作的议事协调机构,被外界视为中国经济的核心领导和决策部门。

② 中央国家安全领导小组建于2000年9月,与"中央外事工作领导小组"合署办公,两块牌子,一套机构。

(续表)

机构名称	成立时间	现任主要领导	成员单位	办事机构
8. 中央机构编制委员会	1991年	主任:李克强 副主任:刘云山	中央组织部、中央办公厅、人力资源和社会保障部等(6个部门)	中央机构编制委员会办公室(单设)
9. 中央农村工作领导小组	1993年	组长:汪洋(政治局委员,国务院副总理) 副组长:袁纯清、陈锡文	发改委、农业部、水利部、国家林业局、中华全国供销合作总社、国务院扶贫开发领导小组办公室等(7个部门)	中央农村工作领导小组办公室(单设)
10. 中央精神文明建设指导委员会	1997年	组长:刘云山 副主任:刘奇葆	中央纪委、中央办公厅、中央组织部、中央宣传部、中央统战部、发改委、公安部、民政部等(35个部门)	中央精神文明建设指导委员会办公室(设在中宣部)
11. 中央维护稳定工作领导小组	2000年	主任:孟建柱(政治局委员,中央政法委书记) 副主任:郭声琨(政法委副书记、公安部部长)	中央政法委员会、中央综合治理委员会、中央宣传部、公安部、国家新闻出版广电总局(5个部门)	中央维护稳定工作办公室(在中央政法委员会机关办公)
12. 中央人才工作协调小组(中央西部地区人才开发协调小组)	2003年	组长:李源潮 副组长:尹蔚民、李智勇	中央组织部、中央宣传部、中央统战部、人力资源和社会保障部、国家公务员局、国家外专局等(19个部门)	中央人才工作协调小组办公室(设在中组部人才工作局)
13. 中央文化体制改革和发展工作领导小组	2003年	组长:刘奇葆 副组长:刘延东	中宣部、文化部、国家新闻出版广电总局(3个部门)	中央文化体制改革和发展工作小组办公室(设在中宣部)
14. 中央港澳工作协调小组	2003年	组长:张德江(政治局常委,全国人大常委会委员长) 副组长:李源潮、扬洁篪	中央办公厅、中央宣传部、中央统战部、国务院办公厅、外交部、发改委、商务部、卫生计生委、公安部、农业部、国务院港澳事务办公室、海关总署等(31个部门)	中央港澳工作协调小组办公室(设在国务院港澳事务办公室)

(续表)

机构名称	成立时间	现任主要领导	成员单位	办事机构
15. 中央反腐败协调小组	2005年	组长：王歧山 副组长：孟建柱、赵乐际	中央纪律检查委员会、中央组织部、监察部、审计署、中央政法委员会、公安部、最高人民法院、最高人民检察院(8个部门)	中央反腐败协调小组办公室(设在中央纪律检查委员会预防腐败室)
16. 中央治理商业贿赂领导小组	2006年	组长：何勇(中央书记处书记、中央纪委常务副书记) 副组长：马馼(中纪委副书记、监察部部长)	中央纪委牵头.全国人大常委会法工委、最高人民法院、最高人民检察院、公安部、监察部、财政部、国土资源部、建设部等(22个部门)	中央治理商业贿赂领导小组办公室(设在中央纪委、监察部)
17. 中央巡视工作领导小组	2009年	组长：王歧山 副组长：赵乐际、赵洪祝(中央书记处书记、中纪委副书记)	中央纪律检查委员会、中央组织部(2个部门)	中央巡视工作领导小组办公室(设在中纪委)
18. 中央党务公开工作领导小组	2009年	组长：赵洪祝 副组长：吴琅(中纪委副书记)	中央纪委、中央办公厅、中央组织部、中央宣传部、中央政策研究室、中央直属机关工委和重要国家机关工委(7个部门)	中央党务公开工作领导小组办公室(设在中纪委)
19. 中央全面深化改革领导小组	2013年	组长：习近平 副组长：李克强、刘云山、张高丽	政法委、中组部、中纪委、中宣部、中央办公厅、公安部、最高人民法院、最高人民检察院、人民银行、发改委、教育部、科技部、国资委、环保部等(23个部门)①	中央全面深化改革领导小组(设在中央政策研究室)

---

① 中共中央全面深化改革领导小组的组成部门涉及党、政、军、人大等系统的若干大部门，被媒体誉为"超强豪华阵容"，参见大公网、新华网相关报道。

(续表)

机构名称	成立时间	现任主要领导	成员单位	办事机构
20. 中央国家安全委员会①	2014年	主席：习近平 副主席：李克强、张德江	国家安全部、外交部、公安部、司法部、解放军总参、总政等②	中央国家安全委员会办公室（设在中央办公厅）
21. 中央网络安全和信息化领导小组	2014年	组长：习近平 副组长：李克强、刘云山	中央政策研究室、中宣部、政法委、军委、中央办公厅、公安部、中国人民银行、外交部、发改委、工信部等（16个部门）	中央网络安全和信息化领导小组办公室

资料来源：笔者根据《中国共产党组织史 1921—1997》（中共中央组织部等编，中共党史出版社 2000 年版）、中共中央办公厅、国务院办公厅《关于开展治理商业贿赂专项工作的意见》中办发[2006]9 号、中央编办中国机构网（www.chinaorg.cn）、中共共产党新闻网（www.cpcnews.cn）、中共政府网（www.gov.cn）等资料中的相关部分整理而成，其中"主要领导"一栏可能会因为机构人员调整有所变化，但其一般都由对应政治级别与职务的领导担当。备注：另还有两个议事协调机构，中央保密工作领导小组、中央保密委员会因属于涉密机构，资料不详，故暂未列入表中。

中共中央常设性的议事协调机构又可以根据工作任务性质和内容的不同，分为两类：一类是"党内小组"，一类是"党政小组"。党内小组仅存在于党内，是中国共产党自身的组织，作为党用来加强自身建设的组织保障，其工作任务主要在于"党要管党"，加强党的政治、思想、组织、作风和执政能力以及先进性教育等各方面工作，如中央党的建设领导小组、中央党务公开工作领导小组等。其余大多数的领导小组或委员会则都是横跨党政两个系统。由于中国一直以来存在"党政不分家"的传统，在确保"党的一元化领导"的指导思想下，中共中央层面的议事协调机构相较于国务院层面的议事协调机构可能权力更大（很多时候议事协调机构为了完成既定的工作任务，可以"绕道走捷径"，避开既定的法定程序行使权力），影响范围更广泛，具有调动社会各方面资源的能力，在实际中可能发挥更为重要的作用。正是由于议事协调机构拥有一般常设机构无法比拟的优势，使得中国党政系统中

---

① 中央国家安全委员会作为中共中央关于国家安全工作的决策和议事协调机构，向中央政治局、中央政治局常务委员会负责，统筹协调涉及国家安全的重大事项和重要工作；作为最高级别的国家安全机构，规格高于一般领导小组。

② 国家安全委员会涵盖了所有对外的国家安全和对内的国家安全部门，成为协调军队、公安、外交、情报领域的最强有力的机构。

各个层级尤其是地方上党政部门的负责人将议事协调机构视为一种十分高效、便捷的管理手段,每遇到事关全局、牵涉面广,或较为紧急的重要事务时就倾向于设置议事协调机构来解决问题。①

5. 案例:中央全面深化改革领导小组

2013年11月12日,中国共产党第十八届中央委员会第三次全体会议决定,中央成立全面深化改革领导小组(简称"深改组"),负责总体改革设计、统筹协调、整体推进、督促落实。② 习近平指出:"改革开放是一场深刻的全面的改革,每一次改革都会对其他改革产生重要影响,每一项改革又都需要其他改革协同配合。要更加注重各项改革的相互促进、良性互动,整体推进,重点突破,形成推进改革开放的强大合力。"因此,要深入研究全面深化改革的顶层设计和总体规划,明确提出改革总体方案、路线图和时间表。加强改革的统筹协调是全面深化改革的关键。中共全面深化改革领导小组就是这样一个高层次、有权威的改革协调机构和工作机构。

(1) 组成部门及人员

中央全面深化改革领导小组由习近平任组长,李克强、刘云山、张高丽任副组长,共有四位政治局常委参与,这是目前中央所有小组当中绝无仅有的。除四人之外,小组成员之中还有19位党和国家领导人,共计23位领导是该小组成员,这在历史上也是前所未有的,包括了十八届中央政治局委员中的14人③,国务院全部四位副总理及一位国务委员,中央军委两位副主席中的一人,七位中央书记处中的六人,涵盖了中共中央、全国人大、国务院、全国政协、中央军委以及两高等各大系统,涉及政法委、中组部、中纪委、中宣部、中央办公厅、公安部、最高人民法院、最高人民检察院、人民银行、发改委、教育部、科技部、国资委、环保部等23个部门(见图2-4)。从其组成结构来看,"深改组"可谓是中国目前规格最高的中央议事协调机构,体现了强烈的等级纵向协同性质,它隶属于中共中央政治局,直接在中共中央政治局常委会领导下工作。

---

① 周望:《中国"小组"机制研究》,天津:天津人民出版社2010年版,第128页。
② 中国共产党第十八届中央委员会第三次全体会议:《中共中央关于全面深化改革若干重大问题的决定》,2013年11月12日。
③ 十八届中央政治局委员总人数25人,也就是说中共中央一半以上的政治局委员都是该小组的成员,这充分体现了"深改组"的规格之高。

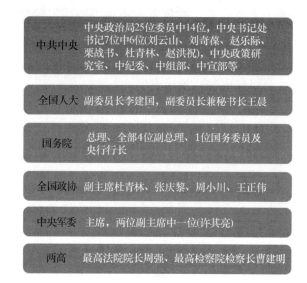

图 2-4　中央全面深化改革领导小组成员涵盖各大系统

（2）"深改组"的主要职责及工作机制

深改组的主要职责有四个方面：一是研究确定经济体制、政治体制、文化体制、社会体制、生态文明体制和党的建设制度等方面改革的重大原则、方针政策、总体方案；二是统一部署全国性重大改革；三是统筹协调处理全局性、长远性、跨地区跨部门的重大改革问题；四是指导、推动、督促中央有关重大改革政策措施的组织落实。①

深改组下设中央深化改革领导小组办公室（简称"中央改革办"），设在中共中央政策研究室，由中央政策研究室主任兼任办公室主任。小组还下设六个专项小组，实际上明确了今后改革的目标与方向。这六个专项小组分别是：经济体制和生态文明体制改革专项小组、民主法制领域改革专项小组、文化体制改革专项小组、社会体制改革专项小组、党的建设制度改革专项小组、纪律检查体制改革专项小组。深改组在成立初期，即以中央文件的形式确定了三个工作规则：《中央全面深化改革领导小组工作规则》《中央全面深化改革领导小组专项工作规则》《中央全面深化改革领导小组办公室工作细则》。按照中央的要求，领导小组的工作安排可以分为四个部分：统

---

① 《中共中央政治局决定成立中央全面深化改革领导小组》，中国政府网，http://www.gov.cn/ldhd/2013-12/30/content_2557318.htm。

筹——方案——落实——调研。习近平指出,专项小组、中央改革办、牵头单位和参与单位,要建好工作机制,做到各司其职,各负其责,又要加强协作配合,形成工作合力。一要抓统筹,既抓住重点也抓好面上,既抓好当前也抓好长远,处理好重大关系,统筹考虑战略、战役、战斗层面的问题,做好政策统筹、方案统筹、力量统筹、进度统筹工作。二要抓方案,全面深化改革总体部署已经有了,要抓紧出台施工方案,按照施工方案推进各项改革举措落地。三要抓落实,三中全会各项具体改革举措,要有时间表,一项一项抓落实,以多种形式督促检查,指导和帮助各地区各部门分解任务、落实责任。四要抓调研,加强对重大改革问题的调研,尽可能多听一听基层和一线的声音,尽可能多接触第一手材料,做到重要情况心中有数。要推动各地区各部门加强调研,注重发挥有关专家学者、研究机构对全面深化改革的调研咨询作用。①

图 2-5　中央全面深化改革领导小组工作安排

（3）"深改组"的运行情况

就当前的情况来看,中央全面深化改革领导小组的运行主要靠召开全体会议的方式来进行。截至 2014 年 9 月,深改组共召开了五次全体会议。五次会议都是由中共中央总书记、国家主席、中央军委主席、中央全面深化改革领导小组组长习近平主持。第一次会议召开的时间是 2014 年 1 月 22

---

① 《习近平:改革要做到"蹄疾而步稳"》,新华网:http://news.xinhuanet.com/politics/2014-01/22/c_119087717.htm,2014 年 1 月 22 日。

日,会议的主要成果是明确了中央深化改革领导小组今后的工作机制与规则,组建了6个专项工作小组,对近期的工作重点进行了部署,通过《中央有关部门贯彻落实党的十八届三中全会〈决定〉重要举措分工方案》,将改革任务进行了分解和落实,一共分解了336项重要举措,逐一确定协调单位、牵头单位和参加单位,为保证任务落到实处明确了责任。时隔一个月(2014年2月28日),深改组又召开了第二次会议,这次会议主要明确了2014年深改组的工作重点,并就法制改革、文化体制改革以及司法和社会体制改革的方案进行了讨论。2014年6月6日深改组召开了第三次会议,会议就财税体制改革和户籍制度改革进行了讨论并形成相应方案与意见,并通过了司法体制改革领域的若干方案。2014年8月18日深改组召开第四次全体会议,此次会议主要针对中央企业主要负责人的薪酬制度改革、考试招生制度改革等方案进行了审议,作出了推动传统媒体与新媒体融合发展的指导意见,通过了《上半年全面深化改革工作进展报告》,更为关键的是此次会议通过了《党的十八届三中全会重要改革举措实施规划(2014—2020年)》,对未来7年改革实施工作作出整体安排,突出每项改革举措的改革路径、成果形式、时间进度,突出关联改革的系统性、整体性、协调性,成为指导今后一个时期改革的总施工图和总台账。① 2014年9月29日,习近平主持召开了深改组第五次全体会议,会议重点讨论了农村土地制度改革方案,审议了《关于引导农村土地承包经营权有序流转发展农业适度规模经营的意见》《积极发展农民股份合作赋予集体资产股份权能改革试点方案》以及《关于深化中央财政科技计划(专项、基金等)管理改革的方案》,要求科技计划体制改革要彻底改变政出多门、九龙治水的格局,坚持按目标成果、绩效考核为导向进行资源分配,统筹科技资源,建立公开统一的国家科技管理平台,构建总体布局合理、功能定位清晰、具有中国特色的科技计划体系和管理制度,以此带动科技其他方面的改革向纵深推进,为实施创新驱动发展战略创立一个好的体制保障。政府部门主要负责科技计划(专项、基金)的宏观管理,不再直接具体管理项目,通过统一的国家科技管理平台,建立决策、咨询、执行、评价、监管各环节职责清晰、协调衔接的新体系。②

---

① 霍小光、张晓松:《全面深化改革大潮正起——以习近平同志为总书记的党中央推进全面深化改革述评》,《人民日报》2014年9月15日。
② 《习近平主持中央深化改革领导小组第五次会议》,人民网,2014年9月30日。http://news.sohu.com/20140930/n404783179.shtml。

表 2-6　中央全面深化改革领导小组召开会议情况

会议时间	会议内容
2014 年 1 月 22 日	① 审议通过了《中央全面深化改革领导小组工作规则》《中央全面深化改革领导小组专项小组工作规则》《中央全面深化改革领导小组办公室工作细则》三个文件。 ② 成立 6 个专项工作小组。 ③ 审议通过了《中央有关部门贯彻落实党的十八届三中全会〈决定〉重要举措分工方案》。 ④ 听取了各地区各部门贯彻落实党的十八届三中全会精神进展情况,研究了领导小组近期工作。
2014 年 2 月 28 日	① 审议通过了《中央全面深化改革领导小组 2014 年工作要点》 ② 审议通过了《关于十八届三中全会〈决定〉提出的立法工作方面要求和任务的研究意见》《关于经济体制和生态文明体制改革专项小组重大改革的汇报》《深化文化体制改革实施方案》《关于深化司法体制和社会体制改革的意见及贯彻实施分工方案》。 ③ 听取了关于中央全面深化改革领导小组第一次会议以来各地区各部门改革工作进展情况汇报,部署了当前和今后一个时期的工作。
2014 年 6 月 6 日	① 审议了《深化财税体制改革总体方案》和《关于进一步推进户籍制度改革的意见》,建议根据会议讨论情况进一步修改完善后按程序报批实施。 ② 审议通过了《关于司法体制改革试点若干问题的框架意见》《上海市司法改革试点工作方案》和《关于设立知识产权法院的方案》。 ③ 还部署了当前和今后一个时期的工作。
2014 年 8 月 18 日	① 审议了《中央管理企业主要负责人薪酬制度改革方案》《关于合理确定并严格规范中央企业负责人履职待遇、业务支出的意见》《关于深化考试招生制度改革的实施意见》,建议根据会议讨论情况进一步修改完善后按程序报批实施。 ② 审议通过了《关于推动传统媒体和新兴媒体融合发展的指导意见》《党的十八届三中全会重要改革举措实施规划(2014—2020 年)》《关于上半年全面深化改革工作进展情况的报告》。 ③ 总结了改革工作,分析了改革形势,部署了下一阶段的工作。
2014 年 9 月 29 日	① 审议了《关于引导农村土地承包经营权有序流转发展农业适度规模经营的意见》《积极发展农民股份合作赋予集体资产股份权能改革试点方案》。 ② 审议了《关于深化中央财政科技计划(专项、基金等)管理改革的方案》,明确了要根据国家战略需要和科技创新规律,构建新型科技计划(专项、基金)管理体系,避免重复申报和重复资助。

资料来源:根据中国政府网、中国新闻网等相关信息整理。

由国家最高领导人挂帅的中央全面深化改革领导小组自成立以来就势如破竹,在推动经济体制改革、民主法制改革、文化体制改革、社会体制改革、党的建设和纪律检查改革等方面都作出了不俗的成绩。例如国务院全面推进深化经济体制改革,以行政体制改革推进政府自我革命,下出简政放权"先手棋"。取消下放7批共632项行政审批等事项;修订政府核准的投资项目目录,需报国务院部门核准的企业投资项目减少60%左右;减少、整合财政专项转移支付项目,从改革前的220个减少到目前的150个左右,减少了近1/3;减少行政事业性收费,每年减轻企业和个人负担约100亿元;建立健全法律草案征求意见机制和公众意见采纳情况反馈机制,着力加强全口径预算决算审查监督,健全讨论决定重大事项制度。推进协商民主广泛多层次制度化发展……民主法治建设迈出新的步伐;实施单独两孩政策;深化医疗卫生体制改革;加大县级公立医院改革试点力度;教育领域综合改革稳步推进,加快发展现代职业教育;全国统一的城乡居民基本养老保险制度建立……推动党风廉政建设党委主体责任和纪委监督责任落实;在一些地方和部门开展查办腐败案件体制机制改革试点,加强和改进巡视工作,发现问题、形成震慑,开展专项巡视……纪律检查体制改革持续发力。[①]

从本案例可以看出,在中共中央的高度重视下,中央全面深化改革领导小组运转高效,在半年多的时间里召开了五次全体会议,形成了若干影响深远的重大改革决定;各级地方党委、政府亦积极响应,成立了与中央深化改革领导小组相对应的地方各级深化改革领导小组。改革自上而下,其行动之迅速、之果敢甚至令世界惊叹。2014年8月13日新加坡《联合早报》发表评论说,中国的改革幅度和力度"超预期","让国内外大吃一惊"。

二、横向协同模式及其对应的结构性机制

发达国家当代行政改革是在"突破"或"摒弃"官僚制的旗帜下进行的,官僚制"以权威为依托的等级制纵向协同模式"相应被视为过时、落伍的象征,而以自愿、平等、共识为标志的横向协同,正日益受到青睐并成为新的时尚。这一点在菲利普斯(Phillips)的观点中更为清晰,他将横向治理总结为在等级制中通过网络开展合作;通过内部相互依赖性而不是权力关系进行

---

① 霍小光、张晓松:《全面深化改革大潮正起——以习近平同志为总书记的党中央推进全面深化改革述评》,《人民日报》2014年9月15日。

合作;通过谈判而不是控制进行合作;通过推动而不是管理开展合作。①

　　国外横向协同的主要组织载体,就是"部际委员会"(Inter-departmental Committees—IDCs)和专项任务小组。按照澳大利亚官方的界定,部际委员会具有几个特点:(1)委员会的成员来自不同的政府部门,代表各自部门正式参与会议;(2)他们被授权代表部门发言,阐明部门在所涉问题上的立场;(3)成员构成和业务范围有明确界定,而且受到相关权威的首肯;(4)决策以共识为基础,采取多数同意的原则。简言之,"代表性"和"共识决策"是部际委员会最鲜明的特征。部际委员会这一组织形式历史悠久,由于与官僚制有历史渊源因而被冷落,目前多称跨部门任务小组或工作小组(taskforce 或 working group)。②也就是说,部际委员会虽然可以协调行动,根据共享任务分配各自的责任,通过签订合作协议保证后续跨部门协同的达成,但是,在实践中这种形式可能因为官僚制本身的惯性而遇到各种阻力。各部门的成员可能会基于各自的立场而不予妥协,这个时候"达成共识"就成为一个耗时又费力的工作。20世纪70年代中期以来,为了解决部际委员会的缓慢和争议性问题,以时间优先、问题特定为主要特征的专项任务小组产生。理查德·达夫特认为"任务小组是一种有效的横向联系手段。它是通过直接的横向协调解决问题的,因而可以减少纵向层级链的信息载荷。"③

　　与部际委员会不同,专项任务小组需要由任务小组的组长全面负责跨部门协同的任务和目标,小组还经常邀请政府部门以外的专家或相关人员参加,任务小组的决定不必是一致同意的,通常由小组组长承担决策或推荐职责,以提高决策的效率,增加明确性。从特性上说,专项工作小组有能力从事创新性的工作,在解决跨部门的议题和提供复杂的综合性方案上非常有效,能够让相关部门的工作人员根据各自部门的利益与部门外的专家和人员联系,在综合分析的基础上开发所需要的成果。通常来说,任务小组具有临时性质,在任务完成之后任务小组也就解散了。

---

① Susan D. Phillips, "The Myths of Horizontal Governance: Is the Third Sector Really a Partner?", paper presented to the International Society for Third-Sector Research Conference, Toronto, July 2004.
② Management Advisory Committee, Commonwealth of Australia, *Connecting Government: Whole of Government Responses to Australia's Priority Challenges*, 2004, p. 3.
③ 〔美〕理查德·L.达夫特:《组织理论与设计》,宋继红译,北京:清华大学出版社2003年版,第107页。

我国的政府部门之间同样存在多样化的横向协同模式,其对应的结构性机制主要有三种:一是法定部门协同机制;二是部际联席会议制度;三是牵头机构设置。

(一) 法定部门协同机制

我国政府机构中有一些常设机构的职能中含有协调部门权限冲突的职能。在中央层面是国务院办公厅、国务院法制办公室等,而在地方则是各级政府的办公室等。这些机构可视为负有协调职能的政府常设机构。

国务院办公厅是协助国务院领导同志处理国务院日常工作的机构。根据《国务院办公厅职能配置内设机构和人员编制规定》(国发[2008]11号)①文件,国务院办公厅的主要职责除了根据国务院领导指示,发布公文、组织专题调研、做好行政事务、为国务院领导服务等工作以外,一个重要的职责就是根据国务院领导同志的指示,对国务院部门间出现的争议问题提出处理意见,报国务院领导同志决定。因此,国务院办公厅不仅要发挥好中央领导人的参谋和助手的角色,还要承担协调部门之间关系的重任。尤其是涉及某些重大问题或者难题时,主导机构与其他相关机构发生分歧,国务院办公厅就要代表国务院进行协调。

例如,20世纪90年代初期国家计委、人事部和劳动部在劳动工资计划、工资基金管理和保险福利工作的分工上存在一定的交叉和职责分歧,为此国务院办公厅提出了相关的协调处理意见。②在劳动工资计划工作的分工问题上,明确了三个部门的职责层次:国家计委作为综合部门,负责计划编制的统一部署,并根据国民经济和社会发展的需要和可能,对全国劳动工资计划进行综合平衡;劳动部作为综合管理全国劳动工作的职能部门,负责汇总编制全国劳动工资计划(包括分列企业单位和国家机关、事业单位的劳动工资计划);人事部负责编制国家机关、事业单位劳动工资计划。在保险福利

---

① 参见中央政府门户网站:http://www.gov.cn/zwgk/2008-07/17/content_1047512.htm。
② 参见《国务院办公厅关于国家计委、人事部、劳动部职能分工问题协调意见的复函》(国办函[1990]12号),中国政府网:http://www.gov.cn/xxgk/pub/govpublic/mrlm/201012/t20101217_63223.html。

工作方面,纠正了劳动部和人事部的职能交叉的问题①,明确了劳动部的职责是负责综合管理企业单位②的社会保险和职工福利工作,拟定企业职工的社会保险制度和福利制度,并组织实施。协调企业和国家机关、事业单位的保险福利政策。而人事部综合管理的对象是国家机关、事业单位,负责拟定国家机关、事业单位职工的社会保险制度和福利制度,并组织实施。

国务院法制办公室是协助总理办理法制工作事项的办事机构,其前身是国务院法制局。法制办主要职责是:统筹考虑、统一规划国务院的立法工作,拟订国务院年度立法工作安排,报经国务院领导批准后,组织实施,督促指导;审查修改各部门报送国务院的法律草案、行政法规草案,从法律角度审查部门报送国务院审核的我国缔结或者参加的国际条约;起草或者组织起草若干重要的法律草案、行政法规草案;承办行政法规的立法解释工作;承办申请国务院裁决的行政复议案件;研究行政诉讼、行政复议、行政赔偿、行政处罚、行政许可、行政收费、行政执行等涉及政府行为共同规范的法律、行政法规实施以及行政执法中带有普遍性的问题,向国务院提出完善制度和解决问题的意见,拟订有关配套的行政法规、文件和答复意见;协调部门之间在有关法律、行政法规实施中的矛盾和争议;办理地方性法规、地方人民政府规章和国务院各部门规章的备案审查工作,审查其同宪法、法律、行政法规是否抵触以及它们之间是否矛盾,根据不同情况提出处理意见等。③国务院法制办内部设立了"政府法制协调司"专门负责协调部门之间在有关法律、行政法规实施中的矛盾和争议。

法定部门协同机制通过特定的部门对彼此产生争议的政府各个部门进行协调。这类机构的特点是:(1)协调功能的启动具有一定的被动性。以办公厅为例,政府办公厅在我国只是一个负责日常行政事务的机构,并不是决策智囊团和行政首长的代表。国务院办公厅根据国务院领导的指示,才开始对国务院部门间出现的争议问题提出处理意见,报国务院领导决定,而不

---

① 在保险福利工作方面,劳动部"三定"方案中规定有"综合管理全国企业、事业单位的社会保险和职工福利工作。拟定企业、事业单位职工的社会保险制度和福利制度的改革方案及实施办法,并组织实施",而人事部的"三定"方案则规定"管理国家机关、事业单位人员的离休、退休和退职工作",两部职能发生交叉。
② 这里的企业指的是"国家机关、事业单位"以外的社会企业。
③ 参见中国政府法制信息网:http://www.chinalaw.gov.cn/article/jgzn/。

是代表总理与各部门联系,对各部门之间出现的争议进行协调。(2)协调范围受到诸多限制。例如,政府法制办对职能冲突的协调按规定只能涉及与行政执法适用依据有关的事项,而各职能部门的职责权限在我国主要根据"三定方案",由编制部门确定,并不完全由法律加以规定。①(3)法定协调部门与其他部门是平级部门之间的关系,如何进行职能定位、权限分配,更好地发挥法定协同部门的协调功能是摆在改革者面前的难题。

(二)部际联席会议制度

1. 部际联席会议的组成结构及特征

实践中应用比较普遍的横向协同机制是"部际联席会议"。部际联席会议是为了协商办理涉及多个部门职责的事项而建立的一种工作机制,各成员单位按照共同商定的工作制度,及时沟通情况,协调不同意见,以推动各项工作任务的落实。②部际联席会议的成立一般由相关领域的主要负责人(或牵头人)召集,提交"关于建立××部际联席会议的请示",明确部际联席会议名称、牵头单位和成员单位、工作任务与规则,上报国务院。在获得国务院批复后,牵头部门才可以按照国务院有关文件精神成立联席会议并开展相关工作(见专栏2-1)。

➡ 专栏2-1

国务院办公厅关于部际联席会议审批程序
等有关问题的通知

国办函〔2003〕49号

国务院各部委、各直属机构:

近年来,为充分发挥职能部门的作用,相继批准建立了一些部际联席会议,对涉及多个部门职责的事项,明确由主办部门进行协商。为进一步规范部际联席会议的审批程序、名称以及刻制印章、行文等问题,经国务院领导同志同意,现就有关事项通知如下:

---

① 金国坤:《政府协调:解决部门权限冲突的另一条思路》,《行政法学研究》2008年第3期。
② 《国务院办公厅关于部际联席会议审判程序等有关问题的通知》(国办函〔2003〕49号),2003年7月18日。

一、部际联席会议是为了协商办理涉及多个部门职责的事项而建立的一种工作机制,各成员单位按照共同商定的工作制度,及时沟通情况,协调不同意见,以推动各项工作任务的落实。建立部际联席会议,应当从严控制。可以由主办部门与其他部门协调解决的事项,一般不建立部际联席会议。

二、建立部际联席会议,均须正式履行报批手续,具体由牵头部门请示,明确部际联席会议的名称、召集人、牵头单位、成员单位、工作任务与规则等事项,经有关部门同意后,报国务院审批。部际联席会议工作任务结束后,应由牵头部门提出撤销申请,说明部际联席会议的建立时间、撤销原因等,经各成员单位同意后,报国务院审批。

三、新建立的部际联席会议,由国务院领导同志牵头负责的,名称可冠"国务院"字样,其他的统一称"部际联席会议"。

四、部际联席会议不刻制印章,也不正式行文。如确需正式行文,可以牵头部门名义、使用牵头部门印章,也可以由有关成员单位联合行文。

国务院办公厅
二〇〇三年七月十八日

资料来源:中华人民共和国官方网站 http://www.gov.cn/zwgk/2005-08/25/content_26007.htm。

部际联席会议的工作程序是:由牵头部门协商各成员单位,拟定联席会议议题;各成员单位根据议题,按照各自职能做好相关工作;牵头部门负责主持会议并组织会议讨论;会议形成会议纪要,必要时可抄报上级有关部门;会后各成员单位间应定期通报工作信息。一般情况下,各成员单位应设置一位相对固定的联络人,建立比较完善的信息通报制度、信息共享制度和定期例会制度。联席会议全体会议至少每年召开1—2次。

与等级纵向协同模式不同,部际联席会议的召集人与相关成员单位是平级部门之间的关系①,例如2004年由教育部牵头成立的"职业教育工作部际联席会议制度"就包括发展改革委、财政部、人事部、劳动保障部、农业部、扶贫办共7个成员单位和部门②。教育部与其他6个成员单位的级别一样同为正部级单位。教育部部长任联席会议的召集人,各成员单位有关负责人任联席会议成员。作为召集人的教育部部长,与各成员单位的有关负责人之间不是上下级关系,而是平等的协作关系。联席会议解决问题的主要方式是通过互动性的协商,定期或者不定期地召开会议,将各个部门的成员联系在一起。在会议上各部门代表(原则上)③可以充分表达自身合理的利益诉求,消弭利益矛盾,建立部门之间的友好合作关系,从而达成一致的意向和采取统一的行动。

与国外"部际委员会"或"部际联席会议"相比,我国的"部际联席会议"具有三个特点。第一,国外的"部际委员会"是协同的一种组织载体,我国"部际联席会议"则更多是一种工作机制,既不是一个领导岗位,也不是一个实体组织,它不具有刻制印章和正式行文的权力。有政府内部人士表示,"这样做的主要目的是为了减少'文山会海'的概率,避免造成'钦差大臣满天飞'。"④第二,国外的"部际委员会"可以常设也可以临时,我国的"部际联席会议"都具有临时性。《国务院关于部际联席会议审判程序等有关问题的通知》(国办函[2003]49号)明确提出"部际联席会议工作任务结束后,应由牵头部门提出撤销申请"。例如,公众较为熟悉的"全国假日办",在运行了14年之后于2014年9月15日被正式撤销,其全部职能并入新设机构国务院旅游工作部际联席会议制度之中。全国假日办的全称是全国假日旅游部际协调会议办公室,它实行的是部际联席会议机制,具体工作由国家旅游局牵头,此次撤销就是由国家旅游局提出并实施的。第三,西方国家的联席会议不仅仅是负责人开会协商,主要成员单位机构的工作人员也参与研究和协商,提

---

① 需要说明的是,如果部际联席会议由国务院领导牵头,这样的部际联席会议就具有纵向协调的特征,严格说应属于"以权威为依托的等级制纵向协同模式"的特殊形式。
② 《国务院关于同意建立职业教育工作部际联席会议制度的批复》(国函[2004]41号)。
③ 部际联席会议虽然各成员单位其本身级别一致,但是在具体的运作过程中,由于有强势部门和弱势部门的区别,因此掌握资源的强势部门(如发改委)往往在会议上会更加占有主动权和话语权。
④ 李嘉:《告别假日办 独家揭秘国家级办公室撤立规则》,《重庆青年报》2014年10月9日。

出议题、问题及政策建议,①而我国的部际联席会议主要是在部门主要决策者之间进行,普通工作人员没有参与协商的机会。

近年来,部际联席会议在"重特大安全事故""反洗钱""非物质文化遗产保护""整治非法证券""打击走私综合治理"等多个领域,得到了积极的推行和尝试。囿于资料的可及性,这里笔者仅以"反洗钱工作部际联席会议"为例,对部际联席会议制度在中国的实际运行情况做进一步的考察。

2. 部际联席会议制度的运行——以反洗钱工作部际联席会议为例

(1) 反洗钱工作部际联席会议的组织结构

反洗钱工作部际联席会议制度于2002年5月经国务院批准设立,牵头单位为公安部。2003年国务院机构改革后,改由中国人民银行牵头,部际联席会议成员由原来的16个部门,增至23个部门,包括最高人民法院、最高人民检察院、国务院办公厅、外交部、公安部、安全部、监察部、司法部、财政部、建设部、商务部、海关总署、银监会、证监会、解放军参谋总部等部门。中国人民银行行长任联席会议召集人,成员为各有关单位主管领导。反洗钱工作部际联席会议下设办公室,组织开展反洗钱工作部际联席会议日常工作。办公室设在人民银行反洗钱局,办公室主任由反洗钱局局长兼任,各成员单位指定一名联络员为办公室成员,负责与联席会议办事机构的日常联系和沟通。

联席会议的主要职责是:在党中央、国务院领导下,指导全国反洗钱工作,制定国家反洗钱的重要方针、政策,制定国家反洗钱国际合作的政策措施,协调各部门、动员全社会开展反洗钱工作。23家成员单位在其各自职责范围内协助做好反洗钱工作,具体职责分工见表2-7:

表2-7 国家反洗钱部际联席会议成员职责分工

成员单位	具体职责
中国人民银行	承办组织协调国家反洗钱的具体工作;承办反洗钱的国际合作与交流工作;指导、部署金融业反洗钱工作,会同有关部门研究制定金融业反洗钱政策措施和可疑资金交易监测报告制度,负责反洗钱的资金监测;协助司法部门调查处理有关涉嫌洗钱犯罪案件等。
最高人民法院	督办、指导洗钱犯罪案件的审判,针对审理中遇到的有关适用法律问题,适时制定司法解释。

---

① 薛刚凌:《行政体制改革研究》,北京:北京大学出版社2007年版。

(续表)

成员单位	具体职责
最高人民检察院	督办、指导洗钱犯罪案件的批捕、起诉、立案监督,注意发现和查处隐藏在洗钱犯罪背后的国家工作人员职务犯罪案件,针对检察工作中遇到的适用法律问题,适时制定司法解释。
外交部	研究反洗钱国际合作有关政策,研究并协助开展我国加入国际或区域反洗钱组织、各国政府间的反洗钱合作及履行有关国际公约的义务等事项。
公安部	组织、协调、指挥地方公安机关做好洗钱犯罪的防范工作,以及涉嫌犯罪的可疑资金交易信息的调查、破案工作。
安全部	参与洗钱犯罪的情报搜集与处理,研究相应的信息共享和合作调查方案;通过国际合作等渠道,对涉外可疑洗钱活动按管辖配合进行调查核实。
监察部	调查处理洗钱活动所涉及的国家行政机关、国家公务员和国家行政机关任命的其他人员违法违纪问题;加强体制、机制和制度建设,注重从源头上遏制洗钱活动;研究建立打击利用洗钱进行贪污贿赂等腐败行为的信息共享与合作调查机制。
司法部	在律师、公证法律服务领域加强反洗钱制度建设;研究反洗钱司法协助,并根据有关条约和公约,协调开展反洗钱领域的司法协助,特别是协调追讨流至境外的资金。
财政部	落实应由政府承担的反洗钱工作所需经费。进一步加强对财政资金与账户的管理。研究、强化对金融类国有资产与行政事业性国有资产的监管。研究建立洗钱所涉资金的追缴入库制度。研究建立会计师事务所、评估机构等中介机构以及注册会计师、评估师等执业人员协助开展反洗钱工作的机制等。
建设部	在房地产领域开展反洗钱工作;研究在房地产领域开展反洗钱工作的政策措施。
商务部	参与加强对洗钱活动频发领域和区域的管理;研究对三资企业进行反洗钱监管问题,提出相关政策建议;参与加强对进出口贸易的监管,防止境内外不法分子勾结、利用虚假进出口贸易进行洗钱。
海关总署	研究建立在口岸现场打击跨境洗钱行为的监管和查处体系,加强对进出口贸易过程中的货币、存折、有价证券以及金银制品的进出境监管、查验,防止犯罪分子利用虚假进出口贸易进行洗钱活动;密切与相关部门的合作,制定信息共享和合作的工作方案,加强对进出口贸易的监测工作。
税务总局	参与研究打击和防范涉及洗钱的偷税、逃避追缴欠税、骗税等税收违法行为的政策措施,会同相关部门研究建立相应的信息传递和执法合作机制。

（续表）

成员单位	具体职责
工商总局	严格市场准入,加强分类监管,建立与中国人民银行、公安、安全、税务、海关等相关部门反洗钱信息沟通、通报体系,配合有关部门对非金融行业的洗钱活动频发领域实施反洗钱监管。
广电总局	参与反洗钱工作的宣传教育工作,提高公民反洗钱意识。
法制办	参与起草反洗钱法律、法规,参与反洗钱专门法律法规立法调研。
银监会	协助人民银行研究银行业的反洗钱政策措施和可疑资金交易监测报告制度,协助人民银行研究制定银行业反洗钱监管指引,协助人民银行对银行业执行反洗钱规定实施监管。
证监会	配合人民银行研究证券期货业反洗钱政策措施和可疑资金交易监测报告制度,研究制定证券期货业反洗钱规章制度及监管指引,负责对证券期货业执行反洗钱规定实施监管,研究国际和国内证券期货业反洗钱的重大问题并提出政策建议。
保监会	在人民银行的组织协调下,负责保险行业的反洗钱工作。参与研究制定保险业的可疑资金交易监测报告制度;研究制定保险业反洗钱监管指引;对保险机构执行反洗钱法规实施现场和非现场监管;研究国际和国内保险业反洗钱的重大问题并提出政策建议。
邮政局	协助人民银行和银监会研究对邮政储蓄业务的反洗钱政策措施和可疑资金交易监测报告制度,研究对邮政汇款体系执行反洗钱规定情况实施监管。
外汇局	在人民银行的统一领导下,负责对大额、可疑外汇资金交易报告工作进行监督管理,制定和完善大额、可疑外汇资金交易报告制度;监测跨境资金异常流动情况,汇总、筛选和分析金融机构报告的大额和可疑外汇资金交易信息;与各行政执法部门和司法部门合作,打击"地下钱庄"等非法外汇资金交易活动及外汇领域的其他违法犯罪活动等。
解放军总参谋部	搜集、提供洗钱犯罪情报信息;协助追缉外逃犯罪分子;参与反洗钱国际合作;加强打击边境地区的洗钱活动。
国务院办公厅	＊暂缺相关材料

(2) 反洗钱工作部际联席会议在实际中的运行

反洗钱工作部际联席会议根据具体情况采取定期与不定期结合的方式召开协商会议,会议由联席会议常设办公室在征求各成员单位意见的基础上提出议题,经召集人批准或者全体联络员会议研究同意后,组织召开。办公室通知各成员单位代表出席(定期会议联席会成员全部出席,专题会议一般只有相关成员参加)。定期会议主要讨论总结上年度工作情况,确定下一阶段工作重点,并针对反洗钱工作的重大协作事项进行讨论。例如,2005 年 9 月召开的反洗钱工作部际联席会议第二次工作会议就重点部署了我国接受金融行动特别工作组(FATF)评估的准备工作。在接下来的工作中,反洗钱工作部际联席会议相关成员单位组成了评估准备工作协调小组和评估准备工作技术支持组,确定了以完成评估问卷为重点的工作目标,多次召开评估准备会,明确工作体制,组成专门的工作机构,确定各部门的工作职责和具体联系人,为评估工作的顺利进行奠定了组织基础。① 同时,中国人民银行先后4次组织有关单位召开会议,讨论评估问卷填写的基本原则、具体要求和支持材料,在各部门的支持和配合下顺利完成了评估问卷的集中撰写和修改工作。

截止到2014年9月,反洗钱工作部际联席会议已经召开了六次全体会议、8次联络员会议和若干次专题会议,就成员单位工作职责、反洗钱领域国际合作、起草和贯彻"反洗钱法"等反洗钱领域跨部门重点工作进行了磋商。

根据《中国反洗钱报告(2010)》,反洗钱工作部际联席会议各成员单位与反洗钱工作机构之间已经形成了以信息共享、监管政策协调、案件查处为主的工作联系机制。中国人民银行、银监会、证监会、保监会等金融监管部门在部际联席会议的框架内建立了工作信息定期通报制度,共同完成金融稳定评估(FSAP)框架内的反洗钱评估,并对协调反洗钱监管与风险监管、审慎监管之间的关系进行研究,提高了金融业反洗钱监管的有效性。各地税务机关与银行反洗钱部门、公安机关密切合作,加强信息交换与案件协作,会同银行查处利用虚假增值税专用发票办理商业汇票贴现、套取银行资金等违法行为。②

(三) 牵头机构设置

在现实行政过程中,许多行政行为,存在于各个部门相互关联的区间,带有综合性质,即使以一个职能部门为主的行政行为,也会引起其他部门的连锁反应。这不可避免地需要明确一个部门的主要责任,并由其牵头,协调其他相关的利益部门。③这就是牵头机构机制。

---

① 中国人民银行反洗钱局:《中国反洗钱报告(2006)》,北京:中国金融出版社2007年版,第23页。
② 中国人民银行反洗钱局:《中国反洗钱报告(2010)》,北京:中国金融出版社2011年版,第35页。
③ 仇赟:《大部制前景下我国中央政府部门间行政协调机制展望》,吉林大学2008年硕士学位论文。

"牵头机构"是国内外通用的横向协同的程序机制安排。德国的《联邦行政程序法》(The Joint Procedural Code)明确提出引入"牵头部门"(Lead Ministry)的概念,以协调中央政府部门之间的关系,强调根据政策问题的本质决定由哪个部门来领导,其主要职责是即时、全面地介入问题处理过程,起草议案并将其派发给其他相关部委。① 在我国,牵头机构安排主要存在于两种场合:一是"部际联席会议"设立、运行、撤销过程中有明确的"牵头部门";二是部门职责分工时明确了一些牵头部门。②例如,2008年河北省为了强化食品安全管理,就按照食品分类明确了各相关部门的职责,并确定了不同类别食品安全监管中的牵头部门。

> 为确保节日重点食品质量安全,河北省将尝试实行对重点食品按品种由一个部门牵头负责,相关部门配合,强化整治。其中,乳制品由质监部门牵头,农业、工商部门配合;生鲜肉由商务部门牵头,农业、工商部门配合;肉制品由质监部门牵头,工商部门配合;水产品由工商部门牵头,农业部门配合;蔬菜由农业部门牵头,工商部门配合;小麦粉由质监部门牵头,工商部门配合;散装食用油由工商部门牵头,质监部门配合;儿童食品由工商部门牵头,质监部门配合;酒类由商务部门牵头,质监、工商部门配合;糖果由工商部门牵头,质监部门配合;糕点由质监部门牵头,卫生、工商部门配合。③

不论出现在哪种场合,牵头部门对相关机构没有指挥命令权,不涉及高层级的任务分配问题,不要求高层级领导的参与,与现有的行政体制也不冲突,平等协商和共识决策依然是协同的主要特征,因此属于横向协同的特定形式。主要部门牵头协同机制的优势在于主要责任明确,并且保证了其专业性和主导性,要求相关利益方或责任方都有参与从而避免职能的越位、缺位现象,并及时化解行政过程中的冲突和纠纷。但是目前我国的部门牵头机制在实际运行过程中也面临一些体制上的困难,与科层制行政体系存在

---

① 转引自曹丽媛:《中央政府部际协调的理论和方法》,《学术论坛》2012年第1期,第50页。
② 《关于深化行政管理体制改革的意见》中提出:"理顺部门职责分工,坚持一件事情原则上由一个部门负责,确需多个部门管理的事项,要明确牵头部门,分清主次责任"。
③ 姜艳:《河北开展食品安全专项整治行动 首试部门责任制》,载《河北日报》2008年12月9日,http://www.gov.cn/gzdt/2008-12/09/content_1172288.htm。

一定程度的冲突,主要牵头部门在协调平级部门时往往觉得"力不从心"。牵头部门设置所解决的只是一个简单的组织问题,平等主体共同行动需要提议或发动者,需要授权的组织协调者。

三、围绕专项任务开展的条块间交叉协同模式及其对应的结构性机制

我国实践中存在多样化的属于平级部门的"条块间交叉协同"机制,从协同模式的系统描述、分类、比较需求看,需要对条块间交叉协同模式做一讨论。这方面的一个典型例子是太湖流域的水污染治理协同。

太湖是一个典型的跨界公共湖泊,流经江苏、浙江、上海和安徽三省一市。自20世纪90年代以来,伴随着流域内经济社会的快速发展,污染物排放量也不断增加,虽然沪浙苏三省市历来都重视太湖的治理但是相关措施并未收到标本兼治的效果,水环境恶化的趋势未得到有效遏制。监测数据显示,从20世纪80年代初期至90年代初期,太湖平均水体水质由以Ⅱ类水为主下降到以Ⅲ类水为主;从90年代中期至今,全湖平均水质下降为劣Ⅴ类。①

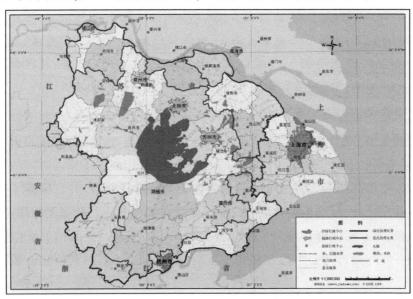

图2-6 太湖流域水污染综合治理范围示意图

---

① 参见国家发展和改革委员会:《太湖流域水环境综合治理总体方案》,2008年4月。

2007年5月底,无锡市区域内的太湖出现50年以来最低水位,加上天气连续高温少雨,水富营养化严重,蓝藻全面爆发。无锡市被迫停止自来水供应,当地近百万群众的饮水出现问题,虽经各界努力恢复了供水,但因此造成的直接和间接损失仍然巨大。太湖已经成为我国水环境污染的一个缩影。

太湖流域的水污染治理之所以进度缓慢,很大的一个原因就是三省一市及相关部门缺乏协同。太湖治理涉及多个区域和部门,条块分割造成"多头治水"的管理局面。首先是区域的阻隔,由于三省一市缺乏协调,每个省市都按照自己的标准进行治理,人为地造成区域隔阂;其次,现有的太湖流域管理局作为水利部的派出机构,与当地政府部门之间关系不畅,由于缺乏明确的法律界定,其本身的权威性也不够,导致流域管不了区域,造成区域规划与太湖流域综合规划不接轨,"规划打架"现象时有发生。①

为了有效地解决太湖流域水污染治理不协同的问题,根据国务院批复的《太湖流域水环境综合治理总体方案》(2008年)的要求,我国建立了"省部际联席会议制度",用来协调太湖流域的水环境综合治理工作中的重大问题。省部际联席会议由国家发展和改革委员会召集,相关部委与江苏、浙江和上海为成员单位。通过明确各成员单位的职责、分解任务、沟通信息、交流情况,提高各管理主体的整体行动能力。为了推进专项治理,水利部还会同江苏省、浙江省、上海市人民政府成立了太湖流域水环境综合治理水利工作协调小组,第一次会议明确了两省一市和太湖流域管理局在水源地保护、引江济太、水体检测、蓝藻打捞合作机制、流域水功能区划、污染物总量控制、底泥疏浚、引排工程、河网整治、太湖管理条例等方面的职责分工和进度安排。②

---

① 陶东希:《加快构建跨界区域生态恢复重建的新机制》,《学习时报》2007年7月23日。
② 朱德米:《构建流域水污染防治的跨部门合作机制——以太湖流域为例》,《中国行政管理》2009年第4期。

> 专栏2-2

太湖流域水环境综合治理省部际联席会议制度

　　太湖流域水环境综合治理省部际联席会议制度由发展改革委、科技部、工业和信息化部、财政部、国土资源部、环境保护部、住房和城乡建设部、交通运输部、水利部、农业部、林业局、法制办、气象局和江苏、浙江、上海市人民政府组成。发展改革委主任担任联席会议总召集人,分管副主任任召集人,其他成员单位的有关负责同志为联席会议成员,联席会议下设办公室。

　　联席会议的主要任务是统筹流域水环境综合治理的各项工作;监督治理方案及相关专项规划的制定和实施;细化职责分工,分解落实流域水环境综合治理的各项任务和政策措施;定期评估治理方案执行情况,通报流域水环境综合治理工作进展情况;协调解决流域水环境综合治理重大问题和跨省市的水环境纠纷,全面促进流域水环境综合治理能力的增强,努力建立流域水环境综合管理的长效机制。重大问题及难以协调一致的事项,及时上报国务院。联席会议要制定相关章程,形成决议,共同遵守。

　　联席会议下设专家咨询委员会,为联席会议科学决策提供技术支撑。其主要职责是对治理方案及其相关专项规划实施进行跟踪评估,向联席会议全体会议提交年度评估报告;针对联席会议每年的议事主题和流域水环境综合治理中的难点和重点问题,开展调研和咨询活动,向联席会议提交专题咨询报告;负责搜集和整理公众对太湖水环境治理的意见和建议,向联席会议反映社情民意。

　　国务院有关部门要认真落实联席会议确定的各项工作任务,并负责组织编制与治理方案相关的专项规划。发展改革部门负责组织协调推进各项治理工作,并要在产业政策、重大项目建设、循环经济和清洁生产等方面加强指导和监督,落实相关项目的中央投资补助,会同有关部门及两省一市积极推进流域水环境综合治理体制机制改革;科技部门要加强太湖治理的科学研究和推广;工业和信息化部门要加强产业政策等方面的指导和监督;财政部门要完善相关财政政策,探索"以奖代补"支持方式;国土资源部门要做好重点治理工程建设用地的综合平衡和审批工作;环境保护部门要加大环保监督执法力度,对重点行业制定更为严格的废、污水污染物排放标准,健全工业企业环保准入制度,严格排污许可制度,对未完成重点水污染物排放总量控制指标的省(市)予以公布,会同水利等部门组织监测网络,并按职责分工做好监测工作;住房和城乡建设部门要指导城乡供水设施、污水及垃圾处理设施的建设,并对其运行进行监督和管理;交通运输部门要做好所辖港口(码头)、装卸站点、船闸和非渔业船舶污染湖泊的监督和管理;水利部门要作好水资源统一调配(调水引流)、水资源保护、核定各水域纳污能力等,对省界断面水质状况进行监测,加强水资源的动态监测,对重要控制性水利工程实施统一管理;农业部门要指导农业生产者科学、合理地施用化肥和农药,控制化肥和农药的过量使用,做好农业结构调整及面源污染控制等工作;林业部门要做好湿地保护与恢复、防护林建设等工作。

两省一市人民政府要根据治理方案,编制本省(市)具体实施方案;要加大治理力度,切实完成联席会议确定的年度各项工作任务。各级地方政府要健全环境质量目标和治理目标责任制,强化省、市、县三级管理,逐级签订水环境治理工作目标责任状,层层落实任务和具体责任人。实施行政断面水质目标浓度考核和COD、氨氮、总磷、总氮四项重点水污染物排放总量考核,并将其作为干部政绩考核的重要内容。建立严格的水环境治理领导问责制,规范问责程序,健全责任追究制度。

资料来源,节选自国家发展和改革委员会:《太湖流域水环境综合治理总体方案》2008年。

通过案例可以看出,以流域水污染治理为代表的"条块交叉协同机制"涉及的机构非常多,包括中央机构、流域管辖政府、流域管理机构、流域内基层政府等。中央机构是治污工作的最高国家权力机关。在参与水污染治理过程中,中央机构的职责更多地表现为制定流域整体规划,并且制定法律法规以其权威性作为保障,同时站在战略高度审视流域水污染治理的发展;流域管辖政府,主要指以省为区划的流域管辖政府,流域管辖政府依据总体规划,结合流域实际情况,进一步细化规划,使其具备可监控性、可评估性,并对流域内基层政府进行协调监督;流域管理机构,指水利部派驻的流域管理机构,其应该是具有实际权力负责流域整体统筹协调、统一规划的机构,但现阶段流域管理机构由于其权力来源缺乏法律依据,预设职能远未发挥出来,其根据情势制定治理规章、监督治污的职能明显弱化;流域内基层政府,指流域内治污一线的地方政府,其在合作机制中扮演着重要角色,地方政府既是保障水质改善、治污工作顺利进行的执行者,又是维护地方利益的保护者,因此地方政府是合作机制的关键所在,要将其有效规制在合作机制的框架内,让其发挥应有的作用。①

综合来看,"条块间交叉协同"组织模式具有几个特征:(1)为专项任务或综合性项目而启动,涉及条和块、中央部门和地方政府的关系;(2)与"部际联席会议"集中于政策制定不同,省部际联席会议既有政策制定职能,也肩负政策实施的职责;(3)跨部门协同涉及纵向条块关系,但从行动主体的行政级别上看,应归属横向协同机制;(4)中央部委拥有对省级政府进行业务指导的权力,同时掌握地方政府需要的一些重要资源,因此在协同可运用的手段或工具、运作过程、实际效果等方面,与横向"部际联席会议"有一些明显的不同。当然,实际中治理流域水污染的跨部门网络还包括社会公众、非营利组织、企业和新闻媒体等,但是鉴于本书的研究重点,在此不予详细讨论。

作为典型的横向协同机制,省部际联席会议中涉及的各个部门及各个地方政府之间是平等的关系,政府之间合作的动力主要来源于两个方面:一是中央的安排和鼓励,二是来自互利收益核算之后的自发合作。各方合作的主要方式是"协商"。各部门在对话机制建立的章程和制度的基础上开展互相考察、座谈和联席会议,就流域整体水资源合作开发、水污染合作治理展开磋商达成合同或者协议,并对承诺协议予以备案,建立信息公开平台实现全社会监督的舆论氛围;在对话机制中,流域管理机构担当矛盾协调解决中间人的角色,对违反对话机制协商承诺的地方政府应该具有明确的责任追究制度,从而保证流域合作机制运行的公平公正。

---

① 谢严:《跨行政区域水污染治理机制研究》,辽宁大学2012年硕士学位论文,第29—30页。

第二节　中国政府跨部门协同的程序性机制

程序性协同机制指的是在政府管理过程中,选择不同的协调方法和技术进行合理排序,实现政府各组成部门行政行为的协同。与结构性协同机制相比,它更侧重于实现协同的程序性机制安排。综合来看,我国现有的程序性协同机制或发挥协同作用的机制安排主要有以下几种①:

一、"三定"方案与行政协助制度

部门关系协调不畅的一个重要原因就是部门间的职责不清,因此明确部门间的职能分工是协调部门间关系的基础和前提。改革开放以来,我国行政管理体制改革的重要目标就是建立权责明确的行政机构,1982 年政府机构改革提出的定职能、定机构、定编制的"三定"方案就是政府在促进部门协调方面的重大举措。"三定"方案的定制过程是机构改革主持者与部门(党政群机关)就该部门职能内涵、职能载体、职能行使方式等进行界定的博弈过程。就实践来看,"三定"工作一般包括以下几个流程:一是部门拟定"三定"规定草案,提交同级机构编制部门,并提供有关本部门职责调整、主要职责、内设机构、人员编制、领导职数等的依据。二是沟通协商,审核批准。② 机构编制部门审核部门报送的"三定"规定草案,与部门就具体问题进行沟通协调,由于在这个环节各个部门都需要将本部门的三定草案提交给机构编制部门,因此编制委员会③就可以在这个环节对跨部门领域或者交叉职能等事项与各个部门进行沟通,在征求相关部门同意的基础上修改完善。完善后的"三定"方案再报同级政府审批,并以正式文件印发。"三定"规定

---

① 与结构性机制一样,本书对程序性机制的分类并不是从相关政策文本和实践中总结提炼出来的,而是借鉴已有框架套用到我国现有的协同机制上,对于某些机制的划分可能从不同的角度强调会有不同的归类。

② 郭卫民、刘为民:《"三定"的功能与完善途径》,《中国行政管理》2011 年第 11 期,第 34—36 页。

③ 各级机构编制委员会实际上具有相当的权威,因为编委会的主任一般是由同级政府的首长兼任,因此具有较强的协调能力。

出台后,相关部门要按照规定实施,机构编制部门还要就职责、内设机构、人员编制等进行检查评估,查找存在的问题,以便为下一轮的机构改革和体制调整做好准备。

"三定"方案有利于明确政府行政权力的基本架构,界定工作部门的职责,划定权力范围,并对权力进行明确的分工,避免职责交叉。根据三定方案,部门领导人在未正式开展工作以前就可以对自己组织所承担的任务体系作通盘的考虑和安排,明确横向任务体系、纵向任务体系以及时序任务体系三个方面的协调。① 通过对不同部门和机构的职责进行明确的界定,各个部门和机构可以按照明确的授权在职责范围内开展工作,减少不同部门和机构之间发生矛盾与冲突的概率和可能。

但是"三定"方案作为一种程序性的安排在促进部门协同上也存在一定的局限性。首先,从"三定"规定的内容来看,它是以肯定性的方式明确行政权力和执政资源的边界范围与具体数量,机构编制部门保留对具体文本的解释权。由于法律没有具体的规定,即使在一个改革周期内,如果部门面临的任务和形势发生重大变化,机构编制部门可以随时对其职责、机构、编制、职数等进行重新调整和分配,这虽然一定程度上保证了"三定"的灵活性,但是也带来了很多不确定和不可控的因素。"三定"有异化为部门权力与利益博弈的倾向。在部门"三定"的过程中,政府部门的看法或者意见往往是从自身部门利益考虑,习惯于"屁股指挥脑袋",强势部门往往"以势压人",形成根据部门实力大小左右职责配置与改革方案的局面。② 其次,"三定"方案对有关部门职责界定方面的表述大多比较宏观,落到具体的部门上,不同部门容易产生不同的理解。很多部门选择性地执行"三定"规定,现实行政的动态变化与"三定"的静态描述之间存在不小的差距。虽然"三定"规定从总体上界定和规范了部门之间的责任与权力范围,但是"三定"规定无法一劳永逸地解

---

① 罗子初、曾友中:《转型期行政协调机制的重塑》,《地方政府管理》2001年第1期,第15—17页。

② 宋世明:《论从"部门行政"向"公共行政"的转型》,《上海行政学院学报》2002年第4期,第37—46页。

决因经济社会快速发展而出现的部门职能交叉、责任不明等问题。① 如何在"三定"的基础上进一步明确协调的主体、程序、方式、方法和仲裁手段等,健全部门间职责分工协调的程序性机制是下一步需要研究的重要课题。

除了"三定"规定,我国在相关法律中也明确了"行政协助"的制度,即当某一部门在履行职责过程中遇到自身无法克服的障碍、向与其无隶属关系的其他部门提出协助请求时,被请求的部门有依法提供协助的义务。如我国《海关法》第12条第3款规定:"海关执行职务受到暴力抗拒时,执行有关任务的公安机关和人民武装警察部队应当予以协助",以立法的形式明确了海关与公安机关和武警部队的协作机制。《国家安全法》第12条规定,"国家安全机关因国家安全工作的需要,根据国家有关规定,可以提请海关、边防等检查机关对有关人员和资料、器材免检,有关检查机关应当协助。"《土地增值税暂行条例》第11条规定:"土地增值税由税务机关征收。土地管理部门、房产管理部门应当向税务机关提供有关资料,并协助税务机关依法征收土地增值税。"此外,《公路法》《传染病防治法》《产品质量法》《消费者权益保护法》以及《税收征收管理法》等法规中对法定的协同也有一些明文说明。目前我国有关行政协助的法律规定主要涉及行政协助中的职务协助即行政主体之间的协助,涵盖了海关、卫生、审计、监察、税收、质量监管、银行、体育、文物保护、矿产资源等多个行政管理领域,为一些领域的行政协助活动提供了依据,为行政主体之间,行政主体与公民、法人、其他组织之间的行政合作指明了方向。

但是与西方国家相比,我国的行政协助制度还有很多不足。首先,我国的行政协助法律规定简单笼统,缺乏可操作性。例如,法律并未规定在哪些情形下部门可以提出协助请求、被请求的行政部门是否有权拒绝协助、执行协助职务时发生纠纷如何处理,以及因提供协助产生的费用如何分担等问题。相比较而言,德国的《行政程序法(1976年)》则对行政协助的法律细则有较为明确的规定,例如明确规定了请求行政协助发生的情形、行政协助的费用负担以及被请求者可以拒绝提供行政协助的条件等。**关于请求协助的情形**,德国的《行政程序法(1976年)》第五条第1款规定:"在下列情况下,

---

① 郭卫民、刘为民:《"三定"的功能与完善途径》,《中国行政管理》2011年第11期,第34—36页。

行政机关尤其可寻求职务协助:(1) 由于法定的原因,公务不能独自完成的;(2) 因事实原因,尤其缺少所必需的人力和设备而不能完成公务的;(3) 执行其职务有赖于一定事实上的认识,而该事实为其不所知,且不得由其自行调查者;(4) 执行其职务所必要的文件或其他证据,为被请求机关拥有;(5) 显然须付出比被请求的机关较多的费用始能执行其职务者。"**关于行政协助发生的费用负担**,第 8 条规定:(1) 请求协助机关不需要向被请求机关支付行政费用。如具体个案的垫款超过 50 马克,可要求请求协助机关偿还。相互间提供职务协助的,无需偿还垫款。(2) 被请求机关为实现职务协助所为的须支付费用的公务,有权得到第三人所欠的费用(行政费用、使用费和垫款)。这一规定不仅规定了偿还垫款的标准,还规定了因第三人产生的费用问题。**如果被请求行政主体认为需要拒绝协助时**,可以根据第 5 条第 2 款:(1) 因法定原因,被请求机关不能提供协助的;(2) 如果提供协助,会严重损害联邦或州利益的;(3) 被请求就信息、证据提供协助,而相关资料涉及保密的。另外,德国的《行政程序法》还规定了 3 种**无须提供行政协助的情形**:(1) 其他机关较为方便或较小花费即可提供协助;(2) 被请求机关必须支出极不相称的巨大开支方可提供协助;(3) 被请求机关如提供协助即会严重损害自身职能实现的。在上述几种情况下,被请求机关可以拒绝协助,但应该告知拒绝的原因。① 由于我国的相关行政协助制度并未对以上内容做详细的规定,导致了行政协助在法律制度保障上的"失坠"。在实践中,对于受请求行政主体而言,可以拒绝予以协助而不承担法律责任,更不用说以各种理由予以婉拒了。

其次,我国行政协助法律位阶较低,法律规定相互冲突。目前中国现有法律体系内有关行政协助的规定都是针对某一领域、某一行业的,存在多元的立法主体,且各主体均是根据本行业特点和自身需要对行政协助作出规定,不可避免地会出现立法冲突现象。目前我国尚未有一部统一的行政协助法或行政程序法来对行政协助的法律关系加以引导和规制,这在很大程度上影响了行政协助制度作用的发挥。而西方国家尤其是大陆法系国家如

---

① 关于德国行政协助的相关规定,参见应松年主编:《外国行政程序法汇编》,北京:中国法制出版社 2004 年版,第 546—547 页。

德国、西班牙、韩国等国,以及中国的台湾地区都制定了相应的"行政程序法"。西班牙在1992年《西班牙公共行政机关法律制度及共同的行政程序法》中对行政协助制度作了原则性和具体性的规定。韩国1996年颁布《行政程序法》对行政协助的条件和范围作了具体明确的规定,其内容与德国行政程序法的规定非常相似。台湾地区1999年颁布"行政程序法",对行政主体之间的协助问题作了明确论述。参见专栏2-3。①

> **专栏2-3**
>
> **韩国和我国台湾地区的"行政程序法"**
>
> **一、韩国的行政程序法相关规定**
>
> 《韩国行政程序法(1996)》在总则中对行政协助做了规定。其中,第八条对行政协助的相关情形作了具体明确规定。现摘录如下:
>
> 　　1.行政机关,有下列各款所列情形之一时,得请求其他行政机关予以行政协助。(1)依法律上之理由,单独执行职务有困难时。(2)因人员、设备不足等事实上之理由,单独执行职务有困难时。(3)需要得到其他行政机关所属专门机关之协助时。(4)其他行政机关所管理之文书、统计资料等行政资料为执行职务所必要时。(5)其他行政机关予以协助处理,将显著地有效率且经济时。
>
> 　　2.依第1项之规定,受请求行政协助之行政机关,有下列各款情形,可以拒绝。(1)有明显理由认为受请求机关以外之行政机关能提供更有效率且经济之协助时。(2)有明显理由认为行政协助将显然阻碍受请求之行政机关执行固有职务时。
>
> 　　3.行政协助,应向能直接协助该职务之行政机关请求之。
>
> 　　4.受请求行政协助之行政机关拒绝协助时应将理由通知请求行政协助之行政机关。

---

① 本书未提及的其他国家并不代表就没有行政程序法,从可借鉴的意义角度来说,除德国外,韩国和台湾地区的行政程序法具有更强的借鉴意义,故此本专栏详细介绍。

5. 为行政协助而被派遣之职员接受请求协助之行政机关之指挥监督。但对该职员之服务,如其他法令等有特殊规定时,依其他法令。

6. 行政协助所需之费用,由请求协助之行政机关负担,其负担金额及负担方法,由请求协助之行政机关及受请求之行政机关协议决定之。

二、我国台湾地区的"行政程序法"的相关规定

台湾地区"行政程序法"在第一章总则部分对行政协助作出了规定。第十九条:行政机关为发挥共同一体之行政机能,应于其权限范围内互相协助。行政机关执行职务时,有下列情形之一者,得向无隶属关系之其他机关请求协助:

1. 因法律上之原因,不能独自执行职务者。

2. 因人员、设备不足等事实上之原因,不能独自执行职务者。

3. 执行职务所必要认定之事实,不能独自调查者。

4. 执行职务所必要之文书或其他资料,为被请求机关所持有者。

5. 由被请求机关协助执行,显较经济者。

6. 其他职务上有正当理由须请求协助者。前项请求,除紧急情形外,应以书面为之。

被请求机关有下列情形之一者,应拒绝之:

1. 协助之行为,非其权限范围或依法不得为之者。

2. 如提供协助,将严重妨害其自身职务之执行者。被请求机关认为有正当理由不能协助者,得拒绝之。

被请求机关认为无提供行政协助之义务或有拒绝之事由时,应将其理由通知请求协助机关。请求协助机关对此有异议时,由其共同上级机关决定之。无共同上级机关时,由被请求机关之上级机关决定之。

被请求机关得向请求协助机关要求负担行政协助所需费用。其负担金额及支付方式,由请求协助机关及被请求机关以协议定之;协议不成时,由其共同上级机关定之。

资料来源:摘编自应松年:《外国行政程序法汇编》,北京:中国法制出版社2004年版相关章节,台湾地区"行政程序法"是作为附录编入此书的。

《行政程序法》将行政协助机制以立法的形式明确下来,对于实践中可能出现的各种情形做了尽可能详尽的预先规定,有助于行政协助制度落到实处。

二、部门联合发文与人员借调机制

部门联合发文是指针对某一特殊问题,各相关部门在意见一致的基础上联合发表文件,对某个问题的处理办法或者要求做出统一的规定,从而避免因职责交叉而出现的在同一事件或问题的处理上政令不一的现象。根据《规章制定程序条例》第8条,涉及国务院两个以上部门职权范围的事项,需要制定规章的,国务院有关部门应当联合制定规章;部门联合规章由联合制定的部门首长共同署名公布。国务院各部门之间、地方人民政府各部门之间也可以通过联合制定其他规范性的文件的办法,共同实施对共管行政事务的管理。

部门联合发文是为了保证政策制定层面的协调统一。相对于联席会议、牵头机构安排等方式,它是在源头上理顺各部门的职责权限,而不是在执法过程中为避免冲突进行联合。例如,2008年,我国国家发展和改革委、工业和信息化部、监察部、财政部、住房和城乡建设部、交通运输、铁道部、国务院法制办等十个部门,联合印发了《招标投标违法行为记录公告暂行办法》,建立了招标投标违法行为记录的公告制度,它标志着"一地受罚,处处受制"的招投标失信制度正式形成。[①] 2009年湖北省三部门——省纪委、省委宣传部、省监察厅联合发文要求发挥舆论监督在反腐倡廉中的作用。通过联合下发《关于舆论监督作用推进反腐倡廉建设的意见》明确了三个部门在健全发挥舆论监督作用工作制度中各自的职责及其沟通机制。《意见》明确要求各级新闻媒体要明确专人担任舆论监督信息员,负责收集、整理本单位刊播的反腐倡廉舆论监督信息和内参,及时向纪检监察机关报送。纪检监察机关要畅通新闻媒体传递信息的渠道,设立向新闻媒体公开的新闻舆论监督专用电子邮箱,统一受理反腐倡廉舆论监督信息。对于媒体反映的反腐倡廉问题,纪检监察机关要根据工作职能和管理权限,明确办理部门、

---

① 参见《关于印发〈招标投标违法行为记录公告暂行办法〉的通知》,发改法规[2008]1531号。

办理程序和办理时限等。①

相比于部门联合发文,人员借调则是在政策执行过程中强化协同的一种机制。通过人员的借调、抽调或者交换不同部门的关键员工以实现跨部门协同的机制安排。这种协同机制出现的形式包括,在某一部门的工作中借用其他部门的成员,或者为了某个政策或目标,新成立一个临时性的机构,其成员都没有正式的编制,而是由来自各个部门的人员组成。相对于正式的机构编制调整,这是一种非正式的合作关系。它既避免了因机构调整带来的巨大的人力、物力成本的耗费及其造成的政治、人事波动,又能够促进合作的达成。不同的部门通过共用员工,可以汇聚知识、经验和资源,更容易地达成需要合作才能完成的目标。②人员借调机制在国外通常表现为成立临时性的"跨部门工作小组"或者"委员会"③。例如,英国在推行"整体政府"改革的过程中成立了许多特别委员会,其成员都被要求来自不同的背景,如公共部门、私营部门、志愿者组织、工会和研究团体。④这些委员会的任务就在于沟通联系各个部门,及时地交流合作过程中的问题和经验,推动合作的进展。委员会构成人员的工作关系都在各个部门,并没有产生人事机构上的变动。类似的做法在新西兰的改革中也十分提倡。为了解决机构之间缺乏协调的问题,新西兰政府建立了由一线员工组成的跨机构团队。2002 年和 2003 年新西兰分别成立了 3 个团队,作为试点项目,他们负责处理不同地区的家庭暴力、逃学和技术移民安置问题。⑤美国佛罗里达州在"9·11"之后为建立相互协调的本土安全预警机制采取了很多跨部门合作的应对办法,其中核心措施是创建了七支本地的国内安全任务小组,设于佛州执法部(FDLE),用以协调对恐怖袭击事件的应对,确保对州和地区的人员培训,收集关于恐怖袭击的分散信息。每一个任务小组的成员来自警察

---

① 《三部门联合发文要求发挥舆论监督在反腐倡廉中的作用》,荆楚网:http://www.cnhubei.com/xwzt/2008zt/kxfzg/hbjy/200910/t831307.shtml,2009 年 10 月 10 日。
② Mark Imperial, *Collaboration and Performance Management in Network Settings*: *Lessons from Three Watershed Governance Efforts*, report by IBM Center for the Business of Government, 2004.
③ 此处所说的"跨部门工作小组""委员会"与结构性协同机制提及的"专项任务小组""委员会"不同,并不涉及组织结构及人事变化的变化。
④ 解亚红:《"协同政府":新公共管理改革的新阶段》,《中国行政管理》2004 年第 5 期。
⑤ 〔美〕理查德·诺曼:《新西兰行政改革研究》,孙迎春译,北京:国家行政学院出版社 2006 年版,第 260 页。

局、消防队、应急管理人员、健康和医务人员、州和地方的官员、私人企业的经理人。通过这种"跨部门关系小组"同州的协调办公室一起工作来保证持续的、及时的信息能够在本地政治家、州的立法者和美国国会的官员之间被共享。①

人员借调的协同机制在我国也得到了较为广泛的应用。与部际联席会议和议事协调机构等机制不同,人员借调机制通过一线员工的重组和整合来实现跨部门之间的协作。例如笔者调研的Y省,为了做好连片特困地区的区域发展和扶贫攻坚规划编制工作②,于2011年12月成立了一个联合工作小组——Y省连片特困地区区域发展与扶贫攻坚规划编制领导小组。领导小组由分管副省长任组长,省发改委主任、省扶贫办主任、省政府副秘书长任副组长;省级41家委办厅局分管领导为成员。片区规划编制领导小组下设办公室、以扶贫、发改等17个委办厅局的业务骨干为主体,同时抽调相关州市人员和专家组成片区规划专门班子,安排专项经费,统一确定框架,倒排时间进度,共同起草文本。各州市也高度重视,成立了相应机构,集中力量编制《规划》。③按照规定,抽调的人员的人事关系仍保留在原单位,抽调期间集中到省扶贫办规划处联合办公。由于片区区域发展与扶贫攻坚规划涉及交通、水利、农业、旅游等各个部门,因此来自这些部门的借调人员在规划编制过程中可以较为直接地进行沟通和交流,提供专业性的意见;另一方面,当遇到争议性问题,需要与这些部门的领导做进一步的反馈时,借调人员可以充当桥梁的作用,协调部门之间的关系。但是,笔者在调研中也发现,目前这种人员借调机制也存在不少问题,比如按照规定除了省扶贫办和省发改委,还要求从省工业和信息化委员会、省教育厅、省民委、省民政厅、省环保厅、省水利厅、省卫生厅等15个部门各抽调1人,然而实际上除了省

---

① Kiki Caruson and Susan A. MacManus, "Mandates and Management Challenges in the Trenches: An Intergovernmental Perspective on Homeland Security", *Public Administrative Review*, July/August, 2006, pp.522—536.

② 新一轮的《中国农村扶贫开发纲要(2011—2020)》进一步确立了"大扶贫"的发展模式,全国共划分了11个贫困片区,确定了680个片区内的贫困县。Y省涉及四个连片特困地区。2011年11月国务院扶贫领导小组办公室和国家发改委联合发文,要求各省(自治区、直辖市)的扶贫办和发改委牵头做好连片特困地区的区域发展和扶贫攻坚规划编制工作。

③ Y省连片特困地区区域发展与扶贫攻坚规划编制领导小组办公室:《Y省连片特困地区区域发展与扶贫攻坚规划编制工作资料汇编》,2012年5月(内部资料)。

民委、省教育厅、省农业厅等少数部门的借调人员每天去规划处报到上班以外,其他部门的人员由于各种原因①又回到了原单位,其"协调人"的身份也逐渐淡化并消失。另一个方面,由于抽调的人员都是普通的办事人员,在实际合作过程中事实上难以就"跨部门议题"直接给出本部门的意见,而只能充当"传话员"的角色,这在一定程度上也限制了"人员借调机制"在跨部门协同中的作用。

三、专项工作协调会议与现场调研办公制度

专项工作协调会议是涉及某一重大议题的相关部门根据自身工作情况,不定期进行沟通协调,以解决实际问题和困难,推动职责顺利落实的工作机制,从形式上来说,它主要是以随机及不定期召开会议的方式提供的一种信息交流平台。专项工作协调会议通常涉及的是事关经济社会发展全局的重大事项,或者是由主办部门与其他部门协商解决的一般事项。其基本的工作程序一般包括四个步骤,以市政府层面为例:通常重大事项由市政府领导主持,有关牵头单位组织召集,一般性事项协调可由牵头单位提起;牵头单位将会议议题、协调内容等提前通知有关部门,并负责组织会议;会后各参会单位应及时通报后续工作情况。对重大事项协商会议确定解决的问题要实行跟踪问效。牵头单位负责对决议执行情况进行跟踪督查,并将落实情况汇报市政府。有关部门根据职责贯彻执行。②例如,2013 年云南省玉溪市政府为了妥善处理春节期间城市流浪乞讨人员的生活问题召开了一次专项工作协调会议,相关部门在会议上交流了意见,并就如何开展工作达成了共识(参见专栏 2-4)。

---

① 作者在调研中发现,借调机制自动弱化的原因是多方面的:首先,新成立的规划处办公室是一个临时性的机构,在初期由于管理机制的不健全,很多借调过来的人员无事可做;一位受访者告诉笔者,"一开始出席会议的人还是比较全的,但是在过来集中工作的一个多星期内,几乎没有任何工作安排,导致有些人员觉得无聊所以又回到了原单位"(访谈编号:L0723);其次,不同部门领导对规划编制工作的认识和重视程度也影响了借调人员的去留。最后,尽管规划编制领导小组组长由副省长担任,各组成部门也是成员单位,但是扶贫办作为实际管理机构,协调能力较弱,各部门仍以本部门工作任务繁重为由拖延甚至推脱。

② 李勇、王喆:《市政府部门间协调配合机制研究》,《机构与行政》2013 年第 3 期,第 24—27 页。

> **专栏2-4**
>
> **玉溪市政府召开加强流浪乞讨人员救助工作协调会议**
>
> 2013年1月31日上午,云南省玉溪市政府副秘书长张少云主持召开了玉溪市加强流浪乞讨人员救助工作协调会,红塔区人民政府、市社管综治办、市民政局、市公安局、市卫生局、市工商局、市残联等10家单位领导参加了会议。会议听取了市民政局关于近期开展城市生活无着流浪乞讨人员救助管理和急需解决的突出问题的情况汇报,研究部署春节期间生活无着流浪乞讨人员的救助管理工作,要求确保流浪人员安全过冬、温饱过节,专项行动有关事宜。会议就如何进一步加强城区街面城市生活无着流浪乞讨人员救助管理工作进行了讨论。会议要求,一要严格按照民政部、公安部等五部委有关规定和专项行动工作方案相关要求,各司其职;二要按照属地管理原则,各县区具体负责本辖区内流浪乞讨人员的救助管理工作。三要坚持主动救助与自愿救助相结合,集中救助与日常救助相结合,要确保春节前和春节期间每天都开展主动巡查救助工作,建立救助管理长效机制。
>
> 资料来源:云南省玉溪市民政局网站,www.yunan.mca.gov.cn。

现场调研办公制度也是我国政府公共管理领域常见的非结构化的一种协同模式,它指的是由主要领导或分管领导牵头,会同相关部门、责任方直接下基层,针对特定的问题,进行调研和办公。

例如,自1994年以来,国家环境保护相关部门,在淮河流域环保执法工作上已经形成了较为常规的现场调研办公制度,协调流域治理中的相关问题。每年,由环保、水利、建设、监察等部门组成的淮河流域水污染专项检查组,都会召开一次现场办公会,对部分污染源、河段综合治理工程、截污导流工程和部分重点企业进行实地考察和巡视,并在实地调研过程中就水污染工作进行协商和沟通,解决明显存在的问题,对工作中存在的问题及时予以解决。迄今为止,淮河流域的环保执法现场调研办公的制度已经推动了多项重大的水污染制度的建设以及专项行动。在2004年的淮河流域水污染防治现场会上,国家环境保护总局与河南、安徽、山东、江苏四省的人民政府签订了《淮河流域水污染防治目标责任书(2005—2010)》。自 2006 年起连续三年,环保部门会同国务院有关部门组成评估组,对淮河流域四省政府《责任书》的落实情况,进行了考核和评估,量化打分排序,考核结果报经国务院同意后,向社会进行了公告。在此机制的激励下,淮河流域四省政府高度重视治污工作,按照《责任书》的要求,严格目标责任考核,扎实推进淮河流域水污染防治工作,治污工作取得了较大的成效。[①]

总的来说,现场调研办公制度协同有利于政府部门直接掌握基层的情况,便于领导者和相关部门掌握基层的动态信息,增强决策的实效性和可行性,有助于抓住特定时期,解决特殊问题,具有"特事特办,急事急办"的效率优势。但是,这种协调形式也存在一些弊端,由于基层的情况本身比较复杂,而领导及相关部门在基层往往只能了解到一时一地的情况,容易形成以偏概全的认识,而且很容易受到各种环境因素的干扰,从而影响决策的正确性。此外,这种一事一议解决问题的方式与专项工作协调会议一样,具有很大的随机性,个案解决之后协调就此完成,不具有制度的基本特征。

第三节　中国政府跨部门协同机制的特征

从上两节的分析可以看出,中国政府的跨部门协同机制既有纵向协同,也有横向协同,既有结构性的机制也有程序性的安排。如果要将中国的跨部门协同机制的模式进行一个总结的话,笔者认为可以将其称为是"纵向协同主导,横向机制辅助"的模式。这一模式在实践中有三个突出的特征:一是高度依赖纵向权威,即自上而下的指令进行协同;二是跨部门协同具有较强的"运动式"的特征;三是跨部门协同机制表现出强烈的"人治"色彩。

一、高度依赖等级纵向权威进行协同

中国跨部门协同机制具有明显的等级纵向协同的性质。一项对地方政府

[①] 参见《重点领域 22 省市治污不达标将被暂停环评审批》,环保部网站,2009 年 5 月 20 日。

部门间协调合作方式的统计调查数据表明,"通过共同上级领导协调"和"通过领导小组等协调机构协调"的比例最高,分别占到了 70.9% 和 66.7%。①依赖等级制纵向权威进行协调是我国跨部门协同的一个基本特征。在结构上的表现,就是副职职数的显性或隐性持续扩张,议事协调机构的膨胀和泛滥。在现行的县(市、区)领导班子中,每个县(市、区)都至少有四个副书记,六七个副县长,加上专职常委,副职人数在十三四个以上,还不算下派干部,由此形成了一个不小的阵容。②在乡镇一级政府,党政领导班子的副职数更加泛滥,一些乡镇党委政府总共只有二十来号人,乡镇正副职领导就有十来个,党政领导职数占总编制职数的比例达 50%。此外,形形色色的领导小组,在我国行政组织中已成为一道"亮丽"的风景线,大凡某一方面的问题突出了,需要各部门联合行动,就成立一个领导小组,在很多地方领导小组之类的议事协调机构的数量甚至超过了正式机构。③例如,黑龙江省牡丹江市设置的议事协调性质的"领导小组"曾一度多达 219 个。④ 在运行机制上的反映,则是各级领导批示的持续大幅度增长。文化部 2010 年 3 月的一份文件中指出,2009 年,中央领导同志的批示持续大幅度增长。全年共收到中央领导批示 655 件,此前的 2008 年是 329 件,2007 年是 378 件。领导批示在处理各种问题上发挥"决定性作用",成为各级党政系统"政治运行的重要手段"。⑤

而与等级制协同机制相对应的横向协同机制则表现乏力。与发达国家日益青睐的以自愿、平等和共识决策为特征的横向协同相比,我国的横向协同机制,则受到一定程度的忽视甚至抑制。如上文所述,与其他部门平级的法定协同机构,虽然负有协调的职责,却没有相应的权力;对横向协同模式的主要机制——部际联席会议亦采取"从严控制"的原则并明确规定其临时性质。在这种制度背景下,大多数部际联席会议成为一种松散而随意的协同机制,即使各成员组织在联席会议上达成了协议,但作为共同行政行为的

---

① 石亚军主编:《中国行政管理体制实证研究——问卷调查数据分析》,北京:中国政法大学出版社 2010 年版,第 312 页。
② 中共绵阳市委党校课题组:《县级领导班子分工问题》,《中共四川省委党校学报》2005 年第 1 期,第 100—103 页。
③ 金国坤:《政府协调:解决部门权限冲突的另一条思路》,《行政法学研究》2008 年第 3 期,第 108—114 页。
④ 钱凤伟:《惊闻一个市有 219 个"领导小组"》,《政府法制》2009 年第 1 期,第 1 页。
⑤ 胡贲:《领导批示:微妙技巧与传阅逻辑》,《南方周末》2010 年 7 月 1 日第 B10 版。

"会议纪要",只是发文单位认可的内部规则,不具有完整意义上的法律效力,是否遵守完全视各部门的利益而定。①例如在金融监管领域,我国实行银监会、保监会和证监会三大监管部门分业监管的模式。为了加强沟通和协作,监管部门间也建立了监管联席会议等协调机制,会议成员由银监会、保监会和证监会的主席组成,每季度召开一次例会,但由于各个监管机构往往都只站在自身的利益和立场考虑问题,本位主义思想比较严重甚至暗中"较劲",相互之间难以达成有效的协议,在执行层面上暴露出种种问题和困境。有知情人士指出,2008年曾希望由人民银行牵头组织建立金融监管协调机制、督促金融监管机构之间合作以及对新形势下的金融机构的综合经营和业务创新进行监管的职能。但是这套协调机制并没有得到其他金融监管机构的普遍认同。而再之前建立的监管联席会议这么多年来更是已经名存实亡。2003年建立联席会议机制之后,约定"会议成员由三方机构的主席组成,由主席或其授权的副主席参加",同时明确例会每季度召开一次,但这个机制从来都没有按时执行过。②

从发展动向看,自十七大报告提出"健全部门间协调配合机制"以来,各级政府的相关努力似乎多在围绕等级、权威做文章,比如广东顺德的"党政合一"或"党政联动"模式,在大刀阔斧的机构整合与合并的背景下,实现的其实是权威的重新分配与整合。新成立的"部局"一把手都由区委副书记、区委常委和副区长兼任,而原"部局"的正职全部成了副职,原来部门的副职成了新设的"局务委员"③。这实际上是加强了区政府领导对各政府职能部门的直接协调作用,改革的出发点仍然是依靠等级权威进行协同;又如浙江富阳的专委会制度改革,其目的是在不改变原有机构编制的条件下,健全部门间协调配合机制,打破部门壁垒,统筹整合部门力量;改革的主要方式是在市级领导班子和政府部门两个层面成立专门的领导小组及委员会。专委会没有专门的机构和编制,每个专委会由一位副市长任组长,日常工作由牵头部门承担。专委会制度不同于以往传统的副职分管型协调的创新点在

---

① 金国坤:《政府协调:解决部门权限冲突的另一条思路》,《行政法学研究》2008年第3期,第108—114页。
② 欧阳晓红、田芸:《金融监管协调委员会胎动》,《经济观察报》2010年4月30日。
③ 陈芷伊、陈枫、顾大炜:《广东顺德推行大部制改革:41个机构缩成16个》,《南方日报》2009年11月5日第A09版。

于,在专委会内部,担任专委会主任的副市长有权协调该专委会所有组成部门,而不限于其所分管的部门,还可以协调担任这个专委会副主任的其他副市长,包括排名在他前面的副市长。①这在一定程度上突破了"唯上级权威是从"的现象,但是由于专委会制度仍然没有摆脱对"金字塔"上层的权威依赖,因此只能是等级纵向协同模式的改良。公允地说,等级制纵向协同模式为主导在我国有其历史合理性,也基本适应现行体制下政府运行的客观需要,但随着社会问题非结构化和跨界管理需求的急剧增长,这种协调模式会日益面临挑战。

二、以"运动式"为特征的外源性协同

美国学者詹姆斯·汤森等人认为,自从毛泽东逝世后,中国面临着一种制度化运动的悖论,即改革意味着中国生活的常规化,但它却是以动员的方式进行。②运动式治理已经成为中国行政管理的常态,相应的我国的跨部门协同机制的成立及其运行也表现出明显的"运动式"的特征。很多议事协调机构或联席会议的成立往往是由于某个(或某方面)社会问题的发生引起了强烈的社会反响,有关部门才联合起来以集中整治的方式或者建立临时协调机构的方式进行协同。按照西方整体政府的相关理论,这种协同启动的模式被称为"事件驱动"模式,也就是说通过事件或者危机来触发政府干预,利用危机为整合性方案建立合法性。从协调模式的启动来看,这种合作主要依赖的是外在环境或体制的约束,而非政府部门内源性的合作需求。

2011年新疆、海南、辽宁、甘肃等多地相继发生"校车安全事故",造成上百名学生伤亡,一时间校车安全成为社会各界关注的重要问题。教育部门、交通部门、学校等都难辞其咎。正是舆论的声声讨伐才催生了"校车管理部际联席会议制度"③。联席会议成立以后,便在全国范围内开始了声势浩大

---

① 周功满、陈国权:《"专委会制度":富阳创新部门间协调配合机制》,《中国行政管理》2009年第11期,第71—74页。
② 〔美〕詹姆斯·R.汤森、布兰特利·沃马克:《中国政治》,南京:江苏人民出版社1995年版,第283页。
③ 《中国建立校车管理部际联席会议制度 20部门组成》,中国新闻网:http://www.chinanews.com/gn/2012/08-13/4104753.shtml。

的校车安全管理联合督查。与此类似,食品安全委员会的成立及运行也遵循了这样的模式:三鹿奶粉等重大食品安全事件发生——领导做出重要指示,政府有关部门召开紧急会议——成立食品安全委员会——部署专项整治行动——执法部门声势浩大的检查、处罚行动。

由于运动式执法在多数情况下都是由几个部门携手集中力量一起治理某个社会问题,因此不可否认它是促使部门之间进行合作的一种有效的方式,它能够在短期内集中各个部门的力量进行大规模的联合行动,具有相当强的时效性。这种管理方式尤其适用于突发性强的公共事件的管理,能够"集中力量办大事",解决政府的燃眉之急。然而从政府的长远性治理来说,这种协同方式始终是被动的、消极的,一旦情况稍有改善,或者外在约束松动,政府部门之间的协调与合作便难以维持。西方国家在进行整体政府改革时已经更多地从提升管理绩效的角度进行预先的协同机制安排,从"事件驱动"向"知识驱动""成本驱动"等方向转变,建立跨部门协同是为了知识创造和共享,建立专家结构,是为了减少重复劳动,节约行政成本。

实践证明我们不能指望运动式执法或者说外源性合作能解决根本的问题。因为运动式行政的直接目的是解决某一迫在眉睫的社会经济问题并恢复政府权威,因而只要某一社会经济问题得以改良其目的便已达成。[1]每次运动式执法所达到的"成果"只是行动本身所规定的目标(就是管理实践中的"指标"),而不是解决了问题的根本。由于问题的根本超出了运动式执法者本身的能力范围,因此,每次运动式执法为下一次类似的行动提供了契机——当问题的严重性积累到一定程度后,下一次运动执法便到来了。[2]例如,北京市于2006年开展治理黑车"狂飙行动"[3],参与这一治理的部门有16个之多,但是这些部门的合作并不是出于相关部门的自发和自愿,而是迫于上级命令的临时性合作。因此,通过30天的集中整治,黑车并未杜绝,只是搬到了郊外,随着时间的推移,因为没有任何成果巩固措施,黑车出现了回潮趋势(参见专栏2-5)。可见,外源性的合作没能触及政府部门间互动模式

---

[1] 周维四:《中国运动式行政研究》,南京大学2011年硕士学位论文。
[2] 唐贤兴、余亚梅:《运动式执法与中国治理的困境》,《新疆大学学报(哲学·人文社会科学版)》2009年第2期,第43—49页。
[3] 张靖:《整治"黑车"狂飙行动》,《北京日报》2006年9月15日第2版。

这一根本问题,只是对旧的政府部门间互动的一种调和与修补,各部门除了在一些大政方针上能够实现协调外,在许多具体的工作上仍然是自行其是,协调模式的约束力十分有限。

➡ 专栏2-5

北京"狂飙"治黑车遭质疑

据相关报道,从2006年4月24日清晨起,北京16委办局掀起为期一个月的"狂飙行动"。按照北京市发布的《依法查处取缔无照营运行为的通告》,期间查获的黑车一律处以"极刑",即不论车型全部按照上限50万元的标准予以罚款。如果第二次被查,除被罚款外,车辆将一并没收。

据《瞭望新闻周刊》报道,经北京市运输管理部门统计,在开展行动前,北京市"黑车"数量已达6—7万辆,而本市正规出租车的数量则在6.6万辆左右。

在这种严峻形势下,北京掀起为期一个月的"狂飙行动",并随之出台举报奖励制度,对举报人给予重奖。同时启动问责制,对严重不负责任、未采取打击和执法行动的领导及相关责任人实施倒查。

有关数据显示,截至2006年5月底,北京市共依法查扣各类"黑车"12921辆,依法对从事非法营运的9940人作出行政罚款等处罚。其间,公安机关对非法营运人员中敲诈、伤害乘客及出租汽车司机,为争抢生意滋事,以及阻碍抗拒执法的行为,依法刑事拘留33人,治安拘留340人。但《瞭望新闻周刊》最近调查,此次行动中虽有不少"黑车"落网,但更多的是暂时休整,或实施"战略转移"到打击力度相对薄弱的远郊区县。而那些原本就是"黑车"聚集地的城郊接合部,泛滥之势愈加严重。

北京市交通管理局有关人士也坦承,"狂飙行动"虽然使各类非法营运行为较整治工作开展前明显减少,但城郊接合处的"黑车"整治情况仍不理想,城区的反弹现象也很严重。

> 有关专家认为,此类"狂飙行动"基本上还是"运动式执法"。这种执法形式,尽管在当前有一定的必要性,但其凸显出的弊端不容忽视。有关执法部门应随着我国法制的不断健全,逐步转变执法观念,尽量减少运动式执法的运用。
>
> 资料来源:李松:《北京掀起"狂飙"行动治理黑车遭到专家质疑》,《瞭望新闻周刊》2006 年 7 月 14 日。

三、跨部门协同机制呈现较强的人治色彩

人治性是中国悠久历史遗产。它不仅反映在治国安邦的宏观方面,反映在政府管理经济和社会方面,也反映在部际关系方面。[①]中国的跨部门协同机制表现出较强的人治性特征,主要可以归纳为以下三个方面:

一是跨部门关系的构建缺乏制度性支持,不够规范。以议事协调机构为例,研究中我们发现大部分议事协调机构缺乏严格的审批程序,多数情况下,议事协调机构都是由各级党委或政府办公厅(室)以"发通知"的形式宣告成立。尽管当地政府也下文规定,"要严格控制新增设非常设机构,确因工作需要设置时,事前应由牵头部门或主管部门会同省编委研究提出意见,报党委和政府审批",[②]但在实际工作中,机构编制管理部门的发言权十分有限,人治因素比较多,主要随领导的喜好而定。而在大多数 OECD 国家,政府中设立临时机构必须依靠一定的程序来进行,行政首脑也不能随心所欲。例如,即便是在第二次世界大战这种非常时期,美国总统罗斯福设置的大量临时性机构也是和国会妥协后的结果。各个 OECD 国家政府如欲设立或撤销某一临时机构也需要经过一个严格的程序:先由有关部门、专家委员会提出专题报告,接着行政会议讨论,最后由政府首脑签署命令发布。美国在设置临时机构的程序方面规定更为严格,它规定除了少数临时机构的负责人由总统直接任命外,多数还需要参议院批准后才可以任命。[③]

[①] 薛刚凌主编:《行政体制改革研究》,北京:北京大学出版社 2006 年版,第 239 页。
[②] 童宁:《地方政府非常设机构成因探析》,《中国行政管理》2007 年第 3 期,第 31—33 页。
[③] 周望:《中国"小组机制"研究》,天津:天津人民出版社 2010 年版,第 183 页。

二是规范的层次性不够。议事协调机构的成立往往直接通过发布"机构成立通知",并不具备法律效力,而仅仅表明是政府相关部门为了应付实际需要作出的某种决断,缺乏对其设立、权责、组织程序以及撤销等方面的法律性规定。议事协调机构的运行及其实际效果完全依赖"一把手"。而绝大多数 OECD 国家尤其是政治建设比较成熟的国家,对协调机构尤其是临时性质的协调机构的设置和管理都十分规范,严格遵循"机构法定"的原则,强调以法律形式对协调机构和临时机构作出明确而具体的规定,确保机构和职位编制的设置与调整都有法可依,避免机构的随意增减。同样对于程序性的协同机制如行政协助机制也存在这个问题。目前我国行政体系中的很多行政协助的相关安排,并不是通过法律形式确定,而是以"行政命令"或者"行政通知"的方式发出。如国土资源部、监察部通过《关于于监察机关和国土资源部门在查处土地违法违纪案件中加强协作配合的通知》要求"监察机关查处土地违法违纪案件,需要国土资源部门协助配合的,可以商请国土资源部门予以协助,国土资源部门应当予以协助配合;国土资源部门查处土地违法违纪案件,需要监察机关协助配合的,可以商请监察机关予以协助,监察机关应当予以协助配合"。国家工商行政管理局、国家质量技术监督局《关于在打击生产和销售假冒伪劣商品违法活动中进一步加强协作配合的通知》要求"工商行政管理部门、质量技术监督部门在工作中要切实加强协作配合,充分发挥各自的优势,增强整体执法的效能。质量技术监督部门在查处质量违法行为中,依照法律、法规规定应当吊销营业执照的,应及时提请工商行政管理部门依法吊销营业执照,工商行政管理部门应予支持和配合。工商行政管理部门在查办案件中,需要对违法物品进行检验时,可以直接委托合法的质量检测机构进行检验,质量技术监督部门应予支持和配合"。由于有关行政协助的规定要不散见于专门性立法中一笔带过,要不仅仅以通知形式确定(规范层次较低),没有责任条款,缺乏法律保障,因此行政协助在实践中往往会遇到各种阻力难以实现。

三是日常跨部门协同关系的维系具有很强的主观感情色彩。例如实践中,行政协助关系基本上取决于两个部门之间的主观感情,关系好的给予协助,关系一般的需要给一定的利益作为回报,有些还要看被请求机关的脸色。由于我国对行政协助的规定尚未形成一套稳定可行的法律,对于行政协助以何种方式进行、请求行政机关和协助机关的权利义务关系如何、协助机关的法律后果由谁承担等都没有在法律上解决,因而行政协助未能成为一种有效的机制,而带有较强的人治色彩。例如,工商行政管理部门如果要请交警上路拦车要给"提成",交通稽查部门请交警上路拦车也得支付数额不菲的"出场费"(见专栏2-6)。

➡ **专栏 2-6**

潼关工商上高速乱罚款 交警配合拿提成

2006年5月22日一则"河南司机被工商非法罚2.7万后自杀"的消息引起了媒体的广泛关注。据报道称,陕西省潼关县工商局多次在连霍高速陕西潼关收费站处,强行对入境的货车进行拦截,以货物有质量问题为由进行罚款,数额一般都在万元以上,而且不出具任何凭证,不少车主把潼关戏称为"鬼门关"。2005年12月18日河南省巩义市一车主张建勋,因在过潼关时被工商人员非法罚款2.7万元后,不堪重负,回家后竟服毒自尽。

张建勋之死引起了河南省巩义市数十车主,以及在西安经商的上百河南商户的强烈义愤。他们自发组织起来,前往潼关县工商局讨要说法。2006年巩义市驻陕西商会筹备会派出代表,3次找到潼关县工商局以索要以往罚款票据为由,追问相关情况,录制了潼关县工商局支忠民和该大队会计姚丽等人收罚款不开票,多收少开,以及与公安部门分赃,答应每年每车收取5000元钱就不再对车辆进行查处等谈话内容。他们还专门将这些内容刻录成光盘,寄送给相关媒体新闻单位和陕西省有关部门。

经调查,录音证据显示:"每次罚款根据罚款多少,都给举报人和交警提成",其中给交警的数额是3000元。为什么要给交警提成?因为按规定工商行政部门无权上路拦车,所以他们只好请交警协助。交警不问青红皂白地卖力配合,显然有巨大的利益驱动因素。

资料来源:根据《潼关工商上高速乱罚款 车主被罚2.7万服毒自尽》,《河南商报》2006年5月22日,《潼关工商乱罚款车主自杀续:国家工商总局关注》《新京报》2006年5月23日等内容改写。

但是即使分工明确了,对于联席会议这类横向协同机制,主管部门还是会遇到协同的困难。"在组织召集相关部门协调时,除涉及自身利益外,如果缺乏相应的行政强制手段,行政协调困难则较多。对所要协调的问题,不愿参与协调者有之,参与协调但不积极配合者有之,或协调达成一致意见后,不积极执行。在行政协调过程中,一些部门强调人际关系的亲疏状况,凡是与本部门关系较好的,就积极配合,主动提出有效的协调措施;关系稍逊的,则消极对付,甚至抵制。"[①]因此中国的跨部门协同关系的维系呈现出较大的不稳定性,强调人际关系的文化氛围影响了协同的效果。

---

① 金国坤:《行政权限冲突解决机制研究——跨部门协调的法制化路径探寻》,北京:北京大学出版社2010年版,第96—97页。

> 对于公共管理而言,提高政府机构内部的协调水平是一个永恒的挑战。[①]
>
> ——盖伊·彼得斯(Peters,B. Guy)

第三章

跨部门协同效果评价:跨部门协同失灵现象的考察

多样化组织模式的存在、副职数的扩张、议事协调机构的泛滥、领导批示的大幅度增长等,证明跨部门协同已成为我国政府管理实践的普遍需求。种种努力的效果如何?本章的讨论遵循问题导向的原则,即无意对跨部门协同的现状进行全面总结和评价,而是聚焦于现实问题的系统审视和梳理。这一批判视角的意义在于:用系统事实和证据展示"健全部门间协调配合机制"的必要性和迫切性;体现行政管理学以解决问题为导向的学科特征;为后面的问题诊断提供事实铺垫。

在澳大利亚政府看来,跨部门协同可以应用于公共事务管理的三个层次:政策制定中的协同;政策执行和项目管理中的协同;公共服务提供中的协同。笔者认为这三个层次基本上涵盖了政府管理过程中所涉及的各个层面的协同问题,因此本章将按照此层次分析框架,对我国实践中存在的协同

---

① B. G. Peters, "Managing Horizontal Government: The Politics of Coordination", *Public Administration*, Vol. 76, No. 2, 1998, pp. 295—311.

失灵现象进行梳理和描述。

第一节 公共政策制定中的协同失灵

一、政策协同的概念与维度

公共政策制定中的协同又称为"政策协同"。它包含两个层次:政策协调(Policy coordination)和政策整合(Policy integration)。约翰·本(John P. Bum)认为,政策协调指的是两种以上的政策得以融合演进,并形成共同的目标;政策协调的目的是为了防止政策冲突。[①]海柏(Nina P. Halpern)认为政策协调具有两重基本含义:一是不同政府部门政策制定过程中的协同;二是不同的政策建议演进融合为一项共识。[②] "政策整合"则指的是在政策制定过程中对跨界问题(Cross-cutting issues)的管理,这些问题超越现有政策领域的边界,也超越单个职能部门的职责范围,因而需要多元主体间的协同。政策整合可以发生在不同政府部门之间,因而称为决策的"组织间"(Inter-organizational)协同,也可以发生在同一部门内不同业务单元之间,称为决策的"组织内"协同。两者之间没有本质区别,只是在主体的相互依存度和面临的控制方面,组织内协同要大于组织间的协同。[③]

政策协调与政策整合的区别在于后者协同的程度要高于前者。OECD认为,从互动水平看,政策整合比政策协调要求多元主体间更多的互动;从政策产出角度看,政策协调的产出依然是部门各自的政策,协调的目的只是提高部门政策内在的一致性,而政策整合的产出则是跨越部门职能的"一体

---

① John P. Burns, "Horizontal Government: policy Coordination in China", paper prepared for the International Conference on Governance in Asia: Culture, Ethics, Institutional Reform and Policy Change, City University of HongKong, Hong Kong, 2002, pp. 1—2.

② Nina P. Halpern. "Information Flows and Policy Coordination in the Chinese Bureaucracy", in Kenneth G. Lieberthal and David M. Lampton eds. *Bureaucracy, Politics, and Decision Making in Post-Mao China*, Berkeley, CA: University of California Press, 1992, pp. 125—134.

③ Evert Meijers and Stead Dominic, *Policy Integration: What does It Mean and How can It be Achieved? 2004. A multi-disciplinary Review*, paper presented at the 2004 Berlin Conference on the Human Dimensions of Global Environmental Change: Greening of Policies? Interlinkages and Policy Integration.

化"或统一的政策。①笔者认为,理解政策协同的内涵,需要把握以下几点:(1)政策协同关注的是多元政策制定主体之间的相互合作与协调的关系;(2)政策协同虽然有深度和层次差别,但不存在价值优劣之别,一切取决于环境需求和任务特性;(3)政策协同追求的不仅仅是"冲突"的消解,它也关注是否能通过协同实现系统整体功能,创造新的价值;(4)政策协同本质上是利益协同,其追求的是公共利益的最大化。整体政府坚持合作主义的政策导向,注重不同部门政策的整合,致力于解决部门间的政策冲突。

政策协同可以从不同角度体现出来。OECD提出了政策整合的三个维度:(1)"横向整合"旨在确保单个政策之间相互支持,尽量避免政策目标相互冲突或政策内容不一致。(2)"纵向整合"旨在确保政策产出(包括对公民提供服务)能够与决策者的原初意图相一致。换言之,纵向整合着眼于政策执行或政策规定向期望结果的转化过程,关注重点是相关主体之间的沟通和激励机制的完善。(3)"时间维度整合"旨在确保当今政策在可预见的未来具有持续效力。这主要包括两点,一是突出公共政策的前瞻性,二是为根据环境变化进行政策调整做出合理的制度安排。②由于"纵向整合"关注公共政策向期望结果的转化过程,因而显然属于政策执行和项目管理层面的政府协同。从公共政策制定角度来看,政策整合可以归结为"横向整合"和"时间维度的整合"两个方面。③鉴于本书的研究议题,这里仅从横向整合角度讨论决策中的协同失灵现象。

二、政策协同失灵的表现

每项政策都是在特定的环境下产生的,是为解决某种问题而制定的。政策系统作为一个协调有序的整体,首先要求在确定的时空条件下,各项政策之间以及政策的各种表现形式之间不得相互抵触,互相矛盾。④多元的政

---

① OECD, *Building Policy Coherence*, *Tools and Tensions*, Public Management Occasional Papers, No.12, OECD, Paris,1996.
② OECD, Public Management Service/Public Management Committee, *Government Coherence*: *The Role of the Centre of Government* (Meeting of Senior Officials from Centres of Government on Government Coherence: the Role of the Centre of Government, Budapest, 6—7 October 2000).
③ 周志忍、蒋敏娟:《整体政府下的政策协同:理论与发达国家的当代实践》,《国家行政学院学报》2010年第6期。
④ 张金马:《公共政策分析:概念·过程·方法》,北京:人民出版社2004年版,第416页。

策之间存在的"互相交叠和彼此矛盾的复合目标"①的现象我们称之为"政策协同失灵"。在国内,许多人形象地将其称为"文件打架",描述的就是政府不同部门的政策之间的相互矛盾、相互冲突的现象。②

(一)政策、法规、标准之间的矛盾与冲突

政策协同失灵首先表现在政策产出上,政策、法规、标准③之间相互矛盾冲突。在法律上法规、标准的设定和实施,依赖于一个自上而下的规范体系,下位规范通过不断解释和细化上位规范所设定的条件和标准,从而使得处于执法末端的审批官员能够明确、清晰地获得操作指引。由此,形成了不同机关在实施许可和审批的过程中各自独立的规范体系。在缺乏整合、汇编、清理形成一个统一的法制体系的情况下,这些基于不同目的而制定的规范之间互相矛盾、冲突的情形便比比皆是。以"法规不一致""政策打架""标准不统一"等关键词在网上进行搜索,笔者梳理出了近年来媒体曝光的若干有代表性的案例,见表3-1。

表3-1 近年来"政策打架"的案例集萃

案例类型	案例焦点	政策冲突或矛盾表现
法规不一致	1. 车辆年检中的法律打架	根据《道路交通安全法》规定,年检车辆只需要提供行驶证和第三者强制保险单即可,任何单位不得附加其他条件;但是多地交警根据公安部的《机动车登记规定》要求机动车所有人申请年检之前必须要处理完交通罚单,否则不予年检。法律漏洞导致车管所多次被告上法庭。
	2. 婚前检查究竟该由谁来做主	2003年颁布施行的《婚姻登记条例》,规定当事人进行结婚登记时,不需要提供《婚前医学检查证明》,但《母婴保健法》第十二条规定:"男女双方在结婚登记时,应持有婚前医学检查证明或者医学鉴定证明。"

---

① [英]H. K.科尔巴奇《政策》,张毅译,长春:吉林人民出版社2005年版,第67页。
② 胡象明:《"文件打架"的原因及对策》,《中国行政管理》1995年第9期。
③ 此处运用"法规、政策、标准"三个词只是根据汉语使用习惯、采用关键词搜索得出的案例进行的简单归类,并非学术意义上的严格划分。

(续表)

案例类型	案例焦点	政策冲突或矛盾表现
政策不统一	3. 两部门政策"打架",办理健康证明遇尴尬	东莞市食品药监局针对餐饮行业,打算从2012年起推出新版《健康证明》,而市卫生局表态,如果在公共场所卫生检查时遇到市食品药监局的新证,将不予承认(2011年)。
	4. 政策打架"打"得车子出不了门	武汉市城管部门有规定:装运沙土的汽车必须统一加上密闭盖,以免抛洒沙土影响市容,但是按照相关要求加了密闭盖的翻斗车,却被交管部门扣留,原因是车辆经过改装,与行车证不符(2006年)。
标准相冲突	5. 黄花菜的含硫标准之争	按照卫生部1992年实施的《食品添加剂使用卫生标准》,焦亚硫酸钠作为防腐剂,其使用范围并不包括黄花菜,因此不能有二氧化硫残留,但是,质检、农业部门的标准中规定,"干菜"包括黄花菜,且明确二氧化硫的残留限量是0.1克/kg(2004年)。
	6. 火腿中含少量敌敌畏是否符合国家标准	国标《农产品安全质量无公害畜禽肉安全要求》对无公害畜禽肉产品的有害物质的限量要求是敌敌畏含量≤0.05 mg/kg,这证明农产品允许含有敌敌畏,但不得超过0.05 mg/kg,但《火腿卫生标准》并没有规定允许残留,结果是,用"无公害"畜禽肉制成的火腿,却遭到工商部门的扣留和处罚(2004年)。

1. 法规不一致导致选择性执法

案例一:车辆年检中的法律打架

"不处理违反不给年检"这是全国许多地方通行的做法,但是却由此引起不少官司,车管所多次被告上法庭,而诉讼的结果基本上都是车主获胜,车管所被法院要求发年检标志。法院作出判决的依据是,根据《道路交通安全法》第十三条明确规定,机动车应定期进行安全技术检验,"对提供机动车行驶证和第三者责任强制保险单的,机动车安全技术检验机构应当予以检验,任何单位不得附加其他条件。对符合机动车国家安全技术标准的,公安机关交通管理部门应当发给检验合格标志"。但是各地车管所根据公安部制定的《机动车登记规定》,其中第四十条规定,机动车所有人申请年检之前,"应当将涉及机动车的道路交通安全违法行为和交通事故处理完毕"。正是依此规定,各地车管所将违章处理与车辆年检实行"捆绑"。

虽然车管所的执法"有规可循",但是由于《机动车登记规定》只是部门规章,而《道路交通安全法》是法律,前者的法律效力明显低于后者。《道路交通安全法》规定车辆年检只需提供行驶证和交强险保单即可,除此之外"任何单位不得附加其他条件",这就表明了将处理违章罚单作为车辆年检的前提条件,并不合法,因此车管所拒绝给车辆发放年检标志,这种行为同样不合法。换句话说,违章处理与车辆年检是两个不同的法律关系,车管所督促车主及时处理违章,应该采取其他方式。所以最终法院判定车管所败诉,就变成理所当然的了。

从维护公共安全的角度来看,交通部门将"车辆年检"和"处理违反"捆绑有其必要性与合理性,但是要想避免法律纠纷必须及时解决法律和部门法规之间的冲突,就必须通过修订《道路交通安全法》使交通部门的规定合法化,或者由公安部门修改或删除有关不合法的规定,通过其他途径对车辆所有人的行为进行约束,只有这样才能重新树立执法部门的权威。

案例二:婚前检查究竟该由谁来做主

国家自1986年3月15日颁布《婚姻登记办法》,到1994年2月1日颁布《婚姻登记管理条例》,再到2003年8月8日颁布《婚姻登记条例》,从强调管理到强调人性化服务与效率,充分体现了我国婚姻立法理念的逐步转变。2003年10月1日《婚姻登记条例》实施改革后,婚姻登记简化了手续,缩短了登记时间,办理更加方便和快捷。但是过度简化的程序也带来了一些问题,其中一个问题便是婚前健康检查。1994年的《婚姻登记管理条例》规定,"申请结婚登记的当事人,必须到指定的医疗保健机构进行婚前医学检查,向婚姻登记管理机关提交婚前健康检查证明。"但是2003年的《婚姻登记条例》则没有对婚前医学检查作强制性规定。

新的条例出台以后,很多地方的婚姻登记处都取消了婚前检查的强制规定,结果很多人因为怕麻烦或是出于对自己以及对方身体的自信,都选择不进行婚检而直接办理结婚登记,这一方面造成了新生儿缺陷发生率不断攀升,另一方面也造成了各地执法不一,因为按照《母婴保健法》第十二条规定:"男女双方在结婚登记时,应持有婚前医学检查证明或者医学鉴定证明。"《母婴保健法》是全国人大常委会制定的法律,其法律位阶显然高于由国务院制定的《婚姻登记管理条例》。作为上位法的《母婴保健法》和作为下位法的《婚姻登记管理条例》之间的冲突充分体现了我国立法协调性的缺乏,造成了法律法规执行过程中的种种问题。

2. 政策不统一导致无所适从

案例一:两部门政策"打架",办理健康证明遇尴尬

2011年东莞市食品药监局下发《关于启用广东省餐饮服务从业人员健康证明的公告》,《公告》宣称:"2011年11月1日起,我市凡经省食品药品监督管理局审查备案的餐饮服务从业人员健康检查机构对餐饮服务从业人员进行健康检查,应推广发放《广东省餐饮从业人员健康检查证明》(以下简称新版《健康证明》);2011年11月1日至12月31日期间出具的原版健康证明和新版《健康证明》同时有效;2012年1月1日起必须出具新版《健康证明》,原版健康证明视作无效证明。"①

《公告》还明确了经过省食品药监局审查备案的具有开展预防性健康检查工作资质的32家医疗机构,其中广济医院7家民营医院首次获得健康证明开办权,而万江医院等7家公立医院却不在名单之内。

针对药监局的"新政",卫生局②却并不买账。相关负责人表示,如果在公共场所卫生检查时遇到市食品药监局的新证将不予承认。"根据卫生部令(第41号)《预防性健康检查管理办法》第二章规定,'承担预防性健康检查工作的医疗卫生机构必须经政府卫生行政部门审查批准后,方可在指定范围内开展预防性健康检查工作',7家民营医院并没有经过我们的审查,我

---

① 郑俊彦:《两部门政策打架,办健康证明遇尴尬》,《东莞日报》2011年11月2日第A13版。
② 从2010年10月1日起,根据《食品安全法》规定,餐饮管理职能从市卫生局移交到市食品药监局,而浴室、KTV、旅业、泳池、桑拿等公共场所卫生,仍归市卫生局管辖,双方职能存在交叉现象。

们无法承认其新证。"同时,市食品药监局负责人也表示,"我们的政策是根据省食品药监局《做好广东省餐饮服务从业人员健康检查机构备案有关工作的通知》制定的,我们以后检查时,只承认自己的《健康证明》。"

药监局和卫生局各执一词,造成的后果是给相关从业人员带来极大的不便。一个医院防疫科负责人接受记者采访时说到,"超过一半的从业人员,都在一年内需要从事公共卫生和餐饮两个工种,如果叫他们自己再花钱办多一张证,基本上不可能。"①

案例二:政策打架"打"得车子出不了门

武汉的邵师傅在 2005 年花了 34 万买了两辆无盖翻斗车,为工地托运沙子。谁知两个月后,遇到武汉市城管和交管部门联合执法,一辆车被扣。原因是武汉市城管部门有规定:装运沙土的汽车必须统一加上密闭盖,以免抛洒沙土影响市容。邵师傅为此被罚款 2000 元,之后他花了 3.2 万元给两辆车加了盖子,此后一直无事。

但是 2006 年 3 月,两辆翻斗车到武汉东西湖区车管所年检时,却被告知车辆没有通过检验。车管所称邵师傅的两辆车加了密闭盖属于改装车辆了,与行车证不符,要想通过年检必须割掉密闭盖。可是这样城管部门又会找上麻烦。就这样,因为两个部门的政策不统一,让邵师傅陷入了左右为难的境地。城管和车管所都是依法行政,但是由于两个部门政策打架,造成了这样的执法尴尬状况。②

3. 标准冲突引发的行业危机

案例一:黄花菜的含硫标准之争

2004 年 3 月,辽宁沈阳市卫生监督局根据《食品添加剂使用卫生标准》,查获了 20 多吨黄花菜,认为其二氧化硫残留物超标近 20 倍。消息传出,一时间黄花菜被打入另册,"毒菜"成了它的代名词,全国黄花菜产业因此遭受重创,南京、上海等多地的黄花菜几乎全部下柜,影响到 120 万黄花菜菜农的收入,损失金额估计达 6 个亿。③

---

① 郑俊彦:《两部门政策打架,办健康证明遇尴尬》,《东莞日报》2011 年 11 月 2 日第 A13 版。
② 刘俊华:《政策打架"打"得车子出不了门》,《楚天都市报》2006 年 3 月 25 日。
③ 陈净植、刘文杰:《黄花菜风波——农产品的一次滑铁卢之役》,新华网湖南频道,2004 年 11 月 14 日。

而引发这场危机的正是卫生、农业、质检等相关部门对黄花菜二氧化硫残留标准规定的不统一。根据1992年实施的《食品添加剂使用卫生标准》规定,焦亚硫酸钠作为防腐剂只能用于葡萄酒和果酒,作为漂白剂适用于蜜饯类、饼干、罐头、食糖、葡萄糖、冰糖、饴糖、果糖、液体葡萄糖、竹笋和蘑菇,但在这份标准中使用范围并不包括黄花菜,因此不能有二氧化硫残留。6月14日,卫生部又针对湖南省卫生厅的有关报告,下发《关于禁止使用焦亚硫酸钠处理黄花菜的批复》(参见专栏3-1),认为使用焦亚硫酸钠处理黄花菜的行为违反了《食品卫生法》,应当依法进行处罚。

> **➡ 专栏3-1**
>
> **卫生部关于禁止使用焦亚硫酸钠处理黄花菜的批复**
>
> 卫监督发[2004]192号
>
> 湖南省卫生厅:
>
> 你省《关于能否使用焦亚硫酸钠对黄花菜进行防腐保鲜的请示》(湘卫报[2004]30号)收悉,经研究,现批复如下:
>
> 食品添加剂使用卫生标准(GB2760)中焦亚硫酸钠的使用范围不包括黄花菜,使用焦亚硫酸钠处理黄花菜的行为,违反了《中华人民共和国食品卫生法》第十一条规定,应按照第四十四条进行处罚。
>
> 此复。
>
> 中华人民共和国卫生部
二〇〇四年六月十四日
>
> 来源:卫生部卫生政策法规司:《中华人民共和国卫生法规汇编(2004—2005)》,北京:法律出版社2006年版。

但是根据质检总局牵头制定的《全国主要产品分类与代码》(GB/T7635.1—2002)的规定,"干菜"也包括黄花菜;农业部农业行业标准无公害食品《干制金针菜》①(NY5184—2000)标准中规定二氧化硫限量为0.1 g/kg。《食品

---

① 金针菜是黄花菜的别名。

添加剂使用卫生标准》中对"干菜"的定义范围不明确,已有标准间相互矛盾,造成人们对"干菜"是否包括黄花菜的理解不一、黄花菜中二氧化硫限量值不统一,造成执法尺度不一致,导致优质黄花菜也不能上市销售。黄花菜产业面临前所未有的挑战,脱水黄花菜二氧化硫残留量的卫生标准问题已经与一百多万黄花菜菜农的生计问题联系在一起。为此,温家宝总理、吴仪副总理、回良玉副总理先后就"黄花菜事件"做出批示。国家食品药品监督管理局紧急召集农业部、卫生部、工商总局、质检总局、国家标准委等部门有关负责同志进行研究,对解决标准问题和农民生计问题提出应对措施。卫生部经过对黄花菜中二氧化硫残留限量进行危险性评估,根据食品添加剂使用原则,参考国外相关标准,结合我国实际情况,确定黄花菜中二氧化硫残留量的标准为200mg/kg。①随后,卫生部发布2004年[16号]公告,要求各地立即执行新的标准。至此,此事才得以解决。

案例二:火腿中含少量敌敌畏是否符合国家标准

火腿是吃的,而敌敌畏是有毒的。但敌敌畏可以防止蚊蝇和生蛆,它因此被生产厂商用来浸泡猪腿,添加在火腿中成了防腐剂。这是火腿生产行业中公开的秘密。那么这样是否违法呢?2004年北京市工商局查处的一起含有微量敌敌畏火腿的案件,引起了我们的注意。作为消费者,当我们得知火腿中含有敌敌畏(哪怕是极少量的)被工商局依法查处了肯定是拍手称赞的,被查处的企业没有任何理由抗拒执法。但是在这个案例中,我们看到了我国食品添加剂标准的不统一。

在该案例中,被查处的北京宏远发公司表示不服并向法院提起了诉讼,将北京市工商局告上了法庭。该行政诉讼居然"师出有名",确有一定的"法律依据":北京宏远发公司认为,火腿属于农产品,依据是东阳市花园火腿食品有限公司生产的"老汤"牌火腿取得过《浙江绿色农产品证书》。这证明火腿属于农产品,应遵守《农产品质量无公害畜禽肉安全要求》的规范。国标《农产品安全质量无公害畜禽肉安全要求》对无公害畜禽肉产品的有害物质的限量要求是敌敌畏含量≤0.05 mg/kg,这证明农产品允许含有敌敌畏,但不得超过0.05mg/kg。因此它的火腿(散装火腿敌敌畏含量0.039 mg/kg)符

---

① 唐哲:《新标准"解读"黄花菜》,中国质量新闻网:http://www.cqn.com.cn/news/zgzlwlx/24605.html,2004年10月5日。

合国家标准。工商机关的检测结果并未超过该限量,扣留措施是没有法律依据的。

北京市丰台区人民法院认为,《火腿卫生标准》是适用于火腿这种特定食品的专门标准,也是一切火腿生产厂家都应该遵守和执行的国家强制性标准。原告经销的鸳鸯林牌火腿,亦应该受该标准的规范。由于《火腿卫生标准》并没有规定允许残留,因此法院最后判定北京市工商局的行政处罚合法,驳回了原告的诉求。但是对此,北京宏远发公司表示不满,相关人士在接受记者采访时表示,《火腿卫生标准》并没有对火腿敌敌畏含量的检验标准作出规定,而法院则认为,没有制定此方面的标准就等于不应含有敌敌畏。他说,这样理解行业规定是没有道理的,因此准备在近日内提起上诉。①

火腿中含有敌敌畏对人体有害,这是毋庸置疑的。火腿的浸泡过程中一旦加入敌敌畏,多多少少会浸透到里面去,假如浸透的多了,人吃了以后肯定对健康有危害。然而,由于法律的疏漏,标准设定的不一致,让不法的厂商钻了空子。

(二) 决策的碎片化

协同失灵的另一表现是决策的碎片化。"碎片化"(Fragmentation)原意是指完整的东西破碎成诸多零块。它最先在社会学中使用,是描述社会阶层分化的一种形象性说法。有一种观点认为,当一个社会的人均收入在1000—3000美元时,这个社会便进入由传统社会向现代社会转型的过渡期,这个过渡期的基本特征就是社会的"碎片化",即包括精神家园、信用体系、话语方式、消费方式等在内的传统的社会观念、社会关系、市场结构都已经瓦解,转而走向一个利益族群、文化需求、社会成分碎片化分割的社会。②

在行政学中,"碎片化"指的是不同职能部门在面临共同的社会问题时各自为政,缺乏相互协调、沟通和合作,致使政府的整体政策目标无法顺利达成。③西方学者李侃如(Lieberthal)、兰普顿(Lampton)等用"碎片化权威"(Fragmented Authoritarianism)来描述中国的决策体制,其主要特征是,具有

---

① 郑文:《火腿中能否含有少量敌敌畏 检测适用哪个标准》,《法制日报》2004年11月21日。
② 李春玲:《断裂与碎片:当代中国社会阶层分化实证研究》,北京:社会科学文献出版社2005年版。
③ Perri 6 et al., *Towards Holistic Governance: The New Reform Agenda*, London: Palgrave Press, 2002, p. 33.

碎片化分层结构特征的国家,在离心的官僚机构中形成一个谈判的政策过程,这样的政策过程是相互间不衔接的、渐进的。由于权力结构的碎片化,在很多情况下,没有哪一个部门可以拥有比其他部门更高的权力。政府各部门会根据本部门的利益进行政策制定或影响政策制定过程。因此,在政策制定过程中,中央政府各部门之间、中央和地方政府之间、各级地方政府之间通过在项目谈判中的争论、妥协、讨价还价,最后才制定出公共政策。①"碎片化"政府管理模式遵循着"管理驱动"的逻辑,即在公共事务的管理活动中,各部门以自身利益和管理的便利为出发点,并非以"全局利益"以及企业和公众等服务对象的利益为导向。在"碎片化权威"决策体制下,制定什么样的公共政策,提供什么样的公共服务,提供多少,都由官僚机构来决定,公众往往处于被动接受政府决策的位置。

决策碎片化在现实中一个最突出的表现就是相关规划缺乏融合。以新能源汽车的产业发展为例,作为国家汽车产业的相关部门,国资委、工信部和科技部三大部门就出现了"各自为规"的局面。2011年5月,在工信部牵头起草的《节能与新能源汽车产业规划》②尚未出台之前,科技部电动车的《十二五规划》已经悄然开始实施,其规划的主要内容是"在未来5年内重点突破电池、电机、电控等电动车关键技术,以小型纯电动车为主要发展方向,2015年电池生产成本降至现在的一半,电动车保有量达到100万辆。"③而由国资委牵头成立的央企电动车产业联盟在此之前也有新的动作。国家电网公开表态,未来的电动车商业模式将会以换电方式为主。对于国家电网的这一表态,很多企业表示反对,理由是电池的标准和接口不统一,换电难以实现。可见,关于新能源汽车产业的发展方向和重点,三家部门可谓是各有各的想法,面对分歧各部门并没有表现出合作的意愿,似乎有各干各的、互不干扰的趋势。

在城市发展规划上,也存在很多不衔接、不协调的情况。以环境保护方面为例,由于各项规划均为各部门编制,其审批也在相应的主管部门,因此各部门在编制规划时,一般不考虑其他部门的规划和环境政策,这就难以保

---

① Lieberthal Kenneth G. and David M. Lampton, *Bureaucracy, Politics and Decision: Making in Post-Mao China*, Berkeley: University of California Press, 1992.
② 《节能与新能源汽车产业发展规划(2012—2020年)》直到2012年6月28日才正式公布。
③ 耿慧丽:《科技部电动车"十二五"规划已悄然实施》,《经济观察报》2011年5月23日。

证它们在环境保护方面的协调。如东莞石马河河流治理就缺乏统筹规划,早期的城市规划里偏重于路网规划,较少考虑水网的规划,沿河两岸没有预留足够的综合治理用地,甚至连许多天然河道的行洪断面也被非法侵占。①

同样,在一些关系民生的社会政策领域,各部门都从各自的职能角度出发制定政策,由于缺乏系统思考,错失了提高政策协同效能的机会。以数年前解决大学毕业生就业问题为例,为了缓解就业压力,组织部门扩大"村官"录用规模,国资委要求国有大型企业扩大人员录用,教育和科技部门要求教师雇用助研,基金管理部门则允许从科研经费中为助研支付医保和劳保……似乎各个职能部门都在力所能及的范围内为国家"排忧解难",所缺乏的是解决问题的总战略和系统方案。②一种更为可取和更有效的方法是首先对前些年吸纳大学毕业生规模最大的产业、行业或企业排序,然后采取相应的扶持或帮助措施,推动这些产业、行业或企业的发展,从而创造更多的就业机会。现实中决策的碎片化即使不会造成矛盾和冲突,也有可能会导致"用低成本创造更多公共价值的潜在机会"③的损失。

（三）复杂议题的政策协同困境

在当前中国转型时期,社会公共问题呈现出复杂性、多样性、动态性、相关性等特点,治理难度大,有的甚至跨部门、跨区域、跨国境。对于这类复杂的政策议题,政策成本往往很高,政策协同失灵的概率也就越高。

在这方面的典型案例,就是我国的出口退税制度。退税额应该根据出口额来定,但我国却是国家提前做出预算指标,由于指标小于实际需求,结果出现了应退未退税款的持续累积。有关部门相继采取了一系列措施解决问题。2001 年初,外经贸部、国家税务总局、中国人民银行联合出台"质押贷款"办法,企业可凭有效的欠退税单据作为抵押,向商业银行申请贷款,利息部分省财政贴息 80%,余下的 20% 企业自付。但执行中遇到银行保守惜贷、多数企业没有享受到财政贴息等一系列难题。2002 年初,有关部门推出了

---

① 王玉明:《广东环境治理中政府协作困境及原因分析》,《广东省社会主义学院学报》2009 年第 4 期,第 97—102 页。
② 周志忍、蒋敏娟:《整体政府下的政策协同:理论与发达国家的当代实践》,《国家行政学院学报》2010 年第 6 期,第 32 页。
③ 〔美〕尤金·巴达赫:《跨部门合作:管理巧匠的理论与实践》,周志忍、张弦译,北京:北京大学出版社 2011 年版,第 22 页。

"免抵退"政策,允许将企业内销产品应上缴的税额与出口产品应退的税额相抵。由于占总数55%—60%的纯外贸企业难以受益,为了享受这一政策,他们开始考虑进入国内市场。换言之,退税政策的本意是鼓励出口,"免抵退"实际上发挥了鼓励内销的作用。实际结果是,相关政策实施后,应退未退税款仍然持续飙升,到2002年底,全国累积达到2000亿元,2003年更形成了接近3000亿的"超级雪球"。[①]

出口退税涉及发展改革、税务、商务、银行等部门和地方政府,多年努力结果没有打破困局,其中反映出的政策协同失灵表现在许多方面:(1)国家政策明确了"征多少退多少"的原则,执行中却实施退税总额的计划指标管理,政策原则和管理规则不一致,人为制造了资金缺口;(2)中央政府享受增值税收入的75%,却承担了百分之百的出口退税责任,权责不对称影响退税积极性;(3)出口退税是税收的"减项",而国家下达的税收指标没有扣除这一"减项",在征税指标管理制度下,税务部门不愿从中退税;(4)在强化对银行的市场约束的同时,"质押贷款"要求商业银行承担政策性责任,由于财政贴息不到位、企业还贷不及时等风险,银行保守惜贷使得政策落空。2003年以后,政策规定地方政府承担25%的出口退税责任,但前期生产环节中的增值税分别缴给了当地税务部门,25%的退税责任完全由从事最后环节或出口交易的企业所在的地方政府承担,这种制度安排导致新形式的地方保护,一些省级政府明令出口企业不得采购外省产品(见专栏3-2)。

> **➡ 专栏3-2**
>
> **我国出口退税政策的演变及其负效应**
>
> 出口退税,是指国家为增强出口商品的竞争能力,在货物报关出口销售后,将其国内所缴纳的税收退还给出口企业的一种制度,从而使出口商品以不含税价格进入国际市场,参与国际竞争。其核心,一是商品输出国境外,二是退还商品形成过程中的增值税、消费税。

---

① 张哲诚、晓溢:《退税困局》,《南风窗》2003年6月。

我国出口退税政策从1985年实施以来,一直依据公平税负、属地管理、征多少退多少、宏观调控四大原则。20多年来随着对外贸易的发展,出口退税政策不断进行修改和完善。

一、我国出口退税政策的演变

1985年4月1日,我国的出口退税政策正式确立。1988年按"征多少退多少,未征不退和彻底退税"原则执行出口退税。1994年的税制改革规定,对出口商品实行零关税政策,继续坚持"征多少、退多少,未征不退和彻底退税"原则。1998年,为了抵制东南亚金融危机及周边国家货币相继贬值对我国的影响,国家连续3次提高了出口退税率,使综合退税率达到15.5%,几乎接近征税水平。这使企业出口的积极性大大提高,外贸出口大幅增加,与此同时,给中央财政造成的压力也越来越大。

2002年,对生产企业的自营和委托出口货物及没有出口经营权的生产企业委托出口的货物,全部实行"免、抵、退"税的办法。"免"是指对生产企业自营出口或委托外贸企业代理出口的货物,免征本企业生产销售环节的增值税;"抵"是指生产企业自营出口或委托外贸代理出口的货物,免征或退还所耗用的原材料、零部件等已缴纳的税款;"退"是指生产企业自营出口或委托外贸企业代理出口的货物占本企业当期销售额50%以上的,在一个季度内因应抵项的税额大于应纳税额而未抵完时,经主管出口退税的税务机关批准,对未抵完的税额部分予以退税。

进入2003年,一方面由于出口退税额快速增加使中央财政不堪重负,另一方面由于西方国家对我国货币施加了强大的升值压力,我国政府对出口退税政策做了进一步修改,并于2003年10月14日,由财政部、国家税务总局发出《关于调整出口退税率的通知》,规定自2004年1月1日起,我国实行新的出口退税政策:"对出口退税进行结构性调整,降低出口退税率3%,按15%、13%、11%、8%、5%五档退还,另外由中央财政全额负担的出口退税改为以2003年底为基数,增加部分由中央和地方按75%和25%共同分担"。

二、出口退税政策的负效应

随着我国出口规模的急剧扩大,加上出口退税率不断提高,出口退税的数额越来越大。由于中央财政收入递增有限,导致了严重的出口退税拖欠。据统计,2002年底拖欠税款达到2477亿元,2003年底达到3400亿元。巨额的税款拖欠使出口企业只是实现账面利润、纸上富贵,其财务报表是清一色的难看的高负债及高应收账款,企业只好以"欠退税单据"为凭向商业银行质押贷款。这严重影响了企业的出口积极性,有些出口企业甚至由于税款拖欠太多无力继续组织生产经营。2003年上半年的一段时间我国出现的大额贸易逆差即因此所致。

我国于2004年1月1日实行的新税制,虽然减轻了中央财政的负担,缓解了国际上要求人民币升值的压力,但一些新的问题也随之而来。新的出口退税机制规定,外贸出口超出基数的部分,中央和地方政府按75∶25的比例共同承担企业退税,地方政府承担的部分按当地出口量计算,而并非按"谁征谁退"的原则承担退税。因为有些产品出口地与货源地不统一,产生了收入与退税分离的问题,出口额来自收购外地产品,这些产品增值税不属于地方税源,本地政府反而要倒贴25%的退税款,从而形成地方财政倒贴现象,增加了地方财政负担。比如杭州的贸易商从武汉购进商品需要从杭州海关出口,该商品已将各种税费交给了武汉,而出口退税则要由杭州的地税机关退还,也就是说杭州地税没有从该商品的出口中得到任何税收,却要付出退税资金。在这种情况下,出口地政府当然不会同意,这势必影响其出口积极性,这也是出口额下滑的原因之一。同时这也势必导致当地政府开始使用"鼓励本地,限制外地"的出口贸易政策,换言之,地方保护主义开始阻碍外贸进出口发展。

资料来源,改编自刘光彦、黄燕:《浅析我国的出口退税政策》,《山东工商学院学报》2005年第4期。

第二节 政策执行与项目管理中的协同失灵

政策执行(Policy implementation)是政策过程的核心和关键环节。公共行政学最开始从政治学中分离出来就在于其强调国家意志的执行和行动方面。按照行政学创始人威尔逊的说法,政治被界定为制定公法,行政被界定为详细、系统地执行公法。行政就是"政府的执行,政府的操作,就是政府工作中最显眼的部分"。[①]有关政策执行的概念,C.E 范霍恩和 D.S 范米特认为,政策执行是指公共人员和私人或公共团体和私人团体为了致力于实现既定政策决策所设立的目标而采取的各项行动。这些行动主要分为两种类型:一种是为了将政策转换为具有可操作性的实施措施而做的努力;第二种是为了实现政策所规定的变迁目的而做的持续努力。[②]格斯顿(L. N Geston)将政策执行界定为"将政策义务转化为实务"。他指出:"公共政策就是对某些事物承担的义务,为了使政策得到贯彻,适当的政府机构就必须致力于将新法律和新计划转变为实务。义务代表有意识地将政策计划转变为现实。"[③]萨巴蒂尔从政策决定与政策执行的关系角度指出,政策执行是贯彻、实施、完成和修正政策决定的过程。政策决定的形式多样,既可以体现为法规、条例或法令,也可以是行政命令或法院判决。政策执行是政策决定和产生效果的关键环节,是执行者根据政策的感知而采取的策略和行动。[④]

在中国的语境中,我们认为,政策执行是政策方案被采纳以后,政策执行者通过一定的组织形式,运用各种政策资源,经解释、实施、服务和宣传等行动方式将政策观念形态的内容转化为现实效果,从而使既定的政策目标

---

① Woodrow Wilson, "The Study of Administration", *Political Science Quarterly*, Vol. 2, No. 2, 1887, p. 198.
② Carl E. Van Horn and Donald. S. Van Meter, "*The Implementation of Intergovernmental Policy*", in C. O. Jones and R. D. Thomas eds. "Public Policy making in a Federal System", Beverly Hills, CA: Sage Publications, 1976, p. 45.
③ 〔美〕拉雷·N.格斯顿:《公共政策制定》,朱子文译,重庆:重庆出版社2001年版,第103页。
④ 转引自〔英〕迈克·希尔、彼特·休普:《执行公共政策》,黄健荣等译,北京:商务印书馆2011年版,第10页。

得以实现的过程。① 而项目管理可以说是政策执行的特定方式。如果说我国公共政策制定中存在协同失灵的话,那么政策执行和项目管理中的协同失灵更为严重。

美国著名学者西奥多·罗维(Theodore J. Lowi)曾经将公共政策分为三类,分别是管制型、分配型和再分配型政策。②借鉴这一分类,我们可将中国的公共政策分为管制型、资源吸取型和分配型三类。政策执行中的协同失灵在这几类政策中都有不同程度的反应。

一、管制型政策执行中的协同失灵

管制型政策(Regulatory policy)是指政府机关设立特殊的原则和规范,来指导政府机关及目标人口从事某些行为,或处理各种不同团体利益的政策,而使一方获利或失利。③从表面上看,管制型政策规定是针对某类行为的,其具体的执行是针对一个个单独的个人或公司,但是执行的决定必须根据普遍的规则来作出。从实质来看,管制型政策是政府对具有负外部效应的行为进行控制,其表现往往是对标的群体行为的规范和矫正,可能涉及与标的群体既有行为习惯之间的巨大冲突(例如公共场所禁烟、禁塑令等),也可能涉及对标的团体利益的限制和剥夺(例如环境保护、安全生产等)④

典型的管制型政策如环境保护政策、食品安全监管政策、禁塑令、控烟政策等。近年来,经过行政管理体制的多次改革,尽管相关政府部门职责分工更为明晰,执法力量、资源、权力和能力等不断加强,但无论是从媒体的报道,学者的专门研究还是作为公民个体的观察和体会,都可以发现这类政策在中国执行状况普遍不好。在环境保护资源治理方面,依然出现"九龙治水,天下大旱"的尴尬局面;煤矿、化工等行业安全生产问题也屡禁不止,恶性环境生态事件频发;食品安全监管政策也颇受质疑,苏丹红、红心鸭蛋、三

---

① 陈振明:《公共政策分析》,北京:中国人民大学出版社 2003 年版,第 225 页。
② Theodore J. Lowi, "American Business, Public Policy, Case-Studies, and Political Theory", *World Politics*, Vol. 16, No. 4, 1964, pp. 677—715.
③ Theodore J. Lowi, "American Business, Public Policy, Case-Studies, and Political Theory", *World Politics*, Vol. 16, No. 4, 1964, pp. 677—715.
④ 魏姝:《政策类型与政策执行:基于多案例比较的实证研究》,《南京社会科学》2012 年第 5 期,第 55—62 页。

聚氰胺奶粉、瘦肉精等食品安全事件年有发生；与此类似的是医疗行业的监管也存在很多监管漏洞和协同失灵。

而在土地使用规制方面的一个典型例子就是国家关于高尔夫球场的管制。从2004年开始国家明令停止高尔夫球场用地审批：10月国务院下发的《国务院关于深化改革严格土地管理的决定》中明确要求国土资源部门要根据国家产业政策，对淘汰类、限制类项目分别实行禁止和限制用地，继续停止高档别墅类房地产、高尔夫球场等用地审批。次年12月国务院在《关于发布实施〈促进产业结构调整暂行规定〉的决定》中再次对别墅、高尔夫球场用地发布禁令。2006年12月，国土资源部、国家发改委联合印发《关于发布实施〈限制用地项目目录（2006年本）〉和〈禁止用地项目目录（2006年本）〉的通知》，两目录自12月12日起实行。别墅类房地产开发、高尔夫球场、赛马场项目等六类被明确列入禁止用地项目。随后各级地方政府也相继发文，禁止建设高尔夫球场。在如此强硬的管制政策之下，其执行如何呢？我们看到的是禁令过后的高尔夫球场的暴增。"7年前，高尔夫球场兴建被禁止；7年后高尔夫球场数量反而增长了5倍；全国高尔夫球场从170余家暴增至1000余家，仅北京周边的高尔夫球场的面积就相当于5个宣武区的面积。"[①]

➡ **专栏3-3**

高尔夫禁令何以变鸡毛

国务院自2004年开始陆续叫停新高尔夫球场建设，但从2004年至今，全国高尔夫球场从170家增至600家，意即禁令后新建了400多家。而目前全国正规审批通过的高尔夫球场只有10家左右（《人民日报》2011年6月20日）。

建一座标准化高尔夫球场要占地1500亩左右，除了"土地国情"不允许，这项有着富人专属特性的运动场地，也会加深社会贫富裂痕。但这些都阻止不了高尔夫球场野蛮生长，禁令在现实中变成了"鸡毛"。

[①] 《禁令形同虚设 高尔夫球场审批乱相曝光》，《中国经营报》http://www.cb.com.cn/1634427/20110226/187518.html，2011年2月26日。

据悉,高尔夫球场越禁越多,是因为违规球场大多打着体育公园、绿化项目等旗号来建设,以偷换概念逃避禁令。然而,如果监管者认真落实禁令,纵然违规球场有七十二变,恐怕也没有一个高尔夫球场可以建成。高尔夫球场禁令变"鸡毛",其实有多种原因:

首先,监管者"禁而不管"纵容了违规。谁出台禁令,谁就要对其负责到底,但事实是,国土部门在口头上三令五申,实际行动并不多见,即便去年掀起了土地问责风暴,最终似乎也没有问到高尔夫球场上。

尽管国土部门查处过浙江、内蒙古、辽宁等几起高尔夫球场案件,但只查处了几起,禁令后却新增400多家,仅北京周边的高尔夫球场面积就相当于5个宣武区的面积,它们就在国土部的眼皮底下,似乎未见主动查处。

其次,无论是地方政府还是投资商、开发商,都存在严重的媚富思想。地方政府暗地里支持高尔夫球场建设,无非是想多得土地收入,吸引富人投资,拉动GDP增长,以便为政绩"涂脂抹粉"。而投资商、开发商看好高尔夫球场前景,是因为从富人身上好赚钱。

有的地方高官甚至担任当地高尔夫球协会主席,而经常免费打高尔夫球的官员也不在少数。地方政府和官员个人好处多多,他们当然会千方百计支持高尔夫球场建设、充当保护伞了。

再者,从香港经验来看,我们对高尔夫球场缺乏严密的监管体系。据报道,香港建高尔夫球场要经过规划、地政、康文、民政、水务等部门的严格审批,还要考虑社会意见,等于要过"六关",而内地却容易被"下有对策"突破。更离奇的是,上到某些部委下到村委会,都自行审批过高尔夫球场。

为此,更要有严厉的罚则,应问责地方官员、让高尔夫球场恢复原状、进行经济处罚,甚至用刑罚来惩罚主要责任人。

资料来源,冯海宁:《高尔夫禁令何以变鸡毛》,《广州日报》2011年6月21日。

管制型政策执行的失灵,不仅表现在对社会主体的监管上,政府内部监管也问题百出,比如土地违规审批、超标准豪华办公楼不断出现;几轮审计风暴未能解决违规挪用、截留资金等问题,2010 年公布的《56 个部门单位 2009 年度预算执行情况和其他财政收支情况审计结果》揭示:中央部门挤占挪用财政资金和违规发放津贴补贴 10.95 亿元、多申领财政资金或瞒报收入和资产等 6.21 亿元、违规收费及未按规定征缴非税收入等 16.26 亿元。与此同时,中央部门使用虚假发票的问题被首次曝光,其普遍性令人震惊。审计署抽查的 29363 张已报销可疑发票中,5170 张为虚假发票,列支金额为 1.42 亿元。其中,8 部门和 34 所属单位以虚假发票套取资金 9700 万余元,用于发放职工福利补贴,12 个部门本级和 37 个所属单位接受虚假发票报账 4400 万余元。①

此外,"监管缝隙""职责交叉"在许多政策领域存在,联合执法也闹出笑话。2005 年 12 月,浙江省食品药品监督管理局组织卫生、质监管部门人员到铁皮石斛生产企业进行执法检查,在检查原料投料情况时,卫生部门和质监部门的执法人员都坚持原料质量上的行政执法不属自己职责范围,两个部门甚至连现场检查笔录也不肯做。② 2005 年 2 月,河南邓州市工商局的 8 名执法人员与该市卫生防疫站的数名执法人员在一家副食店门口厮打起来,引来过路的上百名群众围观。邓州一市民很困惑地问:他们究竟是在争什么?当地警方调查后发现,两家单位的执法人员之所以当街群殴,原来是争辩该由谁查处一箱有质量问题嫌疑的奶粉。③双方都认为本部门有查处权,因意见不一致,引发了这场闹剧。

二、资源汲取型政策执行中的协同失灵

政府为了达到预期的政策目标就必须从社会汲取资源。没有这种可支配的资源,政府就不能继续下去,更不能实现政策目标。④正如阿尔蒙德(Almond)和鲍威尔(Powell)所说,"汲取能力(extractive capacity)和现代国家在很大程度上是一对密不可分的双胞胎"。没有一个稳定的收入流,政府就不

---

① 李蔚:《部委"假发票病"仍待手术》,《瞭望东方周刊》2010 年第 36 期。
② 杨辉:《我国食品安全监管研究:以黑龙江双鸭山市为例》,北京大学政府管理学院 2007 年硕士(MPA)学位论文,第 6 页。
③ 郭启朝:《争查问题奶粉"工商""卫生"当街群殴》,《大河报》2005 年 2 月 3 日。
④ 王绍光:《怎样提高政府汲取能力》,《中国财经报》2002 年 10 月 18 日第 004 版。

可能存在。①资源汲取型政策就是政府为了从社会获取财政资源而设立的各种政策,典型的如税收政策、融资政策以及各种行政事业性收费政策等。资源汲取型政策涉及资源在政府与社会之间的大规模的转移,是一种零和博弈的政策。因此,资源汲取型政策的执行很容易引起人们的主动规避或者强烈反弹。

近年来,我国在资源汲取型政策的执行上取得了很大的成效,1995年以来,财政收入增长率高于GDP增长率已经成为一个全国性的现象。2011年财政部公开披露的数据显示,全年国内生产总值GDP同比增长9.2%,全国财政收入增24.8%,其中中央财政收入增长20.8%,明显高于9.2%。②财政收入高于GDP增长的现象,除了与经济增长因素、价格因素等有关以外,与税收征收制度的完善不无关系。有观点认为,"九五"期间,国内经济加快与全球经济接轨,在"国民待遇"等公平竞争原则前提下,税收进一步走向制度化、规范化,严格控制优惠减免,狠抓各项征收环节,强化了对缓交及拖欠税款征缴清收力度,准期申报率、准期入库率不断提高。③尽管税费等征收制度与过去相比,具有了一定的优势,但是由于执法部门之间缺乏管理协同和信息沟通,税、费大量流失的现象仍时有发生。

目前,随着中国经济的迅猛发展,非货物贸易④日趋活跃。但与此同时,由于税收政策不完善,加之征管措施跟不上,在服务贸易、收益、经常转移等跨境非货物贸易中,相关的税收流失十分严重。据了解,在服务贸易、收益、经常转移等跨境非货物贸易中,境外机构或个人在我国境内发生劳务收入或取得来源于我国境内的利润、利息、租金、特许权使用费等所得以及与资本项目有关的收入时,均需要由境内企业或个人向其支付外汇。但是在付汇之前,取得收入的境外企业必须按照我国税法缴纳相应的营业税和企业所得税,否则不能付汇。然而,当前的税收政策漏洞却给很多境外企业留下

---

① 转引自王绍光:《国家汲取能力的建设——中华人民共和国成立初期的经验》,《中国社会科学》2002年第1期,第77页。
② 林磊:《财政部长:财政收入的实际增幅与GDP增长基本接近》,中国经济网:http://finance.ce.cn/rolling/201203/06/t20120306_16838385.shtml,2012年3月6日。
③ 张良炽:《财政收入与GDP增长为何不同步》,《江苏统计》2002年第1期。
④ 货物贸易也称有形商品贸易,其用于交换的商品主要是以实物形态表现的各种实物性商品。与此相对应,非货物贸易中交换的商品往往是无形的,如技术、技术服务、特许权、商标使用权等。

了可乘之机。在非货物贸易付汇中,目前有很大比例的业务为境外企业向境内企业转让技术而由境内企业支付技术使用费或技术提成费。根据《财政部、国家税务总局关于贯彻落实〈中共中央国务院关于加强技术创新,发展高科技,实现产业化的决定〉有关税收问题的通知》(财税字[1999]273号)相关的营业税条款,对单位和个人(包括外商投资企业、外商投资设立的研究开发中心、外国企业和外籍个人)从事技术转让、技术开发业务和与之相关的技术咨询、技术服务业务取得的收入,免征营业税。

这一免税规定,让很多境外企业钻了空子。比如,技术服务费收入属于劳务收入,应该按照税法规定缴纳营业税。但是,一些境内、境外关联企业却将技术服务合同改头换面,变为技术转让或技术开发合同,进而享受营业税免税政策;又比如,部分外资企业的境外母公司利用所谓的技术转让提成费转移利润,这部分企业往往在签订技术转让或技术开发合同时将技术提成费的提成率规定得较高,例如某些日本企业规定的提成率,高达境外技术生产产品销售额的15%;还有部分国际知名企业在与境内企业签订技术转让或开发合同时,故意隐瞒商标使用权条款,从而达到少缴营业税的目的。对于上述逃避缴纳税款的行为,由于"认定难",税务机关很难实施有效的监管。而导致"认定难"的原因在于,税务部门并不负责鉴定技术转让和开发合同的真实性及有效性。相关工作职责是由科技部门负责的,实践中由于税务机关与科技部门在执行政策时"互不通气",缺乏有效的沟通和协调,跨境企业只需缴纳一定的认定费用,便可以轻松地将技术服务认定为技术转让或开发。①

在交通规费的征收上,也同样存在着协同失灵。例如,湖南省审计厅通过关联分析省交通规费征稽信息系统数据库和省公安交警部门在籍车辆信息数据库,发现交通规费征稽部门登记的新增入户车辆比交警部门新增入户车辆少5.46万余台。由于征收机制不完善,源头管理失控,造成交通规费流失约3.2亿元,其中2007年达1.1亿元。②以上两个案例说明,偷税漏税的长期存在和部门之间缺乏管理协同和信息交流机制有着直接关系。

---

① 朱志刚:《政策不完善,跨境非货物贸易流失严重》,《中国税务报》2012年11月5日。
② 陈黎明:《湖南查出流失交通规费3亿元》,《北京青年报》2008年10月5日第5版。

三、分配型政策执行中的协同失灵

分配型政策(Distributive policy)是指政府机关将利益、服务、成本或义务分配给不同的人口来享受或承担政策,如社会福利政策。从博弈论的角度分析,这种政策基本上是一种非零和赛局的政策,因为政策的执行,并不构成一方所得建立在另一方所失的基础上,不具备义务和利益的排他性。相反地,政府在执行这类政策时,各方皆可获得一定的利益。因此分配型政策基本上以最为稳定和日常的方式执行,参与者之间的关系比较稳定,执行过程中的冲突很小,也基本上不发生理念争论。[①]看起来,分配型政策是最容易执行的一类政策,但是在管理实践中,因为各部门在执行分配型政策时的不沟通、不协调,造成公共资源浪费以及政策目标不能实现的例子并不鲜见。这方面问题的严重性和管制领域相似,由于国家加大了分配政策资源投入力度,协同失灵现象更是日益突出。

首先,从政策资源供给来看,由于目前的多头管理体制,资源重复配给的现象时有发生。举例而言,"十五"期间中央财政投入"211"工程和农村中小学危房改造120亿元,通过各部门讨价还价,分别由发改委安排45亿元,财政部安排45亿元,教育部安排30亿元。同一专项基金三个部门切分,既没有明确部门的责任分工,也没有建立跨部门信息沟通的制度安排,结果是多头申报和重复审批。2002年陕西某国家级贫困县遭遇水灾,为修复被冲毁的中小学房屋,该县分别向几个部委申请资金资助,相关部门从各自掌握的中小学危房改造基金中拨款,总额超出实际需求数百万元。[②]

地方上类似问题更严重:以浙江富阳为例,富阳的三农扶持资金每年有2个多亿,但分散在农办、农业、水利水电、林业等农口部门,还有交通、建设、文化、教育、卫生、旅游等非农口部门。由于缺乏沟通协调机制,多头申报,重复申报的现象时常发生——有人要搞农业休闲观光项目,既可以向农办申请农业综合开发资金,还因为有水库可以向水利水电局申请扶持资金,因为有鲜果种植可以向林业局申请扶持资金,因为有畜禽养殖可以向农业局

[①] 吴锡泓、金荣枰:《政策学的主要理论》,上海:复旦大学出版社2005年版,第409—410页。
[②] 转引自周志忍:《论宏观/微观职责在部门间的合理配置》,《公共行政评论》2011年第4期,第85—100页。

申请扶持资金,因为是观光农业可以向旅游局申请扶持资金,因为有道路建设可以向交通局申请扶持资金。项目包装一下,改头换面,同一个项目年年可以申请。①同样,在资金拨付过程中,由于各部门"各按各的计划走",造成某些资金拨付交叉或者重叠,"专款专用"规则难以实现。资金拨付上的多头管理,造成最后谁也不能负责到底的局面。审计署2008年的一份公告指出:"无论中央还是地方都没有一个对支农资金进行统筹管理的部门。从中央到省、市、县都有20个左右的部门参与资金管理……由于部门间职能交叉、政策要求不统一、信息沟通不通畅,导致负责资金分配的部门间在项目选择、资金投向上很难协调,项目设置重复,政策目标及内容交叉。"②

其次,涉及多部门的分配型政策在执行中协同的难度很大。以2007年国家发改委和教育部实施的"中西部农村初中校舍改造工程"(简称"初中工程")为例。作为一项惠及民众的分配型政策,该工程的目的在于改善农村教育基础设施,重点加强农村薄弱初中学生生活设施建设,改善食宿条件,提高农村初中巩固率和寄宿率。按照政策规划,"十一五"期间由国家发展改革委计划安排100亿元专项资金,占匡算"工程"总投资需求的大约2/3,其余部分由地方政府负责落实。地方政府承担的配套投入,由省级政府专项安排。"工程"在国务院领导下,由国家发展改革委、教育部和中西部有关省(市、自治区)人民政府共同组织实施。③为了加强对中西部农村初中校舍改造工程的领导,国务院成立了国家中西部农村初中校舍改造工程领导小组,由国务委员陈至立任组长,副组长由教育部部长、国务院副秘书长以及发改委副主任担任。领导小组办公室下设在教育部,由教育部副部长兼任办公室主任。领导小组负责研究决策工程实施中的重大问题;办公室则负责"工程"的实施、管理和监督检查,建立项目数据库进行统一管理。

为了落实好政策,教育部办公厅和国家发展改革委办公厅制定了《关于中西部农村初中校舍改造工程实施意见》,明确了项目管理的原则和方法,并对各级地方政府的职责做出了规定,其中省级政府的职责是:

---

① 夏燕:《浙江富阳试水大部制:专委会牵头部门负责制》,《观察与思考》2008年11月17日, http://news.sina.com.cn/c/2008-11-17/161616670201.shtml,2011年2月21日。
② 审计署:《50个县中央支农专项资金审计调查结果》,2008年7月25日公告。
③ 国家发展改革委、教育部:《中西部农村初中校舍改造工程的总体方案》,http://www.sdpc.gov.cn/shfz/t20070614_141231.htm,2007年6月14日。

各省要结合本省教育事业发展规划,统筹配置省内教育资源,根据《中西部农村初中校舍改造工程总体方案》和本实施意见的相关要求,制订本省"工程"建设规划;确定项目县专项资金额度;组织编制和审定各市(地区、州、盟,下同)"工程"建设规划;确定建设标准;落实对"工程"建设收费的有关减免政策;按时下达"工程"投资计划;制定招标采购工作方案;指导、检查和督促"工程"进度和"工程"质量;全面报告本省"工程"实施情况。

但是,《实施意见》并未对发改委和教育部各自的职责及其对应的下级"条条"的职责分工做详细说明。那么实际政策执行中,发改部门和教育部门的协作情况如何呢?根据笔者在Y省的调研发现,作为"初中工程"的主要管理单位,Y省发改委和教育厅并没有建立起良好的合作关系。在调研中,一位教育厅的工作人员谈到:

> 虽然说,初中工程是由教育厅和省发改委一起做,两个部门本来应该是平等的协商关系,但是在实际的项目执行过程中,教育厅基本上就没有什么发言权,尤其在项目审批上,都得听省发改委的。……两个部门矛盾很大,我们希望能把钱投给那些最穷的,急需改善的地方,但是由于那些地方都是偏远地区,人口较少,可能项目规模就偏小,比较分散;发改委喜欢上"大项目"搞资源集中。在这个问题上产生分歧,教育厅也只能妥协不能不听发改委的,因为有钱就有权啊,教育厅如果不听发改委的意见,那么它肯定就不会拨钱,这样项目也就不能实施,你知道那100亿可都在发改委手里啊。[①]

第三节 公共服务供给中的协同失灵

提供公共产品和服务是政府的一个基本职能。整体政府强调应用联合、协调与整合的方法,借助先进的信息技术为公民提供无缝隙的公共服

---

① 访谈编号 L0730。

务。公共服务有广义和狭义之分,广义的公共服务与私人服务对应,属于市场失灵的领域,是"政府为满足社会公共需要而提供的产品和服务的总称。"①法国学者莱昂·狄骥认为,任何因其与社会团结的实现与促进不可分割,而必须由政府来加以规范和控制的活动,就是一项公共服务,只要它具有除非通过政府干预,否则便不能得到保障的特征。② 可见,广义的公共服务涵盖政府职责的方方面面,诸如,国防、外交、司法、政府管制、行政处罚、经济调节、社会管理等活动都被纳入公共服务的范畴。狭义的公共服务专指公共部门运用公共资源提供的以满足社会成员的普遍需求为目的的服务行为,是政府四大职能③中,平行于"经济调节、市场监管、社会管理"的部分,包括教育、医疗服务、公共卫生、社会保障、就业服务、环境保护、公共基础设施等内容。

我们这里所讨论的公共服务是指狭义的公共服务,是政府面向法人和公民个人提供的多类服务。2013 年新一轮国务院机构改革后,国务院共有 25 个部委、1 个特设机构、4 个办公机构、15 个直属机构、16 个部委直属局④,以及一部分国务院直属事业机构,它们在上述四方面职能中各有侧重。比如国务院发展改革委员会、中国人民银行等机构就主要侧重于经济调节职能;国有资产监督管理委员会、国家工商管理总局、国家食品药品监督管理局、国家质量监督检验检疫总局、中国银监会、中国证监会、中国保监会、中国电监会等机构就主要侧重于市场监管职能;国家民族事务委员会、国家人口和计划生育委员会、公安部、民政部、司法部等就主要侧重于社会管理职能;劳动和社会保障部、信息产业部、卫生部、教育部、建设部、交通部、国家铁路局、民航总局、国家邮政局、国家气象局、国家地震局等机构的职能侧重应当属于公共服务。⑤

---

① 李军鹏:《公共服务学——政府公共服务的理论与实践》,北京:国家行政学院出版社 2007 年版,第 2 页。
② 〔法〕莱昂·狄骥:《公法的变迁——法律与国家》,郑戈译,沈阳:春风文艺出版社 1999 年版,第 51—53 页。
③ 十六届三中全会在《中共中央关于完善社会主义市场经济体制若干问题的决定》中将政府主要职能概括为"经济调节、市场监管、社会管理和公共服务"四个方面。
④ 参见中国政府官网:http://www.gov.cn/gjjg/2005-08/01/content_18608.htm,2013 年 8 月 18 日。
⑤ 马庆钰:《关于"公共服务"的解读》,《中国行政管理》2005 年第 2 期,第 78—82 页。

作为公共服务的提供主体的相关政府部门,既要提供物质产品(水、电、气、路、通讯、交通工具)等,又要提供非物质产品(安全、医疗、教育、娱乐)等①。换言之,作为一项公共服务,它既有可能是有形的与实际的物化劳动产品有关,也有可能是无形地体现为非物质形态的活劳动。目前,政府部门在提供这两类公共服务的过程中都面临着广泛的协同失灵现象。"门难进、脸难看、事难办"已经成为描述公共服务部门的标签。有关调查显示某市近六成的流动人口有困难不愿找政府,他们表示,即使求助,也会遭遇踢皮球。② 公共服务供给中的协同失灵,已经严重影响了政府的形象。

一、有形的公共服务供给协同失灵

有形公共服务主要是指各类基础设施建设服务。具体来说,包括水、电、气、交通、通讯、邮电与气象服务等从事生产、生活等活动需要的基础服务。有形公共服务供给的协同失灵突出体现在城市公共基础设施服务的提供上。以群众反映比较突出的城市管道铺设为例,不少地方都存在着重复施工、资源浪费的问题:一条马路,今天被供电局挖开铺电线,用水泥埋上,过两个月又被电信局挖开铺设光缆又埋上,再过几个月煤气公司、铁通公司、网通公司、闭路电视等也都过来挖。如此反反复复,不停地破坏、建设,再破坏、再建设,搞得灰尘满天,噪声不止,浪费了大量的人力、物力和财力。参见专栏3-4:

> **➡专栏3-4**
>
> **郑州新路通车18天开挖 部门各自为政施工不协调**
>
> "郑州郑州,天天挖沟,一天不挖,不叫郑州。"居住在郑州的人都知道这个顺口溜。这不,郑州一条路刚通车18天就又开挖了。对此,市民强烈质疑,而市政部门也有抱怨之声。

---

① 李朝祥:《政府公共服务职能的市场化》,《广西社会科学》2003年第4期。
② 佚名:《六成流动人口有困难不愿找政府》,《潇湘晨报》2012年11月6日。

【投诉】　新路通车 18 天就开挖

"这条路刚修好半个月,通车 18 天,现在又开始挖了,就不能协调一下,明知道要铺污水管,不会统一弄?浪费纳税人的钱啊。"郑州市民张女士气愤地向河南电视台都市频道投诉。

让张女士义愤填膺的就是正在开挖修建的郑州市金水区明达路。其实,这条路惹恼的远不止张女士一个人。

"太浪费了,国家的钱简直就是糊弄。""都是纳税人的钱啊。"在都市频道记者采访中,周围群众纷纷表达不满。

市民反映,一个月前,明达路才修好通车。可是,随着半个月前西头宋寨南街雨污水管网的改造,明达路下方的管道也需要重新铺设,就这样,通车仅仅 18 天,铺好的柏油路面再次被破开。

【矛盾】　管道和路面施工前不协调

前后间隔这么短,市政部门为什么就不能提前统筹安排,避免两次开挖,采取一种更加高效的施工方式呢?

"职能部门都是干啥的,他们第一目的都是为了钱,不是路。""他们就是弄点钱花花,他们其实会规划,关键是要叨菜。"附近的宋寨居民如此解释通车刚刚半个月就开挖的现象。

都市频道记者采访时发现,由于修路工期的延长,也让附近商户损失不小。

附近商户都说,因为修路,造成交通不便,他们的生意一落千丈。在施工工地上,工人证实,明达路的修建和他们正在进行的雨污水管道铺设并不属于同一项目,施工前也没有进行协调。

"他们负责路面,俺负责污水管道,都听市政上的。"工人们说,市政方面没有对此进行协调,"政府让挖俺就挖呗,他们没协调好,俺也没办法。"

对此,都市频道的主持人评价说:"连普通老百姓都知道将管道和路面一次完工,而我们的各个职能部门之间却缺乏沟通,管它新路老路,想挖就挖,简直不把老百姓的钱当钱。给您提个醒,下次再修路时,上面给装个拉链得了!"

【预测】 这条路以后还要反复挖

仅仅通车 18 天,明达路就因为宋寨南街的雨污水管网改造,被重新开挖,这简直是重大的资源浪费。然而,施工工人所说的话,更是让人吃惊,他们说,以后,这路还得挖。

昨天上午,在明达路上,路面上停着一台压路机,堆放着准备铺路的石子。工人说,下方的雨污水管道已经完成,下一步就将恢复路面。但是,工人们接着又说:"还要挖吧,那还有自来水啊,电缆啊,天然气啊什么的。"

按照工人的说法,接下来还要铺设自来水、天然气、通讯电缆等基础设施,明达路很有可能还要反复开挖。

连工人们自己都说,如此反复开挖,路面就"不应该铺上沥青",以免造成不便和浪费。

事实上,类似的反复挖沟并不少见。在郑州市国基路刚修好的路面上,不少电缆散落在地,工人说接下来将要把电缆铺设到地下,这样看来,路面再次破土动工不可避免。

【市政】 部门落实工程时各自为政

在破路之前,市政和施工部门就不能提前统筹安排吗?带着疑问,都市频道记者来到了郑州市市政工程管理处。

郑州市市政工程管理处养护管理科工作人员闫磊承认,道路刚通车就开挖的现象确实存在。

闫磊说,之前的明达路属于区政府项目,而宋寨南街属于市政工程,由于信息沟通不畅,所以造成了反复开挖。闫磊表示,市政管理处由于权力有限,在协调电力、天然气等部门时难度很大。要想避免反复开挖,只能依靠市领导牵头,在每次的连审连批会议上,进行协调。

闫磊说,虽然有连审连批制度,但是工程具体落实时,往往每个部门还是按照自己的计划进行施工。

"我们公示,他们有些部门不进行啊。"闫磊抱怨说。

> 看来,仅仅依靠连审连批远远不够,如何确立更加具体的问责制度,让责任落实到人才是避免天天挖沟的关键。
>
> 资料来源,申子仲、邱延波:《郑州新路通车18天开挖 部门各自为政施工不协调》,《东方今报》2011年8月2日。

可见,政府为公民提供的许多服务,都有既定的流程。在工作流程的各个环节、各个工作单元、各个部门之间,如果缺乏良好的衔接、协调、配合就会导致整个系统的运行失灵。

二、无形的公共服务供给协同失灵

无形的公共服务按照功能可以分为经济性服务和社会性公共服务。所谓经济性公共服务是指政府作为市场经济的主体培育者,为保障经济的平稳快速发展,给所有市场经济主体创造良好经济发展环境的公共服务,包括科技推广、咨询服务、政策性信贷以及对外政策等从事经济发展活动需要的各种服务;社会性公共服务则指的是政府为促进社会公正与和谐而为全社会提供的平等的公共服务,①如教育、科学普及、医疗卫生、社会保障以及环境保护等为了社会发展所需要的服务。

经济性服务协同失灵的典型表现是互为前置条件②的审批。一个典型的例子是,某企业在申请工商营业执照时,工商局以《建设项目环境保护管理条例》为依据要求提供环境影响评价文件,当企业向环保局申请环境影响评价时,按当地《企业投资项目备案办法》要求需提供项目备案文件,而当企业转而履行项目备案程序时,发改委又要求提供工商营业执照。由此,相对人仿佛掉入了一个环环相扣的"程序迷宫"里,找不到入口与出口。对食品饮料企业而言,卫生许可是企业注册的前置条件,而卫生部门颁发卫生许可的前提是现场查看场地和设备,新投资者一般没有现成的厂房、设备,卫生部门无法核批。没有卫生许可,工商部门就不能颁发营业执照,没有营业执

---

① 李军鹏:《公共服务型政府》,北京:北京大学出版社2004年版,第5页。
② "互为前置条件"即都将其他单位的许可决定作为本单位许可的前置条件,形成了各单位都将办事人推向下一个单位的怪圈。

照就不能投资立项、征地、建厂房和购置设备,即无法满足获取卫生许可的前提条件。各部门的规定都有道理,合在一起就形成一个"怪圈",严格执行意味着不可能上马任何食品饮料项目。①地方政府采取了卫生"预许可"、领导特批等变通方法解决这一难题,但多年来互为前置条件的审批规则却岿然不动。在一些基层政府,各部门审批、审核、核准、备案的项目众多,是常事,审批环节多、程序繁、时间长,往往一个部门内部之间层层审批,申请一个证件要跑多个科室,还不一定能够办成,个别单位及一些经办人员人为增加环节,给企业、群众制造麻烦,审批期限遥遥无期。这种"马拉松式"的审批程序,致使企业从投入到产出的周期过长,严重影响了企业经营决策的机遇和生产,给日常的投资、经营活动设置了重重障碍,严重恶化了当地的投资环境,致使一些外地企业不愿落户,本地企业有外迁的苗头,给当地群众的利益造成损失。② 新一届政府上台后,进行了行政审批制度改革,精简了很多行政程序,但互为前置的审批依然不能杜绝。

在社会性公共服务提供方面,协同失灵在面向公民个体以及以社区为主体提供服务上都有不同程度的体现。北京人李敏1998年赴日本定居,行前按规定注销了户口。2005年她和家人回北京探亲期间不慎丢了护照,到北京市公安局出入境管理处申请补发时被要求出示户口本,到原户籍所在派出所申请恢复户籍时被告知"先补护照,才能恢复户籍"。一边要求"先办户口才能办护照",另一边要求"先补护照才能恢复户口"。眼看家人和孩子返回日本,李敏却只能滞留国内。既没有护照,也没有户口的"黑户"状态,已经持续了3年。③这一案例反映出的问题是:公安部门内部不同单位之间的规则不一致且缺乏有效沟通,出现问题也没有积极协调。舆论压力之下这一个案可能获得解决,但对于规则冲突却没有部门主动考虑解决。

近年来,以社区为单位提供社会公共服务日益受到重视并成为新的服务增长点。按理说,一张白纸可以画最好最美的图画,社区服务应通过顶层

---

① 参见余建国、孟伟:《建立跨部门联办机制 提高政府行政能力——以北京市怀柔区行政服务中心为例》,《中国行政管理》2006年第2期。

② 吴开松、解志苹、马娜:《地方政府无缝隙服务研究》,《武汉科技大学学报》2009年第3期,第22—27页。

③ 李嘉瑞、孙晶晶:《护照丢失补三年,左右碰壁仍黑户》,《北京青年报》(北京)2009年6月8日,第A7版。

设计体现出系统性、协同性,但这一新的服务领域依然呈现"业务分散与服务割裂"的特征。社区事务主要按部门职能而非事务分类设计工作流程,职能部门为方便垂直管理,在街道、社区层面都设有自己的对口部门和人员。比如,X 市 J 区社区管理涉及区级 8 个职能部门,街道 5 个科室,社区层面"六大员"(低保专干、计生专干、劳保专干、医保专干、外来人口协管员、残疾人协理员等),社区事务分散到了多个工作岗位,彼此之间缺乏沟通和协作,致使很多工作重复,造成人力资源浪费。比如社区人口及房屋信息采集,共有 12 条信息采集流程,由于"六大员"分属不同层级的不同职能部门,信息交流被"隐形屏蔽",工作不断低效重复。社区居民具有多重身份,要不断地配合工作人员的工作,多次受到打扰。①

　　公允地说,随着电子政务的发展,各级政府在建立一站式政务超市、优化行政流程、提高服务质量等方面做了创新尝试,取得了明显的效果。但是从信息资源共享来看,数字鸿沟依然存在。这里可以用一个有上海市居住证的来沪外地女青年到上海市社保中心领取生育保险金的例子来说明(拥有上海市居住证的人员可以享受上海市规定的社会保障)。由于劳动部门、计划生育部门、公安部门都有自己的人口数据库,但是他们的标准不一样或者说采集人口信息时的定义和范围不一样,导致对同一个公民来说储存在上述三个部门的信息是不一样的。由于不能共享数据信息,劳动部门的数据库查不出市民的生育状况,所以规定妇女领取生育保险金的时候要带好计划生育部门的证明,计划生育部门的数据库查不出市民的户籍情况,所以规定开准生证的时候要带好公安部门的证明,本地公安部门的数据库查不出外地市民的户籍情况,所以规定拥有居住证的市民只能回到户籍所在地去开证明,当一个工作在上海而户籍在新疆的市民跑回老家去开证明时,当地计划生育部门的人说,我们还需要你工作单位的证明……最终的结果是拥有居住证的市民要来回跑很多趟才能办成一件事,甚至还办不成事。②

　　而目前各地成立的大多数"一站式"的服务中心仅仅实现了合署办公,即把具有不同行政分工的相关部门集中在一起,方便群众办事,而不是把不

---

① 郑明芬、陈伟东、张静:《社区公共管理中的政府流程再造》,《沈阳大学学报》2008 年第 4 期。
② 何奕:《浦东新区电子政务与社区"一门式"服务协同发展研究》,上海交通大学 2007 年硕士(MPA)学位论文。

同的行政权力进行有效的整合。服务中心既无行政许可,也无法律监督身份。联办机制设定后,如果没有有效的监督执行机制,所谓的协同也只是发生在"面上",难以实现真正的整合。以浦东新区曹路镇社区事务服务中心为例,入驻中心的工作人员主要由镇政府各个单位抽派,一方面,进厅人员的人事关系还在原单位,另一方面日常作息受中心管理制度的约束,项目审批"两头受理、两头办理","体外循环"时有发生,导致管人的不能管事、管事的不能管人的现象。"中心"由于对跨部门、跨层级的并联审批协调权限不够,难以真正发挥集中"一站式"办公的优势,部分单位窗口办事功能弱,只起"收发室"作用,虽然能够做到一口受理,但是由于后台的政府部门未曾进行过科学有效的业务流程再造,所以很多事项实际上还是多门办理。[①]

  以上案例说明,当前我国种类繁多的跨部门协同机制并未发挥预期的效果。联席会议大都沦为了"大家有事情时一起讨论讨论的临时性的沟通平台",效果十分有限。尽管议事协调机构作为中国党政系统中常规治理方式之外的重要补充手段在处理综合性、协调性、紧急性、突发性的社会公共事务方面发挥着不可或缺的作用,但是多数常设型的议事协调机构在协调日常事务时仍然表现乏力。以国务院食品安全委员会为例,成立五年多了,但是功能还没有完全体现出来。地沟油、瘦肉精、染色馒头、黑心烤鸭、"猪血豆腐"冒充"鸭血豆腐"等食品安全问题先后"粉墨登场"。有知情人士指出"实际上副总理、各部部长在兼职,但具体实行执法监督、日常监督管理的,都是各个部门的人,各部还得听各部的。作为宏观管理机构,国务院食品安全委员会到底起一个什么作用?跟各个部位怎么连接?想法和实施之间必须有一个桥梁。"[②]在当前跨部门问题日趋增多和严重的情况下,强化权威协调机构,加大执法力度,能短期见效,但要效果真正持久,还需要厘清"协同失灵"的根源,配套相关制度安排。

---

  ① 何奕:《浦东新区电子政务与社区"一门式"服务协同发展研究》,上海交通大学 2007 年 MPA 硕士学位论文。
  ② 陈军吉:《五位副省长能否管住食品安全》,《南方周末》2011 年 5 月 20 日。

> 魔鬼隐于细节(Devils are in the details)。
>
> ——西方谚语

第四章

协同失灵的技术理性层面分析

  从上两章的讨论可以看出,我国有数量众多的以议事协调机构为代表的结构性协同机制,也有相应的程序性安排,但是协同失灵的现象仍广泛存在于政策制定、政策执行与项目管理以及公共服务提供等政府管理的各个环节。为什么结构性优势没有转化为结果优势?造成部门协同失灵的原因是什么呢?

  构建协同失灵的诊断框架,经济学、社会学、管理学的大量相关研究成果可资借鉴。菲利普斯于20世纪60年代提出了影响公司之间合作的4个要素:(1)介入合作行动的组织的数量;(2)是否存在一个主导性组织及其发挥领导作用的程度;(3)组织之间价值观和态度的相近程度;(4)其他组织合作行动产生的影响。[1]惠藤提出了自愿协同有效实现的5个条件:(1)对协同的积极态度;(2)组织协同需求方面形成基本共识;(3)对潜在合作伙伴心中有数;(4)协同可行性的科学评估;(5)较强的协同过程驾驭

---

[1] Almarin Phillips, "A Theory of Interfirm Organization," *The Quarterly Journal of Economics*, Vol. 74, No. 4, 1960, pp. 602—613.

能力①。巴达赫从"客观类"和"主观类"两个维度,对跨部门协同的影响要素做了系统总结。客观类要素包括:管理层的正式合作协议;为合作完成共同任务配置的人力、物力、设备和空间等资源;与这些共同任务相联系的授权和责任关系;以及完成这些共同任务所需要的各种支持服务等。主观要素主要指:个人对他人的期望,如合作履行特定任务时对他人的意愿、能力等的期望;对合作本身的合法性与必要性的信念以及对他人的信任等②。弗林格斯总结了跨部门协同面临的6大障碍:(1)投入和收益不对等等实际问题;(2)法规的约束;(3)技术不兼容;(4)关注眼前和局部利益的政治激励结构;(5)部门忠诚形成的文化障碍;(6)技术和能力的欠缺③。显而易见,协同失灵涉及的因素太多,诊断框架构建面临理论精当性和现实匹配性的两难困境:理论精当性要求框架的系统性和完备性,现实匹配性则关注框架是否立足国情特色并具有针对性。

为了避免研究上泛泛而谈和过于理想化以及考虑到在众多研究中出现的理论与实践的脱节和追求理论上的完美而忽视实践的应用性问题,本研究的诊断框架构建立足于现实匹配性。这样,本研究的叙事和诊断框架实际上走了不同的设计路径:前两部分叙事框架的设计路径是从学理到现实,即按照有关整体政府相关理论设计框架,再把现实证据和案例等整合进框架,描述一个整体图景;诊断框架的设计路径则主要是从现实需求到理论,不是按照有关理论文献和需求构建普适性系统理论框架,而是针对中国特殊情况和协同面临的特殊障碍做了重点的选择,试图突出国情特色的敏感性。既然结构性协调机制没有大的差别,我国协同效果方面的差距可能需要从两个层面找原因:一是程序性机制和运作中的技术细节,二是政治、行政体制及其相应的行政文化。④第四章和第五章将分别从技术理性与制度理性两个维度对我国跨部门协同失灵的原因进行分析,由浅入深逐层探究"协

---

① David A. Whetten, "Interorganizational Relations: A Review of the Field", *The Journal of Higher Education*, Vol. 52, No. 1, 1981, pp. 1—28.
② 〔美〕尤金·巴达赫:《跨部门合作:管理巧匠的理论与实践》,北京:北京大学出版社2011年版,第15页。
③ Matthew Flingers, "Governance in Whitehall", *Public Administration*, Vol. 80, No. 1, 2002, pp. 51—75.
④ 周志忍、蒋敏娟:《整体政府下的政策协同:理论与发达国家的当代实践》,《国家行政学院学报》2010年第6期。

同失灵"的表层原因及技术理性缺陷背后的深层次原因。

第一节 先天性的缺陷:动力不足与共识机制的缺失

一、跨部门协同的动力不足

(一) 非对称的资源依赖关系

资源的制约是推动部门之间合作或不合作的一个重要因素。资源依赖理论(Resource Dependence Theory)认为,任何组织都存在于一个开放的系统中,没有任何一个组织是自给自足的,大量攸关组织生存的稀缺和珍贵的资源都包含于组织的外部环境中。组织为了生存,就会建立与包括其他组织在内的周边环境的依赖,获取资源。一般而言,组织依赖的资源主要包括以下几个方面:(1) 原材料,包括资金支持和人力资源;(2) 信息;(3) 社会和政治方面的支持,即合法性的支持。资源的稀缺性和重要性决定了组织依赖性的本质和范围[1]。随着组织的发展目标不断提升,任何组织都不可能完全拥有所需要的一切资源,在资源与组织目标之间总会存在着某种战略差距。为了获得这些资源,组织就会同其运行环境内掌控这些资源的其他组织进行互动。

因此,从资源依赖的角度来说,政府的各个部门并非是完全独立的,而是存在着不同程度的相互依赖关系。很多情况下,政府部门为了完成其自身的既定目标,仅仅靠本部门的资源是难以实现的,需要借助或者依赖其他部门的资源来达到本部门的目标。从某种程度上说,资源依赖可以理解为跨部门协同合作的动力源泉。但问题是,现实中部门之间的资源依赖并不总是对等的。费佛尔和萨兰奇科的理论认为,一个组织对另一个组织的依赖程度如何,取决于三个决定性因素:资源对于组织的重要程度;组织内部或外部一个特定群体获得或自行裁决资源使用的程度;替代性资源来源的

---

[1] 费显政:《资源依赖学派之组织与环境关系理论评介》,《武汉大学学报》(哲学社会科学版) 2005 年第 7 期。

存在程度①。我们都能预想到的一种情形是：A部门对B部门存在资源依赖，但是B部门对A部门却不存在相应的资源依赖。在这种情况下，A—B之间的合作可能就难以达成。安东尼·吉登斯曾用"局内人"和"局外人"的概念描述了这种不对称的资源依赖关系。他说，"那些占据中心的人'已经确立'了自身对资源的控制权，使他们得以维持自身与那些处于边缘区域的人的分化。已经确立自身地位的人或者说局内人(established)可以采取各种不同形式的社会封闭，借以维持他们与其他人之间的距离，其他人实际上是被看做低下的人或者说局外人(outsider)。"②那些长期处于资源中心的强势部门就是"局内人"，它们对于处于边缘的弱势部门来说，就拥有更多的资源—权力优势③。因此，对于强势部门来说，就存在着协同动力不足的问题。因为，经由合作实现的绝对收益和相对收益在不同部门之间存在着差异性。强势部门作为合作中资源的主要贡献者，其合作的动力自然没有资源相对短缺的弱势部门来得强烈。正如我们上文提到的"初中工程项目"，Y省的发改委与教育厅之所以难以协同，一个关键的原因就在于，相对于教育厅，发改委是强势部门，拥有更多的话语权，在这种不平等的资源依赖关系下，教育厅必然在合作关系中处于被动地位。

(二) 核心使命与边缘目标

然而，两个平行的部门，即使资源—权力优势相当，仍然极有可能对"跨部门协同"缺乏热情。这是因为每个部门都有自己的核心使命，有自己的法规和监管条例需要执行。虽然每个部门都被赋予了履行边缘职责的义务，但是当公共事务管理需要多部门跨越职责边界进行协同时，就形成了各职能部门通过履行各自的边缘职责以完成公共事务管理的局面。而且，越是涉及部门数量多的公共事务，越有可能远离部门的"核心"，成为受到较少关注的领域。这意味着大多数的跨部门事务，难以进入部门目标序列的优先

---

① Jeffrey Pfeffer. and Gerald R. Salancik, *The External Control of Organizations: A Resource Dependence Perspective*. New York: Harper and Row, 1978.
② 〔英〕安东尼·吉登斯：《民族——国家与暴力》，北京：生活·读书·新知三联书店1998年版，第34页。
③ 艾尔德里奇(Aldrich)认为，当一个组织掌控了其他组织所需要的资源，或者是一个组织对其他组织的依赖程度减低时，那么这个组织就会变得更有权力。参见 Aldrich H. E., "Resource Dependence and Inter-organizational Relations", *Administration and Society*, No.7, 1976, pp.419—454.

位置。对于职能部门来说,其组织内部的有限资源必然首先用于保证核心职责的实现。边缘目标愈是远离核心,愈难以得到资源的释放。除非同其他机构的合作能够适应或有利于核心使命的完成;如若不能,除非胁迫,否则合作不会得以进行。① 正如 Y 省扶贫办社会扶贫处的官员所言:

> 我们现在搞社会扶贫,面临的困难还是很大,因为各个部门都觉得自己的事情很重要,不把"扶贫"放在工作任务的重心。……比如和我们一起工作的工商联,因为他们的目标与我们的目标有重合,所以合作关系一致较好,私底下我们与他们单位的人沟通得也比较多;但是工信委的主要目标是促进中小企业的发展,所以与我们的目标是不一致的。②

当所有的职能部门都把自身的职责进行核心与边缘区分时,复杂的公共事务管理问题就会面临严峻的威胁。这种威胁来自亚里士多德的经典论述,"凡是属于最多数人的公共事物常常是最少受人照顾的事物,人们关怀着自己的所有,而忽视公共的事物;对于公共的一切,他至多只是留心到其中对他个人多少有些相关的事物。"③这个论断用来描述作为涉及多个职能部门的复杂公共事务时,同样适用。因为职能部门只不过是人类个体的集合,即便这些个体在性格脾气上千差万别,但作为职能部门的成员,在部门特殊利益追求方面是一致的。由于协作活动中,个体利益(达到个体组织的使命并使自己区别于合作身份)和集体利益(完成合作目标并保持对合作伙伴及其利益相关人的责任)之间的固有张力④,多数职能部门都把复杂公共事务管理看作本部门的边缘职责,只有少数主管部门将之视为自身的核心职责,那么真正关心并努力改进复杂公共事务管理的只有那少数几个作为主管部门的职能部门,其他部门更多地成为旁观者或消极参与者。这样,复

---

① 〔美〕尤金·巴达赫:《跨部门合作:管理巧匠的理论与实践》,北京:北京大学出版社 2011 年版,第 131 页。
② 访谈编号 Q0911。
③ 〔古希腊〕亚里士多德:《政治学》,北京:商务印书馆 1965 年版,第 48 页。
④ 克斯汉(Huxman)称这种张力为自主权—责任困境(autonomy-accountability dilemma),并得出结论认为,因为协作是自愿的,协作伙伴总会用是否对自己的目标有所贡献来决定是否参与协кам。参见:Chris Huxham, *Collaboration and Collaborative Advantage*. In *Creating Collaborative Advantage*, edited by Chris Huxham, Thousand Oaks, CA: Sage Publications, 1996, p.15.

杂公共事务管理的"公地悲剧"就出现了,当无利可图时各部门争相躲避,当有利可图时争权夺利①。

二、跨部门协同过程中共识机制的缺失

有效的跨部门协同机制建立在参与合作的各方存在着内在的相互需求的基础上,是经过行为体之间多次的博弈和妥协而达成的共识性安排。沃伦(Warren)认为普遍共识(General Consensus)是在存在冲突和竞争的协作伙伴们之间达成的一种平衡状态,但是只有在一个更大的协议框架内或者边界内,就共同决定的规则达成一致,才会确保创造协作环境。②目前来讲,我国政府部门的协同缺乏有效的共识机制。共识性的缺失表现在三个方面:一是部门间在合作的过程中,对于"谁有权分配到多少资源"这样一个问题始终难以得到解决;其二是部门在合作的过程中,往往很难就更为具体的合作领域达成一致;其三是部门间在合作的过程中,无法就合作的具体规则达成一致。应该说,这前两点主要与政府部门的职责权限的分配有关,第三点涉及的是合作平台的搭建问题。对于职责权限问题,后面的分析还将陆续谈到,这里仅就第三点做进一步的分析。

道格拉斯曾经说过,一个稳定的规则建立的一个重要条件是它必须建筑在参与合作的多方主体都认同的意义之上,即所有合作参与者共同接受或承认的合乎情理和期待的判断标准之上。也就是说,规则必须建立在人们共同接受的基本理念规范之上。③然而,我国政府部门面对的现实困难是,需要"一起工作"的各个部门往往分属于不同的体系,即"条条"(比如公安、税务、卫生等),而每个体系都有自己独特的运作规则和注意力分配结构,当这些机构因为某些偶然的问题而需要达成合作时,任何一个机构所遵循的运作规则都很难自然而然地成为合作多方共同认同的规则。④在缺少正式的协议和合作机制未达成一致意见的情况下,合作很难发生。

---

① 王资峰:《职能部门变革的基础论析》,《"中国特色社会主义行政管理体制"研讨会暨中国行政管理学会第20届年会论文集》,2010年2月2日。
② Roland L. Warren, "The Interorganizational Field as a Focus for Investigation", *Administrative Science Quarterly*, No. 12, 1967, pp. 396—419.
③ 周雪光:《制度是如何思维的》,载《读书》2001年第5期。
④ 马伊里:《合作困境的组织社会学分析》,上海:上海人民出版社2008年版,第7页。

为了促成合作,各部门有必要通过一系列的磋商和谈判,建立起合作的共识。按照澳大利亚学者罗伯特(Robert)的观点,跨部门协同的共享责任机制至少应该具有以下特性:(1) 通过罗列每一个合作方各自的责任及其对合作目标和成果的贡献,明确职能和责任、报告的要求以及评估的承诺;(2) 在安排的关键环节上,在合作各方之间提供一个共同的认识,包括协议条款、合作目的等;(3) 列出决策和争端处理过程;(4) 成立联合委员会;(5) 制定沟通和信息共享战略;(6) 采用一个决策框架,可以被用来指导开发横向合作的治理结构。①

显然,我国政府部门在达成共识的道路上还有很长的路要走,由于我国的行政组织长期处于一种"压力型"体制②下,在很长的时间里,各级政府部门更多地被视为上级部门的"延伸",它们更善于服从和执行来自上级的指令,但在跨部门合作方面的知识、能力储备都相对不足。同时,当前压力型体制下的激励制度也不支撑跨部门间的合作行为。压力型体制的部门考核和激励模式是:上级政府部门采取政绩指标考核的方式,把任务和指标,层层量化分解,下达给下级政府部门和个人,责令其在规定的时间内完成,然后根据完成的情况进行政治和经济方面的奖惩。这意味着,每个部门只要按照既定程序完成相应的工作任务就可以获得相关奖励或者避免惩罚。政府部门间的合作行为可能非但不能获得相应的奖励或表彰,反而会因此受到责罚。因为这种合作可能会占用政府部门的各种资源,甚至会让渡政府部门利益。此外,政府部门工作人员围绕追求职位产权收益最大化而形成的具有"政治锦标赛"性质的竞争关系,也不利于培养合作行为,为每个竞争者提供了从事破坏性活动的内在激励,这种破坏性活动给竞争对手造成的破坏力要高于对自己的影响③。于是,我们可以看到,在阜阳劣质奶粉事件曝光后,记者到相关监管部门去采访,得到了令人惊讶的答复:工商局说"没

---

① Robert Apro, *Shared Accountability for Horizontal Initiatives: Lessons and Good Practices for Service Canada*, 598Report, School of Public Administration Universiey of Victoria March 28, 2006.

② 乔·玛缔亚在《转型:透视匈牙利政党》一书中指出:包括中国在内的社会主义国家,在计划经济体制的影响下,其体制强调的是自上而下的畅通,而政府间的横向连接却普遍较弱。政府机构的运作往往处于一种"压力型体制"中。参见〔匈〕玛利亚·乔纳蒂:《转型:透视匈牙利政党》,长春:吉林人民出版社2003年版。

③ Barry J. Nalebuff and Joseph E. Stiglitz, "Prizes and Incentives: Towards A General Theory of Compensation and Competition", *The Bell Journal of Economics*, Vol. 14, No. 1, 1983, pp. 21—43.

有接到工作安排";质量监督局说,"你到法院去告厂家吧";卫生部门则表示"一点也不知晓"①。

可以说,协同的动力和共识是进行有效的跨部门合作的前提,如果各政府部门缺乏合作的动力,也没有就合作的规则、运作方式等达成共识,那么即使迫于上级权威或者行政命令,暂时形成了所谓的"合作关系",政府部门往往会进行"心不甘情不愿的合作",实际的效果往往也不如人意。

第二节 等级制纵向协同:逻辑悖反与现实挑战

一、等级制纵向协同的逻辑悖论

前已论及,以权威为依托的等级制纵向协同依然是我国跨部门协同的主导模式。官僚制的特点决定了横向的沟通协作对于界限明确的各个部门而言十分困难。斯科特指出,明确性是分离性组织相对于整合性组织的一个主要优势,但是明确性的风险又在于可能出现分块化和争夺地盘的保护行为。虽然等级的明确性能被建立起来,但是新的障碍也会产生,即"人们很难在跨组织边界的情况下,让各种项目平行运作。"②不管依托职务权威还是组织权威,共同特征是对权威的高度依赖和信息的纵向流动,呈现出官僚制典型的"强制性协调格局"——它强调下级对上级的服从,通过命令—控制系统来实现合作。官僚制的"金字塔"体系决定了上级领导人拥有协调下级部门之间冲突和不合作问题的权威。如果两个隶属于同一上级管理的平级部门之间出现矛盾,则矛盾可以通过诉诸上级解决;如果缺少共同上级,则问题有可能被搁置。这一点在我国的政治体制中尤为常见。我国的各个领域出现政策法规与部门之间的矛盾冲突时,首先诉诸的对策就是建立由高层领导人挂帅、组织各部门上级领导人参与的特别委员会来统一协调,指挥合作。我们从广东省食品安全委员会的发展路径即可窥见一斑。2004 年

---

① 佚名:《阜阳劣质奶粉事件中行政部门的表现回放》,《中国青年报》2004 年 6 月 11 日第 10 版。
② 〔新西兰〕理查德·诺曼:《新西兰行政改革研究》,孙迎春译,北京:国家行政学院出版社 2006 年版,第 113 页。

广东省食品安全委员会成立时由副省长担任主任,2008年机构改革时被撤销。2011年,面对新一轮的食品安全问题频频爆发,广东省食品安全委员会又重新设立。与上一次食品安全委员会相比,新的广东省食品安全委员会无疑是"升级"版,协调能力大大提高——五位副省长担任领导,广东省委常委、常务副省长朱小丹担任主任,承担总协调人的角色;而过去的主任,由分管省食品药品监督管理局的副省长游宁丰担任。新委员会的挂靠部门,也从过去的广东省食品药品监督管理局转到了广东省卫生厅。无独有偶,海南、云南、安徽、山东等省份也陆续成立新的食品安全委员会,并都将规格进行了提升:以前是分管副省长出任主任,现在一般都是常务副省长。对此,专家学者也提出了这个疑问:"仅仅依靠层级越来越高的协调机构,能否真正有效解决食品安全问题呢?"①

　　以权威为依托的等级制纵向协同存在一个明显的逻辑悖反。官僚制的重要特征之一是强调分工和专业化,即按照"标尺"原则垂直分工,按照功能原则水平分工。②在官僚制模式下,组织通过明确的规则、精确的分工以及严格的权威控制体系来实现合作。复杂的决策在进入官僚组织之后被分解为更为细化和具体的环节,公共问题也被转化为可操作的、可重复的任务,由不同的部门和人员根据自己的职责、规范来完成每一个环节,最后则是由一个集中的、等级制的控制中心进行协调,重新整合为一个运作稳定的有机过程。其基本的逻辑假设是"每一个局部的效率最优必然导致整体效率最优"。然而,这终归是一种美好的假设和愿望,当每个人都沉浸在自己的职责中时,事实上没有人会关注整个机构是什么样子,整体的目标是什么。"比较分散的官僚组织通常执行单一的社会职能。一些官僚机构在一定的领域内,享有提供某种社会服务职能的垄断权。"③由此可见,分工理论在不断提高效率的同时,也给行政组织的持续发展套上了一道无形的枷锁,跨界管理不可能提上重要日程。但是,官僚制权力集中基础上的高度统一,确实适应了大工业时代的管理需求;在权力集中体制和跨界管理不那么突出的

---

① 陈军吉:《五位副省长能否管住食品安全》,《南方周末》2011年5月20日。
② 〔美〕罗伯特·丹哈特:《公共组织理论(第2版)》,项龙等译,北京:华夏出版社2002年版,第61页。
③ 〔美〕安东尼·唐斯:《官僚制内幕》,郭小聪等译,北京:中国人民大学出版社2006年版,第7页。

大背景下,"强制性协调格局"基本胜任工作需要且达到了良好的效果。

这就是说,以权威为依托的等级制纵向协同,是官僚制下协调的当家法宝,而且确实有效。问题在于,当今政府处于"后工业社会"和信息时代,面对的大量社会问题具有跨界限、跨领域的特征,难以有效结构化。正如戈德史密斯所说:"传统的等级制政府模式根本就不能满足这一复杂而快速变革的时代需求。靠命令与控制程序、刻板的工作限制以及内向的组织文化和经营模式维系起来的严格的官僚制度,尤其不适宜处理那些常常要超越组织界限的复杂问题。"[①]因此,可以说正是非结构化社会问题和功能分化基础上的碎片化治理之间的矛盾和张力,催生了整体政府理念和跨部门协同的系统努力。这里的逻辑悖反可表述为:用官僚制的看家武器突破官僚制,用过时机制解决今天面临的问题。这也许就是近年来我国副职领导职数膨胀、议事协调机构泛滥、领导批示日益增多,但协同失灵现象依然大量出现的主要原因。

二、等级制纵向协同的困境[②]

等级制纵向协同在实践中的挑战表现在许多方面。

首先是协同的"能力困境"。一般来说,上级领导"站得高、看得远",具有统揽全局的优势,但对众多部门具体业务的了解把握相对有限。跨部门协同覆盖的业务面广,且较多涉及事务性工作,这对领导人的知识、信息、精力、能力提出很高的要求。此外,领导还要承担推动、指导、监督和评价协同效果的多重责任。这些往往超越领导者的个人能力。以国务院议事协调机构为例(参见表2-2),34个国务院议事协调机构,一共有14位国家领导人或国务院部委领导兼任,其中4人兼任了20个机构的第一领导,占所有国务院议事协调机构第一领导人数的28%,其所兼任的议事协调机构数占34个议事协调机构数的58%。其中国务院总理李克强兼任了7个国务院议事协调机构的第一领导,副总理刘延东兼任了5个。除了兼任第一领导,副职领导

---

① 〔美〕斯蒂芬·戈德史密斯、威廉·D.埃格斯:《网络化治理:公共部门的新形态》,孙迎春译,北京:北京大学出版社2008年版,第6页。

② 本书在此提出"等级制纵向协同的困境"并不在于否定依靠等级制权威进行协调的有效性,不可否认依靠上级权威进行协同未来很长一段时间还是我国部门间进行协同的最主要的方式,但是本书提出这些"困境"意在说明其本身存在的局限性,并希望借此引起人们的思考。

的兼职情况也十分突出,例如国务院副总理张高丽在担任3个国务院议事协调机构的正职领导之外,还兼任着至少5个国务院议事协调机构的副职领导。作为国家领导人来说,其本身就要处理分管职责范围内的繁杂的国事政事,在过多的议事协调机构中兼任领导人必然会导致精力不足、负担过重,给议事协调机构协调能力的发挥带来极大的限制。地方政府一般性的议事协调机构也面临同样的问题。如广西大化县一位县委副书记同时在近20个领导小组里兼职,县委宣传部副部长曾一个月内先后参加了近20次小组会议,已严重影响到本职工作的开展。①

其次是协同的"组织逻辑困境"。管理学早期研究证明,管理幅度超过一定的限度,组织会出现运转失调。根据帕金森定律,组织机构和所完成的工作与工作人员的多少这两者之间并没有多大的联系,管理层次的增加也与工作本身无关,造成这种事实的原因是由一个规律性的动机所造成的,亦即"工作的增加只是为了填满完成这一工作时可以利用的时间。"②在行政管理中,行政机构会像金字塔一样不断增多,行政人员会不断膨胀,每个人都很忙,但组织效率越来越低下。组织上层也同样面临这个问题,当内阁成员扩张到无法有效决策时,必然出现某种形式的"小内阁"或"核心内阁",内阁成员之间的协调就成为棘手的新任务。组织逻辑困境因此可以表述为:随着协调者的不断增加,协调者之间的协调的重要性日益突出,部门间协同反而退居其次。我国国情下这一问题更加突出,原因是党委、政府、人大、政协机构的统筹设置没有完全到位,副职职数多且不断隐性膨胀(如助理和副秘书长职位)。"我国实际存在着党政两套行政系统,党委设立了许多与政府部门相重叠的机构,各地党委一般均设立教育工委、外经贸工委、商贸工委、金融工委等机构,造成了机构的膨胀。"③这不仅要求不同类机构多种协调者之间的协调,而且要求正、副职之间的协调,有可能陷入某种"帕金森陷阱"。

第三是协同的"责任困境"。权力分割必然伴随着责任的分割,从而出现"三个和尚没水吃"的局面。等级制纵向协同,特别是专门协调机构的大

---

① 张周来、郭奔胜:《行政改革基层看点》,《瞭望》2007年第50期。
② 唐兴霖:《公共行政组织原理:体系与范围》,广州:中山大学出版社2002年版,第52页。
③ 李树忠:《国家机关组织论》,北京:知识产权出版社2004年版,第205—220页。

量设立割裂了职能部门的权力,相应降低了相关职能部门的责任意识和协同的主动性。当责任意识不足和内在动力缺乏时,外力强迫下的协同可能会流于形式主义。正如巴达赫所言,当激励来自于外部立法机关或上级命令时,中层管理者会召集各跨部门工作团队开会,并发布旨在实现合作目标的声明或文件。但这些事务常常毫无生气可言,许多参与者们只是简单地参与整个过程,另一些人则因浪费时间和精力而灰心丧气。原因在于,他们只是希望给领导以热衷合作的印象。①对议事协调机构的一般成员而言,由于他们只是处于"依附"的状态,充当着议事协调机构与自己所在部门联系的中介,因此参与议事协调机构的程度有限,但又必须出席议事协调机构的相关会议,即使到会也因对具体情况缺乏了解而成为"陪会",无形中增加了他们不必要的负担,甚至影响到本职工作的开展,事实上非主要部门的成员参与议事协调机构相关会议和工作的积极性并不高。②

最后是协同的"效率困境"。跨部门议题难以被及时提上领导的议事日程,如果跨部门议题涉及不同"职能口"由几个领导分管,协调效率更为低下。此外,大量的等级制纵向协同性质的议事协调机构和临时机构,虽然可以对某一方面的行政事务起到协调作用,但由于议事协调机构过多过滥,这些机构本身相互之间也存在着职能交叉需要协调的问题,议事协调机构的具体工作由部门承担,部门本身又是被协调的对象,由其去协调与其他部门的关系,又回到了行政协作的老路子。③

第三节 组织结构问题与大部制限度

一、组织结构问题

跨部门协同既然在部门之间运行,它必然受到部门设置的影响和制约。尽管经过多轮机构改革和调整,我国现行的行政组织机构和体制仍然存在

---

① 〔美〕尤金·巴达赫:《跨部门合作:管理巧匠的理论与实践》,周志忍、张弦译,北京:北京大学出版社2011年版,第149页。
② 周望:《中国"小组机制"研究》,天津:天津人民出版社2010年版,第183页。
③ 金国坤:《政府协调:解决部门权限冲突的另一条思路》,《行政法学研究》2008年第3期。

着不尽科学的地方:机构臃肿、人浮于事的现象仍未彻底改变;专业主管部门仍然偏多,综合协调部门显得薄弱和缺乏活力;部门和层次之间的人、财、事权划分不是很清楚合理;部门之间职能交叉与割裂及管理的真空问题仍然存在。这些都对跨部门协调配合形成障碍。

(一) 叠床架屋,职责交叉

有学者指出,党政机构重叠,部门划分过细,分块管理和副职太多,是部门行政难以克服的组织基础。[①] 与国外的政府组织体系不同的是,我国事实上存在两套领导班子,在党政不分、以党代政的体制下,许多党政机构重叠难以避免。在政府机构内部,随着社会经济问题的日益增多,政府机构的繁殖能力也在不断增强,机构的分工也越来越细,造成了多个政府部门对某种经济事务拥有交叉的管理权。

据不完全统计,2008 年新一轮的机构改革前,国务院各部门之间有 80 多项职责存在交叉,仅建设部门就与国土部门、铁道部门、发改委等 17 个职能部门有职权重叠的现象。[②] 地方政府部门职责交叉的情况也十分普遍。以环境保护为例,我国地方政府的环保职能分散于发改委、林业、水利、交通、国土等多个部门,分管部门之间关系不明确。例如,"水质及工业污染源的监督管理由环保部门负责,涉水的旅游项目和经营活动由旅游部门负责,农业生产过程中因农药、化肥导致的面源污染由农业部门负责,航道船舶引起的残油污染由交通海运部门负责,生活污染由建设部门负责,因过度养殖引起的水产污染由渔业部门负责,地下水污染由国土部门负责,农村供水、水量调控由水利部门负责;生活水饮用由卫生部门负责等等。"[③]一位地方环保部门的官员谈到:"我到环保部门快两年了,感觉到环保工作非常艰难。……环保部门与其他部门相互交叉的职能太多,而且很多部门还是作为政府组成机构的强势部门,所以,环保局要与这些部门协调工作时,非常困难。"[④]

[①] 李习彬:《"部门行政"的根源及其消除对策》,《天津行政学院学报》2007 年第 1 期,第 26—31 页。

[②] 李军鹏:《建立和完善社会主义公共行政体制》,北京:国家行政学院出版社 2008 年版,第 156—157 页。

[③] 张颢瀚等:《长江三角洲一体化进程研究》,北京:社会科学文献出版社 2007 年版,第 243—244 页.。

[④] 转引自章轲:《环保部与其他部门职能交叉 内部机构设置待调整》,《第一财经日报》2008 年 4 月 8 日。

职责交叉现象与我国政府机关设置的原则有关。我国的政府机构设置不是按照"通盘考虑,统一规划"的原则,而是根据具体的管理对象和事务进行设置,也就是说政府往往根据一个亟待解决的问题设置一个机构。问题是,公共管理的对象和事务是多变和异化的,随着市场经济的发展和社会经济因素的变化,公共管理的对象和具体的事务也在发生变化。在过去某个时代或者非常时期的特殊情况下存在的现象,很有可能会因为政治、经济等社会环境的变化而消失;但是针对当时这些特殊现象或问题所设置的专门机构和部门却依然存在。当原有的问题,经过变异以其他形式的新问题表现出来时,政府往往会"按部就班",再次设立处理这些问题的相关机构和部门。这样,同种类的新的社会问题和以前的社会问题相类似,却没有得到切实有效的解决,而针对此类社会问题设置的相关机构和部门却是有增无减。

> **专栏4-1**
>
> ### 重复设置政府机构导致出现两个"工商局"
>
> 随着市场经济的发展,湖南省邵东县成为名副其实的"市场县"。有资料表明,邵东县目前有大型综合批发市场1个,大型专业批发市场21个,农副产品、日用品市场72个。市场占地面积1800亩,建筑面积近100万平方米,经营门面15000多间,摊位20000余个。市场投资总额已突破10亿元,其中属国有资产的市场36个,民营资产的市场56个。
>
> 为完善对市场物业资产的管理,适应工商体制改革的需要,邵东县成立了邵东县市场管理局,负责市场的物业管理、市场培育建设和规划、市场开发和维修,研究拟定市场服务和市场资产管理的有关政策措施和规章制度等。对此,工商部门发出疑问,工商部门才是市场监督的行政执法部门,市管局的这些行政职能与工商局是重合的,这实际上相当于又增设了一个属邵东县管理、"管办合一"的"工商局"。两个"工商局"是否违反相关规定?据调查这一机构却是根据邵东县机构编制委员会下发的《关于成立邵东县市场服务中心的通知》并经县委研究决定的。

> 那么市管局的存在是否便于更好地管理市场呢？情况并非如此。机构成立后，不断有市场经营者投诉"邵东市场是条龙，工商、市管两家人，西头厕所粪满天，不知我们找谁人，进货顾客牢骚大……"
>
> 资料来源：根据《两个"工商局"引发市场管理之争》改编，原载《中国经济时报》2000 年 11 月 6 日。

按照这种趋势发展下去，对于同种类社会问题和事务的处置与管理，各个相关机构和部门的分工将会越来越细，管理的方向也更加趋同。既然一些政府部门履行着相同或相似的职能，那么冲突和扯皮就不可避免，针对同一事务出现双重标准、双重检查、双重管理、双重领导也就不足为奇了。

(二) 归口管理，协调乏力

中国当前政府实行的是"职责同构"的权责配置方式。所谓"职责同构"就是"在政府间关系中，不同层级的政府在纵向间职能、职责和机构设置上的高度统一、一致。"① 在"职责同构"的权责分配体系中，各级政府中的职能部门都要在上一级有相应的业务领导，实行上下统一的机构设置安排。这种制度安排客观上导致了"条"与"条"之间的分割，阻碍了政府横向的各个部门之间的协调与整合。面对这种情况，我国采用的一种做法就是"归口管理"，就是将若干业务性质相近的部门归并在一起实行"归口管理"。在现实的政治生活中，人们习惯以"口"来指称中国政治体系中的相关的领域和系统，如宣传口、文教口、农业口、卫生口、财经口等。归口管理的核心在于设置一位决策和指挥权限高度集中的领导。即每个"口"都设置一个负责人，各口的负责人通常是由"副职"来担任，并充当协调人的角色。

近年来，伴随着部门专业化分工程度的不断提高，我国政府部门副职领导的职数也不断增加。根据我国的《国务院组织法》规定，国务院组成部门的副职职数最多是 4 人②，但是在我国国务院现有的 25 个组成部门中，有 16 个部门的副职人数超过了 4 人，占 64%，其中人力资源社会保障部负责人副

---

① 朱光磊、张志红：《"职责同构"批判》，《北京大学学报》2005 年第 1 期。
② 参见《国务院组织法》第九条："各部设部长一人，副部长二至四人。各委员会设主任一人，副主任二至四人。"

职人数多达8人;而在国务院15个直属机构和4个办事机构中,有7个机构的负责人副职人数超过了4人,约占37%。总计来说,在国务院所辖所有部委和机构中,其负责人副职人数超出法定人数4人的占总数的比例超过了50%。[1]从组织设计的初衷来说,副职领导的一个重要职责是发挥协调功能,但是过多的副职却容易导致人浮于事,职责重叠交叉,产生了一个需要二次协调的"中间层"影响行政效率;另一方面,如上文所述也增加了领导集体内部的协调成本。

(三) 分段管理,部门割裂

我国很多公共事务的管理都采取了分段管理的模式。分段管理通常指的是将一个完整、连贯的业务流程分割成很多支离破碎的片段,相关部门根据职能"各管一段"。分段管理造成了相互隔离的部门壁垒,增加了各个业务部门之间的交流和协调工作,使得行政过程运作时间长、协调成本高。在执行任务时,部门往往从本部门的工作和利益出发,精心构思自己的行为,只注重局部环节而缺乏整体协同,忽视了政府的整体使命和目标,甚至使本部门的目标凌驾于政府整体目标之上,阻碍了政府整体目标的实现,并日益演化为"铁路警察各管一段"的管理盲点、僵化的本位主义和管理的"真空地带"。[2] 正如皮埃尔·卡蓝默所说,"职权要分割,每一级的治理都以排他的方式实施其职权。领域要分割,每个领域都由一个部门机构负责。行动者分割,每个人,特别是公共行动者,都有自身的责任领域。对明晰的追求,出发点是好的,即需要区分权力、明确责任,但是当问题相互关联时,当任何问题都不能脱离其他问题而被单独处理时,这种明晰就成了效率的障碍。"[3]分段管理造成的部门割裂和"施政缝隙"在食品监管领域表现得尤为突出。

我国食品安全监管的总体思路是"分段监管为主,品种监管为辅,多部门共同监管。"这一监管模式涉及部门众多。根据《食品安全法》,我国的食品安全监管分成种植养殖、生产加工、市场流通和餐饮消费四个环节,并根据对应的环节,将食品安全监管权切割给农业、质检、工商及食品药品监管

---

[1] 根据各部门官方网站相关信息统计得出。
[2] 蔡立辉、龚铭:《整体政府:分割模式的一场管理革命》,《学术研究》2010年第5期,第33—42页。
[3] 〔法〕皮埃尔·卡蓝默:《破碎的民主:试论治理的革命》,高凌瀚译,北京:生活·读书·新知三联书店2005年版。

等部门,而卫生部则被赋予食品安全的综合协调和重大食品安全事故的组织查处权(2010食品安全委员会成立以后,卫生部的协调职责被终止,转而负责组织制定食品安全标准以及食品安全的风险评估工作等,2013年机构改革后,该工作并入新成立的国家卫生和计划生育委员会中)。除四个主要环节所在监管部门及综合协调部门外,还有发改委、商务部、科技部、工业和信息化部等相关部门的介入(如图4-1)。

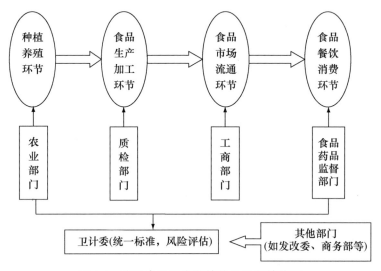

图4-1 我国食品安全监管的分段监管体制

从上图可以看出,分段监管的食品安全监管模式看似合理,前后衔接,实现了从农田到餐桌的全程监管,但是仔细分析一下,问题颇多。食品安全实行分段监管的本意是将食品安全监管细化,让食品制造的各个环节都能充分得到政策主体的管理与指导。然而,现实中的食品链条却并非如此简单地四环相扣,食品从种植养殖中获得的初级农产品,经过加工、流通、销售到消费者的口中要经过一个非常复杂和漫长的过程,其间存在着诸多环节,且各个环节之间交叉是很常见的现象,甚至已经成为现代社会生活的趋向。这种行为与活动的逐渐融合、"环节"的逐渐模糊会使刚性的"分段监管"结构不断遇到新的职责不清的问题,如大量以"前店后厂"形式运作的"蛋糕店""榨油坊"到底该界定为流通环节的监管还是消费环节的监管呢?

此外,很多食品本身的界限与类别并不清晰,如屡次轰动社会、让监管部门你推我让、说不清楚的"毒豆芽"事件中的主角"豆芽菜"至今也没有权威专家或部门站出来明确其究竟是"食用农产品"还是"生产加工产品"（参见专栏4-2）。

➡ **专栏4-2**

无人监管的"豆芽菜"

"毒豆芽事件"的起因

2011年4月8日，沈阳市公安局皇姑分局龙江派出所接到群众举报：和平区浑河堡乡下河湾村有人生产销售有害豆芽。龙江派出所迅速开展工作，于4月9日提取到疑似有害豆芽样本。经检测，豆芽中含有亚硝酸钠、尿素、恩诺沙星、6-苄基腺嘌呤激素。其中，人食用含亚硝酸钠的食品会致癌，恩诺沙星是动物专用药，禁止在食品中添加。此情况引起沈阳市打假办高度重视。沈阳市打假办调查发现，沈阳市场至少三分之一的豆芽都存在类似问题。

在三天左右的时间内，沈阳警方共查获"毒豆芽"40吨，对12名非法加工点人员进行了刑事拘留。

事件调查结果

监管职能不明引发的推诿扯皮致使"毒豆芽"横行市场数年为从根本上解决"毒豆芽"的监管问题，让市民以后能够吃上"放心豆芽"，今天上午，沈阳市打假办会同公安、工商、质监、农委等部门，召开专题会议进行研究。据了解，在专题会议上，各个职能部门各抒己见，工商、质监、农委等部门均称"不归我管"，并阐述了各自的理由。

工商部门表示：在现实生活中，存在未取得食品生产许可证同时无照经营的行为，这种行为不能一概以"无照经营"处罚，否则就掩盖了无食品生产许可证的事实。同时，对食品生产领域的监管，应该由质监局负责，而不应该由工商部门负责。

质监部门表示：如果将豆芽菜作为产品质量法调整的产品，将会导致立法和执法的混乱，所以豆芽菜应认定为初级农产品，归农业主管部门监管合适。如果由质监部门监管，那是不合适的。

　　农委部门表示：按照《中华人民共和国农产品质量安全法》规定，在农业活动中获得的动物、植物、微生物初级产品是初级农产品，由农业部门负责监管。而豆芽菜不是初级农产品，是初级农产品的加工品，不应由农业行政部门负责监管。市农委还拿出了上级对此事的批件。

　　在各方争执不下的情况下，沈阳市公安局副局长、市打假办领导小组副组长安锦荣出面解围，针对有害豆芽等食品安全监管问题，请工商、质监部门尽快请示本行业的上级主管部门。若不能出具上级主管部门的有关文件，请各单位就相关责任提出明确的工作意见，由本部门"一把手"签字，上报市打假办。市打假办将根据各部门上报情况，向市政府汇报。

　　对此，沈阳市打假办常务副主任郝立志认为，应从国家层面来划清行政主管部门的职责，以防止推诿扯皮的现象发生。据透露，目前，沈阳市正在抓紧调研，准备拿出一个切实可行的方案，解决有效监管"毒豆芽"的问题。

　　资料来源：根据《沈阳查获40吨毒豆芽，各监管部门均称不归我管》改编，原载《法制日报》2011年4月20日。

　　可以看出，分段监管忽视了各环节的自然关系，以静态的眼光割裂食品链，造成了部门之间权限界定不清楚，只能相互交叉，政出多门、管理重叠和管理缺位现象突出，政策实施的通道被切成了不相连接的几段。当出现食品安全事件需要追究责任时，所涉及的各有关方面都会本能地推卸责任。食品安全委员会成立以后，虽然承担着协调监督的职责，但是具体工作的落实还是在各个部门。正如国务院食品安全委员会办公室主任张勇所说，"食品安全办不能取代监管部门的职能，加强食品安全监管的政策措施都要落到各部门的具体工作中去。"①可见,分段监管的权责配置模式并没有发生整体性改变。这意味着,在食品安全监管领域,政府部门之间的"施政缝隙"依然存在,而监管中"段"与"段"之间的"空白地带"也依然存在。分段监管不仅造成管理活动的重复、法律实施的不稳定、管理活动缺乏一致性和管理盲区的出现等,还可能导致公共健康目标和贸易便利化及产业发展之间出现矛盾。为了改变这种分段监管的模式,2013 年新组建的国家食品药品监督管理总局收拢了各相关部门的权力,试图对生产、流通、消费环节食品安全和药品安全性、有效性实施统一监督管理。但是这一"集权式"的机构改革方式由于牵涉面巨大,在向地方政府推行的过程中必将面临诸多问题,能否真正突破我国目前的食品监管困境"盖棺定论"还为时尚早。

二、大部制的限度

所谓"大部制",或者大部门体制,就是在政府的部门设置中,将那些职能相近、业务范围趋同的事项相对集中,由一个部门统一管理,最大限度地避免政府职能交叉、政出多门、多头管理,从而达到提高行政效率、降低行政成本的目标。② 从组织理论来看,大部制实际上是政府根据其职能变化的需要,对政府组织结构进行整合兼并,以达到扩展政府部门职能领域、减少组织结构数量的目的。它试图解决的是机构重叠和职能交叉、沟通难,协调难等方面的问题。

大部制改革是 2008 年国务院机构改革的重要内容,经过改革,在国务院层面组成部门减少至 27 个,直属机构 16 个,办事机构 4 个,国务院正部级机构减少 4 个。目前的交通运输部、工业和信息化部、人力资源与社会保障部、住房和城乡建设部等都是在原来多个部门的基础上合并组成的(见表4-1)。

2013 年国务院又启动了新一轮的机构改革,这次改革的重点是围绕转变职能和理顺职责关系,继续推进大部制改革,实行铁路政企分开,整合加强卫生和计划生育、食品药品、新闻出版和广播电影电视、海洋、能源管理机构等。改革后国务院的组成部门由原来的 27 个变为 25 个,减少 4 个正部级

---

① 《涉及食品安全管理的政府部门共计 13 个,各个环节谁在管》,《人民日报》,http://society.people.com.cn/GB/1063/l4552250.html,2011 年 5 月 5 日。
② 汪玉凯:《冷静看待"大部制"》,《理论视野》2008 年第 1 期,第 12—15 页。

机构。取消铁道部成立铁路总公司、组建国家卫生和计划生育委员会、国家食品药品监督管理总局、国家新闻出版广播电影电视总局,重新组建国家海洋局、重新组建国家能源局。从改革的结果来看,此次改革的一个基本思路就是通过机构合并将职能相近的部门归并整合。例如国家新闻出版广播电影电视总局就是将原来的新闻出版总署、广电总局的职责整合,将原来存在职能交叉的两个部门进行了合并。国家海洋局将原来的海监、公安部的边防海警、农业部的渔政、海关总署的缉私这四个方面的队伍和职责进行了整合,经过重组的国家海洋局就可以根据海域对海洋发展规划、海上维权执法、海洋环境保护等事务进行统筹规划和综合协调,提高了海洋管理的效能。重组的国家能源局实际上是2008年能源局职能的一个扩充和完善,因为上一轮的机构改革中未将国家电力监管委员会(电监会)纳入其中,造成电监会与能源局在电力改革、投资准入、项目审批和价格等诸多方面职责交叉,不利于整个能源统筹谋划和推动电力行业发展。这次改革将原国家能源局、电监会的职责整合,重新组建国家能源局,主要是为了更好地统筹推进能源发展和改革,强化能源监督管理,促进能源行业健康发展。

表 4-1　2008 年国务院机构改革情况

调整后的部委名称	合并或包含的原部委	新增下设机构	隶属关系调整
国家发展与改革委员会	发改委(部制不变)	国家能源局	
工业和信息化部	国防科工委、信息产业部、国务院信息化工作办公室、国家烟草专卖局	国家国防科技工业局	烟草专卖局改由工业和信息化部管理
交通运输部	交通部、民航总局、国家邮政局	国家民用航空局	国家邮政局改由交通运输部管理
人力资源和社会保障部	人事部、劳动和社会保障部	国家公务员局	
环境保护部	国家环境保护总局		
住房和城乡建设部	建设部		
卫生部	卫生部、药监局		国家食品药品监督管理局改由卫生部管理

应该说,从 2008 年到 2013 年,中国的大部制改革取得了初步的成效,此番大部制改革以政府部门之间的整合为突破口,将改革对象直接指向政府部门之间的职责配置问题,这触及了"碎片化"机制的实质性要素,是推进跨部门协同的有益尝试。随着"大部门体制"改革在中央到地方各级政府中推进,"职能交叉"与"政出多门"的政府顽疾得到明显的控制。但是,在实际的运行过程中,"大部门体制"改革实际的效能发挥与理想状态还有很大的差距,这些问题不仅反映在中央政府层面,也常常反映在地方政府层面。由于缺乏整体的可操作性强的改革规划方案,导致各层级的大部制改革缺乏指导性意见,很多地方的改革往往各行其是,敷衍了事,"换汤不换药"。即使是按照中央的改革要求,实现整合的政府部门,仍然因"大部制"本身的限度而存在诸多问题。

大部制并未能从根本上减小部门协同的难度:一方面,由于部门的重组,相当多的部门承担了过去多个部门的职能,很多外部的行政协调内化为部内日常协调,大部门体制内自身的协调比以往也更加复杂,部门内协调难度大大增加。以中国民用航空局划归交通运输部为例,中国民用航空局早已划归了交通运输部,但是,双方的决策、执行依然是"两套班子",政府的"碎片化"结构只是由外部转移至内部。另一方面,由于各个大部具有较为独立、完整的行政资源和权力系统,容易造成各个大部之间的协调难题,从而影响政府政策的整体性。[①] 此外,大部制会对强化监督和权力制约带来挑战。职能集中必然伴随着权力集中,人们对监督弱化的担心不是多余的。[②] 对于最高管理层来说,既要保持组织和环境的结合性,又要管理组织内部各组成部分的相互依赖性,这对领导的能力也提出了更高的要求。巴达赫曾对组织重组的局限性做过如下评论:"旧组织安排——比如以地域为基础管理医疗卫生服务——隐含的逻辑虽然备受诟病,但这一逻辑毕竟存在;新组织安排——也许是按照疾病或者功能来管理——隐含的逻辑虽然备受推崇,但如果完全罔顾旧的逻辑,它也不可能成功。旧体制要顾及先前存在的更旧的体制隐含的逻辑,由此导致摩擦和沟通失灵并最终被取代。新体制难免重蹈覆辙。最后,导致旧体制过时的社会发展动态是永久的和难以逾

---

① 倪星、付景涛:《大部门体制:英法经验与中国视角》,《天津行政学院学报》2008 年第 1 期。
② 周志忍:《大部制:难以承受之重》,《中国报道》2008 年第 3 期。

越的,即使组织重组完全成功,这一成功也很可能是短暂的。"①

从实践看,美国政府被视为大部制的典范,但部门之间的职责交叉依然存在,管理空白和矛盾冲突依然存在,许多由独立的行政部门或机构拼凑起来的"大部"还有可能因为组织文化和职能结构的差异而难以整合。例如"9·11"事件之后,为了应对恐怖主义,美国联邦政府将多个政府部门进行重新整合,组建国土安全部,将原来独立或者隶属于其他联邦机构的紧急事务管理署、海关总署、海岸警卫队等22个相关机构划并国土安全部内。这些机构至少来自于12个联邦政府部门,包括联邦调查局、国防部、司法部、能源部、总务管理局、卫生与公共服务部、农业部、财政部、交通部、联邦能源管理局等。由于机构庞杂,人员众多(工作人员有18万之多),组成机构之间的整合并不像预期中的顺利,由于原来隶属于不同的部门,组织文化和职能结构都存在比较大的差异,简单地把这些机构合并到一起并不能保证这些机构合作良好。正如 Tom Christensen、Per Legreid 所说"这种新的行政部门(指国土安全部)因太过复杂而缺乏实际效果,更不用说让新参与的行政子单位之间达成协调。"②

同样,在英国大部制改革也不是一帆风顺。约翰·格林伍德和戴维·威尔逊在论及英国的大部制时曾指出,在英国,大部作为一个部门,"实际上有很多都没有形成真正的内聚力。"环境事务部"好像是由许多部分凑在一起组成的一个混合物,而不是一个紧密结合的统一体。"卫生和社会保险部虽然有一些共同的任务,但它基本上还是相当于被合并的两个部分进行工作。③

日本的大部制也是如此,2001年日本政府实行了大部制改革。原总理府、经济企划厅、冲绳开发厅、金融再生委员会等重组形成内阁府;原邮政省、自治省、总务厅合并组成总务省;原文部省和科学技术厅合并组成文部科学省;原厚生省和劳动省组合而成厚生劳动省;原运输省、建设省、北海道

---

① 〔美〕尤金·巴达赫:《跨部门合作:管理巧匠的理论与实践》,北京:北京大学出版社2011年版,第12页。
② T. Christensen, P. Legreid, "The Whole-of-Government Approach to Public Sector Reform", *Public Administration Review*, Vol. 67, No. 6, 2007, p.1063.
③ 〔英〕约翰·格林伍德、戴维·威尔逊:《英国行政管理》,王淑钧译,北京:商务印书馆1991年版,第34页。

开发厅和国土厅合并而成国土交通省等。通过这次改革,日本政府原来的1府21省厅合并组成为1府12省厅,不再存在为管理某个单一的具体产品、具体行业或具体程序而设立的机构,部门综合管理范围明显扩大。本次政府机构改革后,原有的128个局级部门减少为96个,原有的1166个处室减少为995个。日本大部制改革由于其涉及范围广,改革力度大,被称为明治维新以来最大规模的行政改革。从大部制的实施效果来看。一方面,日本大部制改革在很大程度上实现了改革的最初目标,尤其是加强了对官僚体制的政治领导,从小泉纯一郎就任首相后,许多决策开始在首相指导下做出,部门之间也出现了良性的合作与互动。例如,原劳动省的妇女局和厚生省的儿童家庭局合并组建了"就业均等——儿童家庭局",双方取长补短,加强合作有效推动了母子家庭中的母亲们的再就业,促进了社会稳定。另一方面,日本大部制改革也存在未能完全解决部门之间扯皮打架的问题。例如合并而成的有些部门未能很好地进行优势互补,也未能有效地进行互相补台。习惯于旧体制下工作的政府官员并没有跳出窠臼,虽然在同一部门内,但原先不同部门的人员依然泾渭分明。例如,在国土交通省内,原建设省和运输省均"财大气粗",互不买账。由于办公室主任一职未能如愿以偿地为原有两家控制,于是他们就新设了"综合政策官"和"办公厅参事",以此来平衡对方的影响。[①] 这样一来,仍然是各自为政,各管各的。

可见,大部制并不是包治百病的良药。大部制改革是推进政府治理模式革新和深化行政管理体制改革的一项重要的新举措,其有效和成功地实行,将为克服和解决"机构重叠,政出多门"等问题发挥重要作用。但是,每一项改革都有其作用限度,部门再大,总得有个边界,超越这一边界,职责交叉就是必然的,矛盾和扯皮也是不可避免的[②],大部制并非解决协同失灵的主要途径。

[①] 吴寄南:《新世纪日本的行政改革》,北京:时事出版社2003年版,第73页。
[②] 周志忍:《大部制:难以承受之重》,《中国报道》2008年第3期。

第四节　粗放式管理与沟通失灵

一、粗放式管理问题

中国政府管理实践中的缺陷之一是管理精致化不足。某部长曾用"没有枪、没有炮,我们就有冲锋号"来形容工作面临的困境,这里借用来形象描述行政管理的粗放化。粗放化表现在许多方面:(1)理念和政策缺乏技术支持,新的施政理念或政策出台以后,在我国往往会进入一个中继站式的层层学习、层层传达和层层表态的过程,形式主义文章做得多,掌握精神实质并因地制宜抓落实的少;(2)管理缺乏系统思维,长期以来我们采用的仍然是"头痛医头、脚痛医脚"的管理方式;(3)政策配套措施不到位;(4)严肃的规划与疲软的监督落实等。① 这些在跨部门协同实践中都有不同程度的反映。前面谈到的跨部门协同的制度化、规范化建设不足,严格讲是制度的精细化不足和操作细节的缺失。"精细化"是"粗放式"管理的对立面,它指的是通过规则的系统化和细化,运用程序化、标准化、数据化和信息化的手段,把"精、准、细、严"② 的要求落实到每个工作流程、每个岗位的职责要求、每个人的行为规范,使组织管理各单元精确、高效、协同和持续运行。③

(一)笼统的政策和模糊的制度

我们的制度和政策具有"模糊文化"的明显特征,笼统、原则、抽象,更多是目标、方向或意图的宣示,"考虑问题多停留在'应该如此'的层面上,多半着眼于大方向、大原则而不大措意于'怎样才能必然如此'的细节层面、操作层面或中观、微观层面,导致价值判断盛行,理性工具阙如,在制度设计上顾

---

① 周志忍:《深化行政改革需要深入思考的三个问题》,《中国行政管理》2010年第1期。
② 所谓精就是做精,精益求精。要求把日常工作、服务与管理做精,追求最佳、最好、最优;所谓准是指准确、准时。它要求情报准确无误,对人、对事、对社会判断准确,决策、计划、政策制定准确,指令传递、执行、汇报准确,计量、统计数据准确,工作时间、衔接时间准确无误;所谓细是仔细,它包括操作细化、管理细化、执行细化。它要求把工作、服务、管理做细、做实;所谓严是指严格执行标准,严格监督,严格控制偏差。参见邓建辉:《实施精细化管理,提升政府行政管理效能》,《消费导刊》2008年第5期。
③ 汪中求、吴宏彪、刘兴旺:《精细化管理》,北京:新华出版社2005年版,第145页。

此失彼,进退失据"①。以"食品安全风险评估制度"为例,《食品安全风险评估管理规定(试行)》(2010年)第三条和第八条分别规定:

> **第三条** 卫生部负责组织食品安全风险评估工作,成立国家食品安全风险评估专家委员会,并及时将食品安全风险评估结果通报国务院有关部门。
>
> 国务院有关部门按照有关法律法规和本规定的要求提出食品安全风险评估的建议,并提供有关信息和资料。
>
> 地方人民政府有关部门应当按照风险所在的环节协助国务院有关部门收集食品安全风险评估有关的信息和资料。
>
> **第八条** 国务院有关部门提交《风险评估项目建议书》时,应当向卫生部提供下列信息和资料:(一) 风险的来源和性质;(二) 相关检验数据和结论;(三) 风险涉及范围;(四) 其他有关信息和资料。
>
> 卫生部根据食品安全风险评估的需要组织收集有关信息和资料,国务院有关部门和县级以上地方农业行政、质量监督、工商行政管理、食品药品监督管理等有关部门应当协助收集前款规定的食品安全风险评估信息和资料。②

可以看出,政策的基本要求是明确的,但是有关操作细节却被"一笔带过",如第三条要求"卫生部要及时把食品安全风险评估结果通报给国务院有关部门",问题是多长时间算是"及时"?24 小时之内?2 天还是 3 天?又或者是一个星期?"国务院有关部门"涉及一个部门还是好几个部门?具体有哪些部门呢?又如第八条提到,"国务院有关部门和县级以上地方农业行政、质量监督、工商行政管理、食品药品监督管理等有关部门应当协助收集前款规定的食品安全风险评估信息和资料。"这里涉及跨部门协同的要求,问题是如果"有关部门"不协助怎么办呢?"工商行政管理部门""食品药品监督管理部门"分别应当提供哪些信息和资料? 这些问题虽然琐碎,但是却直接关系到该制度能否有效落实。类似的情况在我国的制度及规范性文件

---

① 张星久:《母权与帝制中国的后妃政治》,《武汉大学学报》2003 年第 1 期,第 41—51 页。
② 卫生部印发:《食品安全风险评估管理规定(实行)》,中国政府网:http://www.gov.cn/gzdt/2010-01/26/content_1519795.htm。

中普遍存在。

我国的规范性文件中多喜欢用"不应""必要时""结合实际情况"等原则性概念,在实际执行中存在着大量可解释的空间,而在涉及利益之时就会演变为冲突。用原全国人大代表、长安集团董事长尹家绪的话来说,"政策上缺乏很具体、实用的东西""指导性的政策落实到具体层面上,就什么也没有了"。①西蒙曾对"格言式"理论提出批评:"如果牛顿仅向世界宣布物质的粒子间既相互吸引又相互排斥,那么他就没有给科学知识增加更多的信息。牛顿的贡献在于,他指出引力是被施加的,并提出了对之操作实施的精确规律。""当人们寻求用格言作为科学理论基础时,情况大都不会令人满意。这并非是因为格言表现的命题不够充分,而是因为格言证实的东西太多。……甚至一门'艺术'也不能建立在格言基础之上。"②2010年诺贝尔经济学奖获得者奥斯特罗姆特别强调"制度细节"的重要性,在她看来,过于简单化的制度是一种"无制度"的制度,③当规则解释不清或被多种解释所困扰时,在执行、遵守和实施规则的过程中,这种缺陷会通过多种形式表现出来。④有效贯彻落实只能等待奇迹的出现。这些观点完全适用于跨部门协同的制度规范建设。

(二) 粗放式管理与精细化管理的差距

管理粗放还是精致目前尚缺乏客观具体的判定标准,这里只能通过比较来展示。例如,在危机管理方面,北京市动物重大疫情应急计划中列出了38个部门,笼统规定了各自在危机状态下的职责(见专栏4-3),既没有工作流程细则和实施时间要求,也没有对各个部门需要相互配合的事项进行说明,如市民政局的职责是对"受灾的养殖场人员及养殖户实施生活救助,妥善安排好群众的基本生活",但是问题是受灾到什么程度给予救助?损失程度不一样是否救助标准一样?"基本生活"必须有哪些基础保障?是否都由

---

① 晏成:《长安董事长尹家绪:国企应有自主的品牌》,《中国商报》2004年3月16日第13版。
② 〔美〕罗伯特·西蒙:《行政管理格言》,彭和平、竹立家编译:《国外公共行政理论精选》,北京:中共中央党校出版社1996年版,第129—149页。
③ 〔美〕埃莉诺·奥斯特罗姆:《公共事物的治理之道——集体行动制度的演进》,余逊达、陈旭东译,上海:上海三联书店2000年版,第43页。
④ 〔美〕科尼利厄斯·M.克温:《规则制定——政府部门如何制定法规与政策》,刘璟等译,上海:复旦大学出版社2007年版,第104—105页。

民政局来提供？……对于这些问题如果没有详细规定那么市民政局就享有了相当大的"行政裁量权"，对完成的好坏也无从追责；而美国阿拉斯加州的禽流感防治规划，按照疫情发展的四个等级，详细列举了相关部门在监测诊断、信息沟通、媒体通报、物资储备、应急反应等方面的具体职责，甚至具体到了医院分布图、物资储备点和上报表格模板。

➡ 专栏4-3　《北京市突发重大动物疫情应急预案》对相关组织机构职责分工的规定

北京市动物疫情应急指挥部成员单位及其分工：

（1）市委宣传部：负责协调组织较大以上突发重大动物疫情新闻宣传工作，通过媒体普及相关科学防治知识。

（2）市政府督查室：负责对各区县和相关部门防控突发重大动物疫情工作进行督查。

（3）市发展改革委：负责做好疫情防控相关基础设施建设规划审核、建设项目审批和相关市政府固定资产投资安排工作。

（4）市科委：负责加强对突发重大动物疫情预警预报和防治技术的研究。

（5）市公安局：负责协助有关部门做好疫区封锁和强制扑杀工作，做好疫区安全保卫和社会治安管理。

（6）市民政局：负责对受灾的养殖场人员及养殖户实施生活救助，妥善安排好受灾群众的基本生活。

（7）市财政局：负责保障免疫、监测、消毒、扑杀、无害化处理等疫情应急处置所需经费，并加强对经费的监管。

（8）市市政管委：负责协调有关单位做好餐厨垃圾的收集和无害化处理工作。

（9）市交通委：配合做好疫情防治工作，负责优先安排紧急防疫物资的调运。

（10）市水务局：负责做好市管河流、湖泊、水库及饮水区等水域及周边地区水生野生禽类的观测，发现异常时立即通报当地动物卫生监督所，并协助畜牧兽医部门做好有关疫病监测工作。

> (11) 市农委：负责指导本市重大动物疫情防控工作。
> (12) 市商务局：负责加强市场监测和对储备动物产品的管理，组织市场调控，维护市场稳定。
> (13) 市卫生局：负责对接触人群人畜共患病的监测、病原学检测、诊断、治疗、报告，突发疫情判定、预警和预防控制，做好密切接触者的医学观察和隔离工作。
> (14) 市地税局：负责对受灾的养殖场(户)在税收上进行调控，促进其尽快恢复生产。
> (15) 市工商局：负责关闭疫区内动物及其产品交易市场，打击市场内违法经营动物及其产品的行为。
> (16) 市质量技术监督局：负责加强对动物产品生产加工企业的监管。
> ……
>
> 资料来源：节选自《北京市突发重大动物疫情应急预案(2008年修订)》

为了解决跨政策领域的"社会排斥"问题，英国政府于20世纪90年代成立了社会排斥小组(Social Exclusion Unit)，专门研究和处理社会排斥问题。社会排斥小组隶属内阁办公厅，直接向内阁办公厅主任和下院秘书长负责，其成员近20人，包括政府官员和专家学者，专业官员主要来自于原社区与地方政府部下属的社会排斥处。英国政府定义的社会排斥是人民或者地区遭受到了失业、低技能、低收入、简陋的住房、高犯罪率、不健康和家庭破裂等问题的综合影响，不能有效地参与社会生活的状况。英国政府认为社会排斥有很多向度，上面的问题只是部分例子。社会排斥还有一个重要的特点是，这些问题是相互关联和相互影响的，形成了一个复杂的变动的怪圈。大部分学者都认为社会排斥问题至少涉及健康、就业、社会保护、教育、住房等五个关键性的政策领域。

为了解决社会排斥问题，社会排斥小组于2006年公布了一份《解决社会排斥行动计划》(以下简称《行动计划》)，明确了指导原则、工作重点和具体措施等，形成了一个跨部门的"政策行动网格"。《行动计划》提出的解决社会排斥问题的五个指导原则是:(1)及早干预原则,即开发推广问题确认和预测工具,使一线工作人员及早发现问题,持续跟踪和干预;(2)效果系统确认原则,即依据质量和实际效果,对相关项目进行系统打分和排序,奖励优秀项目并推广其成功经验;(3)跨部门协同原则,这涉及不同政府层级和不同部门之间的协同;(4)个性化、权利与责任原则,主要针对弱势家庭需求提供个性化的整合服务,在服务提供人员和相关家庭间建立稳定的关系;(5)奖优罚劣原则,通过完善"公共服务协议",激励地方政府在这一领域取得成就和创新,对绩效欠佳的地方政府进行干预。依据生命周期框架,《行动计划》概括了人生不同阶段社会排斥的表现形式及其对以后的影响,在系统分析英国总体情况的基础上,确定了三个重点人群(0—2 岁群体、青少年群体、处于困境的成年群体),分别提出解决问题的具体措施。以 0—2 岁的群体为例,《行动计划》援引调研数据,强调早期干预的意义:15 岁时出现 1 个以上问题的孩子,出生于优越家庭的比例为 18.7%,而出生于状况较差家庭的比例高达 86.8%;15 岁时出现 5 个以上问题的孩子,出生于优越家庭的比例为 0.2%,而出生于状况较差家庭的比例高达 21.6%。随后,《行动计划》把这一群体分为"出生前"和"0—2 岁"两个阶段,各自列出了 9 个危险因素。最后在评价先前项目的基础上提出新的举措,如设立 10 个孕期指导和服务的试点项目,提升卫生家访员和助产士的相关能力,推广最佳实践等。[1]

作为一个跨部门政策协同的极佳范例,该《行动计划》翔实且具有可操作性,在跨部门协同合作的初期即详细阐述了政策对象,并进行了精细的分类;设定了 23 项具体的行动,明确了每项行动的牵头部门、相关责任单位及其具体职责,以及贯彻落实的时间安排等[2],而我国 2007 年 3 月由多个部委联合发布的《房地产市场秩序专项整治工作方案》中,国土资源部和财政部的任务都是"按照职能分工,负责专项整治的相关工作;参加部际联席会议组织的房地产市场秩序专项检查",而人们对职能分工的细节不甚了了。类似笼统、原则性的责任分工缺乏可操作性,也难以作为运作管理和责任追究

---

[1] 周志忍、蒋敏娟:《整体政府下的政策协同:理论与发达国家的当代实践》,《国家行政学院学报》2010 年第 6 期,第 28—33 页。

[2] HM Government, *Reaching Out:An Action Plan on Social Exclusion*, 2006.

的依据。①

粗放式管理还体现在行政程序的衔接上。例如,第三章提到的市政公共设施服务提供的失灵实际上就是由于行政衔接配合管控精细化不足造成的。市政工程建设是一个系统工程,它要求各个部门、各方面、各成员之间紧密配合协同作战,方能降低成本,执行到位。但是由于水、电、气等各种管道分属于不同的部门,供电公司、自来水公司、广电局、铁通公司、电信公司在铺设管道时都各自为政,导致一条好好的道路,今天供电公司挖开铺电线,过两个月电信公司又挖开铺光缆,再过几个月天然气公司又开铺钢管,刚修好的道路,不停地遭到建设、破坏、再建设、再破坏,搞得满地渣土灰尘,车辆、行人行走不便,居民生活得不到安宁,而纳税人的钱也在这一次次重复建设中被浪费掉了。②反观西方发达国家,在铺设各种地下管线的时候则是统一规划,联合施工,各种管道都是一次性铺设完毕,行政程序的有效衔接,既节约了行政成本,提高了效率,也给居民生活带来了便利。

二、信息沟通的失灵

在政府的日常管理中,信息扮演着非常重要的角色,它不仅是政府每项决定和活动的必要资源,也是刺激创新和促进经济繁荣的规划来源,还是公众评估政府绩效和保证民主监督的知识基础。"愈是现代化的政府体系,信息的流动过程在政府过程中的地位就愈重要。"③就跨部门协同而言,各相关部门本来可以通过相互了解,互通有无,优势互补。但是由于信息的不对称,部门之间很难形成有效的互动。长期以来政府部门之间的互动方式使得政府部门之间的沟通渠道受到非正常地阻塞。各个部门根据自己职能定位的相关规定形成了信息领域的"部门封地",这就导致了在面对许多社会公共服务诉求,诸如食品安全、社会保障时会出现"协作乏力"的问题。例如,在某市市政府会议室,各相关部门的"申诉"即集中反映了这一问题。

---

① 有关详细讨论可参见周志忍、蒋敏娟:《整体政府下的政策协同:理论与发达国家的当代实践》,《国家行政学院学报》2010年第6期。
② 邓建辉:《实施精细化管理,提升政府行政管理效能》,《消费导刊》2008年第5期,第93—95页。
③ 朱光磊:《当代中国政府过程》,天津:天津人民出版社2008年版,第167页。

某市市政府会议室。

卫生局局长:我们无法第一时间从工商部门得到医疗机构的变更情况,影响了我们对医疗机构的监管。

工商局局长:我们也无法及时、全面掌握卫生和药监部门对医疗机构的监管情况,很难配合卫生部门进行相应的工商处罚。

药品监督管理局局长:无法及时掌握新增医疗机构的情况,使我们存在监管盲点。

劳动与社会保障局局长:由于无法及时了解医疗机构的许可审批情况,我们难以准确发现医疗保险中所有非法行医行为。①

在上面这个案件中,卫生部门、工商部门、药品监督管理部门以及劳动与社会保障部都以"无法及时掌握"相关机构的信息作为工作中出现纰漏或协调配合困难的原因。再如城市宠物犬管理,注册由公安部门负责,防疫注射由农业部门承担,农业部门有效履行职责以注册信息的及时获取为前提,但多数地方竟然没有相关信息传递的制度规范或明确要求,实践中信息交流成了部门间的讨价还价。可见,跨部门信息共享的滞后是导致部门协同失灵的另一个重要原因。这种沟通的失灵存在于各个层级的部门之间,包括部委之间、部委中的司局之间,甚至司局中的科室之间,"他们从来没有利用横向的影响和交流,即使双方是邻居都不知道","双方沟通协商非常艰难。开了很多次会,有一点点推进,但是没有实质性解决。"一位受访人提到:"实际在一个单位内,不同部门之间的信息共享,也是一个需要解决的问题。A部门不知道我们部门做什么。对于同一个信息,不同部门有不同的形式。你说A,他说B,他说C,连ABC是不是一个人都不知道。"②个体经常必须基于不完全了解所有可能的选项及其可能的结果来做出选择,由于信息不完全和信息处理能力不完备,所有个体在选择用以实现一组目标的策略

---

① 孙国锋:《各地信息办应该如何协调跨部门之间的合作》,中国电子政务网:http://www.e-gov.org.cn/news/news007/2007-07-23/67227.html。

② 郑磊:《跨边界信息共享与整合中的领导力行为:中美比较研究》,敬乂嘉编:《政府间关系与管理》,上海:上海人民出版社2012年版,第61—77页。

时都可能犯错误。①正如拉塞尔·林登所说,政府机构内部到处都是无形的"柏林墙",这些墙壁对部门内部的信息实行封锁,而对其他部门的信息则实行绞杀。②由此,政府部门间的平行沟通是十分困难的事情,即使在政策压力下,有时沟通也往往表现得言不由衷或艰难晦涩,沟通的信息真伪难辨。

那么信息沟通与共享的阻碍来自于哪里呢?一种技术性的解释是,绝大部分公共机构还没有掌握在各自组织内部有效分享信息的方式方法,更不用说与他们的伙伴共享信息了。法治体制下的专业官僚会在一种善意的文化环境中工作,不论是另一个官员还是一个公民想要寻找信息,这种文化都会增加他们严把重要信息关口的公共责任。这种保护机制不是来源于恶意,也并不是来自于个人所得的愿望,而是来自等级政府的培养和教育,政府会教育它们的员工:信息可能会被误解或曲解,应该只能通过结构性的途径予以提供。③但这并不是信息沟通困难的唯一原因。约翰·伍斯利(John M. Woosley)和苏珊娜·帕夫洛夫斯基(Suzanne D. Pawlowski)从认知的角度总结了9个方面的原因,并对这些原因和它们之间的相互关系进行了描述,如图4-2。

可见,政府部门间并不会主动进行信息的共享,它不仅受到技术手段的限制,还受到政治、经济、人际关系等各种因素影响。Chua(2002)指出,在社会与技术交互作用下,信息资源的整合与共享是一个艰难的过程,涉及工作流程重组与组织巨变;设计和实施跨界信息资源整合与共享也是一个漫长的过程,涉及学习和组织间关系的不断发展演变。这些变革受到某些特定社会互动因素的影响,如团队决策、学习、理解、建立信任和冲突解决等。这些变革还根植于大的政治和制度环境中,需要政策变化来驱动、促进和允许数据与技术共享、需要信息管理以及其他增进信息资源整合的行动。④基于

---

① 〔美〕埃莉诺·奥斯特罗姆:《制度性的理性选择:对制度分析和发展框架的评估》,载保罗·萨巴蒂尔编:《政策过程理论》,彭宗超译,北京:生活·读书·新知三联书店2004年版,第61—62页。
② 〔美〕拉塞尔·林登:《无缝隙政府》,汪大海等译,北京:中国人民大学出版社2001年版,第5页。
③ 〔美〕斯蒂芬·戈德史密斯、威廉·D. 埃格斯:《网络化治理——公共部门的新形态》,孙迎春译,北京:北京大学出版社2008年版,第95页。
④ A. Chua, "The Influence of Social Interaction on Knowledge Creation", *Journal of Intellectual Capital*, 2002 Vol. 3, No. 4, pp. 375—392.

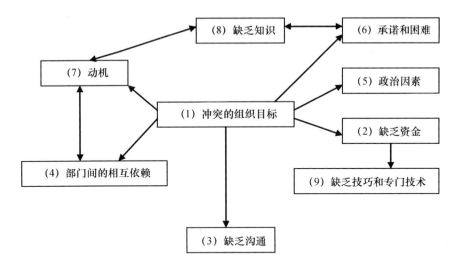

图 4-2 跨部门信息共享面临的障碍(认知地图)
资料来源:John M. Woosley, Suzanne D. Pawlowski,"Mental Models of the Challenges of Multi-agency Information Sharing Projects: a Study Using Cognitive Maps," Electronic Government An Internationol Joumal, 2004, Vol. 1, No. 4:pp. 384—397.

以上理论,Sharon S. Dawes 带领纽约州立大学奥巴尼分校政府技术研究中心(CTG)通过与政府开展合作研究,得出了一系列部门间信息资源整合与共享的研究发现与认识。他们(2004)指出部门间信息资源整合与共享存在四类主要障碍:(1) 对变革的抵制与扼杀;(2) IT 基础设施(硬件、软件、通信系统等)与数据不兼容;(3) 组织多样和目标多元;(4) 环境与体制复杂性。①

当前我国政府部门间的沟通存在着三个方面的困难:一是基于"科层制的交流体系",部门之间的对话讲求级别对等,采取自上而下的指令式沟通或自下而上的层层汇报,使政府内部的沟通渠道变得异常拥挤,往往"上通下不通,或者下通上不通"。行政结构的纵向集权延长了政务信息传递的链条,减缓了信息传递的速度,增添了信息损耗、扭曲和失真的概率②;二是协

---

① J. Ramón Gil-García, Carrie A. Schneider, Theresa A. Pardo, *Effective Strategies in Justice Information Integration: A Brief Current Practices Review*, Center for Technology in Government, University at Albany, SUNY, 2004.
② 沈荣华、何瑞文:《整体政府视角下跨部门政务协同——以行政服务中心为例》,《新视野》2013 年第 2 期,第 60 页。

商制度和平台有待完善。目前政府内部各相关部门并未建立起常态的沟通机制,遇事才沟通,且基本上是单线联系,个别沟通,尚未形成长效的圆桌会议机制。三是由于安全、兼容性等问题,政府各部门间的信息、资源交流缺乏一个有效的即时性中枢平台,大量的标准和内容各异的信息在机构间的流通,增加了使用者对信息进行判断的困难。由此产生的后果是,各部门不能有效地从其他部门快速地获得有用的业务信息,部门间的合作因此受到了极大的限制。正是由于政府部门间普遍存在的"沟通失灵",才导致了政府体系内部理性的集体行动难以达成。

> 正视行政之恶,必须关注公共伦理的重建
>
> ——艾赅博(Guy B. Adams)

第五章

协同失灵的制度理性层面分析

在讨论了我国跨部门协同技术理性层面的问题之后,不能回避技术理性缺陷背后的深层次原因,这意味着从制度理性角度进行分析的必要性。所谓制度,指的是人与人之间关系的某种"契约形式"或"契约关系","是一系列被制定出来的规则、守法程序和行为的道德伦理规范,旨在约束追求主体福利或效用最大化利益的个人行为"。①奥斯特罗姆把制度划分为三个层次:宪政的、集体行动的和操作性的。她指出,"一个层次的行动规则的变更,是在较之更高层次上的一套固定'规则'中发生的",集体选择环境中作出的决策"直接"影响操作环境,在宪法选择环境中作出的决策"间接"影响操作环境。②按照这一划分,跨部门协同的程序性机制和运作技术属于操作层次的制度。因此,本章试图从制度理性层面对跨部门协同失灵的原因进行分析,严格说是探讨宪政、集体行动等高层次制度对操作性制度改进构成的限制和约束。之所以称为深层次问题,是因为高层次制度决定了技术理性的改进空间,而且借用奥斯特罗姆的话,高层次规则的变更通常更难以完

---

① 〔美〕道格拉斯·诺思:《经济史中的结构与变迁》,陈郁、罗华平等译,上海:上海人民出版社1994年版,第225—226页。
② 〔美〕埃莉诺·奥斯特罗姆:《公共事物的治理之道——集体行动制度的演进》,余逊达、陈旭东译,上海:上海三联书店2000年版,第84页。

成,成本也更高。

第一节 人治与法治:协同的制度化问题

一、被贬抑的法治

我国建立了一系列跨部门协同的结构性机制和程序性机制,但普遍存在规范化、制度化不足的问题。规范化不足首先涉及机构的设立,包括设立的必备条件或"门槛"、审批标准和程序等,目前尚缺乏规范的制度规定,或者有关规定过于笼统,上级机关或领导审批成了唯一的把关机制,结果是机构设置的应急被动性和随意性。① 在大多数情况下,各种领导小组、委员会等跨部门协同机构的设置一般都由各级党政机关自己决定,由各级党委或政府办公厅(室)以"发通知"的形式宣告成立,机构编制管理部门在其中发挥的作用十分有限。通过发文件的方式成立机构,既未表明其法律上的依据,也缺少设立机构之前的必要性和科学性论证。这些"机构成立通知"缺乏作为法律文件的基本要素,仅仅表明为了应付实际需要而作出的某种决断。这一"机构文定"的方式,有悖于法治政府中"机构法定"的原则。②

第二是责任制度不健全。协调机构的工作目标有哪些? 协调效果如何评价? 协调失灵又承担什么责任? 这些核心问题上也缺乏相应规范。许多协同失灵的案例与此直接相关。比如前面提到的"211"工程和农村中小学危房改造基金,同一专项基金三个部门切分,既没有明确部门的责任分工,也没有建立跨部门信息沟通的制度安排,多头申报和重复审批也就不可避免。再如上文提到的 Y 省扶贫办联合多部门制定片区区域发展与扶贫规划攻坚规划的项目,由于责任不清,规则不明确,部门在筛选扶贫项目规划时也有颇多怨言,一位借调到规划处的工作人员谈到:

> 协同部门的难度太大了。现在很多扶贫项目,需要委、厅、局给出反馈意见,筛选项目。但是对于几十页的项目表,厅局根本很难审,也无从审。因为责任不是很明确,厅局承担的责任到底有多少,不是很清晰。③

---

① 周望:《议事协调机构的双面效应》,《党政干部学刊》2010 年第 3 期,第 54 页。
② 周望:《中国"小组机制"研究》,天津:天津人民出版社 2010 年版,第 181—182 页。
③ 访谈编号 L0723。

责任不清,直接影响了横向协作的有效性。关于责任与横向协同治理的关系,Tom Fitzpatrick(2000)认为责任指的是按照所同意的期望展示并承担绩效责任,同时回答:"谁向谁负责? 又负责什么"的问题。而分配性治理与责任是在执行权力和权限过程和结构被分配的时候出现,需要在政策制定、项目设计或项目执行领域委托或共享展示和承担绩效责任的义务。明确部门责任和有效的奖惩措施有助于激励相关部门为实现合作目标而持续努力。① 我国目前的问责机制在主体、要件、程序、层次等方面存在诸多问题,但核心问题是问责缺乏刚性,即选择性问责和形式主义问责。在这一环境下,部门获取的权力恒久而又实实在在,但出了问题被问责则相对具有偶然性和随意性,且可以化解。同时,我国的绩效评估是基于部门职责分工,忽视了多部门合作下的绩效,且同样存在奖惩缺乏刚性的问题,而当代发达国家问责的主要形式是就目标完成和绩效状况向公众负责。

英、美等西方国家在推动跨部门协同关系时,十分重视组织部门自身的目标和绩效考评体系同整体的跨部门协同目标之间的联系。不仅颁发了指令性文件指示各相关组织努力的总体方向,为确立组织新的使命提供总的目标框架,更明确要求各部门围绕整合的、跨部门协作的目标确立自身的指标评价体系。例如,英国的公共服务协议,不仅清晰地表明了政府想要获得什么,提高什么样的公共服务,还设定了跨部门领域的目标,规定了各个部门及跨部门的组织在公共服务领域所要达到的关键绩效指标以及为获得这些绩效指标所采取的一系列政策,这些绩效指标大多数有量化的指标来衡量。如在2002年的公共服务协议中,卫生部要求到2010年,主要致命性的死亡率要降低,其中75岁以下的公民的心脏病死亡率下降40%,75岁以下的公民的癌症死亡率下降20%。② 此外,公共服务协议还明确规定哪些部门对哪些目标负责,并具体到组织的负责人。以英国公交运输系统的公共服务协议为例,1998年英国政府在"交通运作白皮书"中明确了,要采取一种跨部门的绩效评价体系。这个体系确立了未来交通运输系统的五个主要的指标:环境、安全、经济、获得服务的便利性和整合度。后者不仅包括不同的交通运输部门之间的整合,也包括交通运输同其他政策领域,涉及环境、土地

---

① Tom Fitzpatrick of the Treasury Board of Canada, Secretariat for CCMD's Action-Research Roundtable on the Management of Horizontal Issues, *Horizontal Management: Trends in Governance and Accountablity*, 2000.

② HM Treasury, *Public Spending Review: Public Service Agreements Whitepaper*, London: HM Treasury, 2002, p.7.

使用规划、教育、卫生等。这套指标评价体系体现了英国政府为在交通系统内部建立"整体政府"的努力(见专栏5-1)。

> **专栏5-1**
> **英国交通系统建立"整体性"绩效评价体系的尝试**
>
> 英国政府在1998年的"交通运作白皮书"中开始在交通系统推行一种宽基础的评价体系,这个体系确立了未来交通运输系统的五个主要的指标:环境、安全、经济,获得服务的便利性和整合度。后者不只包括不同的交通运输部门之间的整合,也包括交通运输同其他政策领域,例如环境、土地使用规划、教育、卫生和财富创造之间的整合。
>
> **交通运输指标评价体系简表**
>
> | 目标 | 亚指标 |
> | --- | --- |
> | 环境 | 噪音
地区空气质量
温室气体排放量
地区的环境
城市的环境
历史遗迹的保护
生物多样性
水的质量 |
> | 安全 | 事故
安全运输度 |
> | 经济 | 交通运输效率
可靠性
更宽泛的经济影响 |
> | 获得服务的便利度 | 替代性选择的价值
没有服务
获得交通运输工具的便利度 |
> | 整合 | 交通部门之间的整合
土地利用政策
其他的政府政策 |
>
> 一些研究者对交通系统建立具有整合性的、跨部门的指标评价体系进行了较为系统的研究。对照上表中指标所涉及的领域,他们分别比较

了环境、安全、经济领域内各自指标体系中涉及交通部门的部分,发现交通部门设计的指标体系中关涉到环境、安全、经济的部分,与环境、安全、经济的政策部门设计的指标体系中关系到交通部门的部分有许多不一致之处。举例而言,环境部门将道路的能源效率和不同交通工具对能源的耗损度列为资源使用的两项重要的评价指标,但是在交通系统的指标内,对能源利用和耗损却丝毫没有考虑。又比如环境部门在"获得服务便利性"的指标内设计的亚指标包括:农村获得相关服务的便利度、残疾人获得服务的便利度、郊区获得相关服务的便利度等,它关注能够便利地获得某种服务或设施的人数,而交通运输系统的评价体系则关注多少人能够获得交通运输服务本身。

研究者认为,对于同一领域的问题,部门之间关注的重点、评价工作的指标有如此大的不同,不利于不同领域内政策的协调,因此他们对比各个领域内的相关指标,设计出一套结合多个部门内部指标的、同其他部门的指标体系较为统一的交通运输指标体系,并在一个地方作了试点。这个指标体系设计出来后,许多相关部门都表示了极大的兴趣,关于跨部门绩效指标体系的项目也得到了多个同环境与交通政策相关的基金会的支持。研究者们因此认为,如果一个部门能够建立这样同许多部门的指标体系相一致的内部指标体系,即采用一个更宽泛背景下的、跨部门的评价体系,就能十分容易地证明自己的工作同其他们部门工作的共同利益,极有可能帮助该部门寻找到新的项目资助。例如健康部门表示,只要能证明其他部门(例如交通部门)的工作对于实现健康部门的政策目标有利,那么它就可以把自己的预算资金投入到这些领域。因此,在对预算争夺日趋紧张激烈的情况下,涉及一个跨部门的、统一的指标评价体系,不但对促进跨部门之间的协作关系、提高政府部门效率和效果有益,对政府部门自身也颇有益处。

资料来源:P. Jones, K. Lucas, "Integrating Transport into 'Joined-up' Policy Appraisal", *Transport Policy*, Vol 7, 2000, pp.185—193.

第三,协调管理运作方面的规范化不足现象更为严重,存在也更普遍。

以联席会议为例,联席会议一般实行轮流牵头的制度,按周期召开会议,各参与方在会议中通报本部门的工作情况,共同探讨跨部门合作的议题。会后就合作达成的协议或一致意见积极开展本部门的工作。但是,在实际运行过程中,联席会议的召开具有相当程度的随机性,遇事才启动;由于缺乏制度约束,对于以各种借口推脱、不参与会议的情况无能为力;而且即使会上签署了共同协议,也很容易出现"会下各打各的算盘"的情况,联席会议的作用仍然有待检验。松散的会议协商机制缺乏强有力的组织结构和制度化的运行机制的支撑。① 由于缺乏对议事协调机构日常工作程序的法律规定,我国大部分议事协调机构的运行通常是按照惯例或经验来操作,也具有较大的随意性。尤其是在当前的情况下,法律并未明确议事协调机构与正式序列机构之间的权责关系,"高级别领导挂帅"的人员配置,使得各种议事协调机构实际上发展成为正常序列部门之上的一个管理层次,经常"越界"干预日常机构的行政事务,客观上削弱和影响了正式序列机构作用的发挥。

  管理运作的不规范还直接导致了协同矫正机制的失灵,特别是当政策标准不一致、需要协同时,难以依靠既定的规则实现协调。从政府监管的协同来说,由于事物的复杂性,事实上不论部门分工和制度设计多么科学精致,总会出现一些监管空白、交叉或矛盾。比如我国食品监管按原料生产、加工、流通、消费四大环节分工管理,豆芽种植属于原料生产还是食品加工环节就很难分清,超市内的食品现场加工销售行为则融合了加工、流通、消费三个环节。设计制度规范时不可能预料到这些特殊情形,但当由此导致争执甚或法律诉讼时,矫正机制的启动和运作规范尤其重要。上文提到的用"无公害"畜禽肉制成的火腿遭工商部门扣留的事件,相关企业曾把执法者告上法庭,结果被判败诉。2004年3月"有毒黄花菜"事件暴露的问题更突出:一方面是用适量焦亚硫酸钠泡制的黄花菜脱水保鲜法获得了国家专利,质检、农业部门干菜质量标准中二氧化硫残留限量是0.1克;另一方面卫生部门依据1992年的《食品添加剂使用卫生标准》,认定黄花菜不能有二氧化硫残留。全国范围围剿"有毒黄花菜"的结果,影响到120万黄花菜菜农的收入,损失金额约6个亿。此事在温家宝总理、吴仪副总理、回良玉副总理

---

① 胡佳:《跨行政区环境治理中的地方政府协作研究》,复旦大学2010年博士学位论文,第94页。

相继批示后,卫生部制定了《脱水黄花菜二氧化硫残量的卫生标准》才最终获得解决。两个事件都引起社会的关注和热烈讨论,可见标准不统一导致重大争议时,我国跨部门的规则自协调和自动矫正机制明显缺位,结果要么企业成为标准不一的牺牲品,要么在高层领导的干预下"被动和谐"。

二、"领导"依赖与"人治"风险

制度化、规范化不足必然加剧对权威的依赖,我国的跨部门协同因此体现出浓厚的人治色彩。在社会生活中,大多数人都有的一种体会是,当你按照某种公开的规章和程序办事,结果常常办不通,原本的规章和程序成为管理者可以随意解释的一纸空文。这个时候,如果你还想办成这件事怎么办呢?那就是"托人"——通过某种人脉关系把这件事办妥。中国的行政管理存在着强烈的"领导依赖"诟病,依靠长官"意志"行政、"以批示治国"。正如宋世明所说,"部门行政的状态下,行使权力的依据按重要性大小先后排序为:领导意见——领导指示——政策——行政命令——法律——宪法。"部门行政是典型的"人治",而与之相对的"公共行政"则主要依靠的是宪法、法律、行政法规、部门规章、地方性法规作为行使权力的依据。①

在等级制纵向协同模式主导下,由于双方都可以通过向上一级组织求助来获得更多的合作收益,分担更少的合作成本,因此在遇到跨部门的议题或者职责交叉的事项时,各部门并没有动力去自主地推动"合作"局面的达成,而是习惯依赖上级组织或上级领导。此外,横向跨部门协同也特别强调组织身份和地位的对等性,只有处于同一官僚序列的公共组织才能实现协调与合作,不同等级公共组织不可能实现协调与合作。②一位地方政府部门领导曾经提到:"在平级部门间权力很微弱,我们不能对别的部门施加行政权力。"在发生危机等特殊情况下,只有高层领导的介入才能促使各个平级的机构之间开展合作以迅速应对危机:"去年出了事,当时是××副总理负责专项整治小组,把各个部门都叫到一起,提出要限期解决问题。'这项工

---

① 宋世明:《论从"部门行政"向"公共行政"的转型》,《上海行政学院学报》2002年第4期,第37—46页。
② 李文钊:《国家、市场与多中心:中国政府改革的逻辑基础和实证分析》,北京:社会科学文献出版社2011年版,第166页。

作早就让你们干了,怎么还没干?年底之前一定要完成'。××就重视起来了,仅仅一个月后,问题就得到了解决。①

> **➡ 专栏 5-2**
>
> 戒"领导"依赖症
>
> **新闻回放:**
>
> 　　今年 9 月底,北京市民姜海程在列车餐车上吃了一顿饭,觉得量少价贵,就给铁道部部长写了一封信。12 月 12 日下午,铁路系统一干人带着部长的批示信到姜海程家登门道歉,并退还了多收的餐费。此事导致了餐车长被解职,也促成了铁路系统的广泛自查。
>
> **点评:**
>
> 　　如果所有的问题都只能依靠"领导",而不能在现有的制度框架内得到解决,那是非常值得警惕的。我们对这种"庶民的胜利"往往兴高采烈,对这种"领导的呵护"往往倍加赞赏,却不知这种兴奋和赞赏里面,隐藏着的是一种"人治"的劣根。就像有人一遇到麻烦或纠纷时,我们第一反应常常是让他们"找领导去",而很少想到别的渠道或方式一样,这是"人治"自古以来的思维定式在今天的一种延续。社会的公正如果要靠"领导"来安排,那么,要法律有什么用?
>
> 　　资料来源:《经济参考报》,http://jjckb.xinhuanet.com/pl/2006-12/18/content_25974.htm,2012 年 12 月 25 日。

依靠领导权威,存在着很多潜在的风险:

一是公平、公正缺失的风险。很多人为"人治"辩护,认为人治效率高,不用花费商议的时间,避免了无休止的争论。但是,仔细揣摩可以发现,人治管理的效率是虚假的效率。因为不公平的决策不符合帕累托改进的原

---

① 郑磊:《跨边界信息共享与整合中的领导力行为:中美比较研究》,敬乂嘉编:《政府间关系与管理》,上海:上海人民出版社 2012 年版,第 61—77 页。

则,利益失衡造成的损失终将显现。① 领导就个案作批示或裁决,前提是有关个案必须被呈上领导的案头。这对个案选择机制的科学性提出很高的要求,否则会出现"渠道压倒质量"的结果,即呈上领导案头的,不一定是那些最重要、最急迫或最有价值的个案(见专栏 5-2)。此外,在中国的政治文化下,如果某一个案获得领导批示成为督办案件,下级部门往往会不遗余力、不惜代价求得迅速解决,超标准"花钱买平安、买稳定"等成为可能的选择,而对更严重、更急迫但没有领导批示的个案,则置之不理或采用双重标准处理。② 事实上,只有那些得到领导关注的跨部门事项才有可能得到良好的解决,如果领导不关注或是有关社会问题因为渠道障碍无法进入领导视野,那么问题的解决可能也就遥遥无期了。

第二个风险在于协同的不稳定性。大多数协同机制制度化、组织化程度低,部门之间有关跨部门协同的共识只是停留在领导人的承诺层面,而不是以具有强制力和约束力的部门间契约为主。"相互口头保证将采取合作的策略,也并不真正保证他们能够遵守自己的诺言,因为建立在个体理性(特别是近视的、短期的个体理性)之上的思维,是滋生机会主义的土壤"。③ 这种承诺与领导人的任期密切相关,缺乏法律效力和违约责任的划定。一旦领导调动会使得已经建立起来的跨部门协同机制被架空或虚置。此外,协同的不稳定性还体现在,由于领导者通常都没有足够的时间了解事情的来龙去脉,在有限的信息和时间下,协调的结果具有很大的随意性,即相同事项不同领导者协调会产生完全不同的解决方案。

第三个风险在于,制度化、规范化不足导致对人治的依赖,而人治虽然会短期见效,但会在不同程度上对制度化、规范化建设形成掣肘或制约,从而陷入一种恶性循环④:凡事只有在高级行政官员介入的情况下,协调才有可能达成。相比之下,以制度化管理著称的美国就不存在这样的问题,以美

---

① 海鸿:《人治管理的两大天然缺陷》,《中国高新区》2009 年 2 月,第 125 页。
② 周志忍、李倩:《解读市长信箱悖论:功能边界与非理性期望》,《行政论坛》2011 年第 5 期,第 1—5 页。
③ 宋亦平:《企业理论——分工与协作视角的解说》,上海:复旦大学出版社 2007 年版,第 56 页。
④ 周志忍、李倩:《解读市长信箱悖论:功能边界与非理性期望》,《行政论坛》2011 年第 5 期,第 1—5 页。

国海洋政策协同框架为例。为了应对海洋、海岸和大湖管理领域纷繁复杂的法律、权限和治理结构的碎片化问题,2009年6月,美国总统奥巴马签署了一个备忘录,责成环境质量委员会主席牵头,成立一个由24个高级行政官员组成的跨部门海洋政策任务小组,研究解决海洋政策领域的跨界协同治理问题。在任务小组的建议下,美国政府在中央层面设立了由27个部委、机构和办公室组成的国家海洋委员会(National Ocean Council)负责制定统一、整合的国家海洋政策。美国的国家海洋委员会是一个"首长——副职"委员会,组成人员包括联邦各部和职能部门的首长以及相关副手,由环境质量委员会主席和科技政策办公室主任担任联合主席[①]。联合主席轮流主持海洋委员会会议,其政策协同平台分为两个层次:第一层由部长和部门首长组成,要求每年至少举行两次;第二层次由副手组成,要求每季度举行一次。在两个层次之下设立了相应的职能机构,包括指导委员会、海洋资源管理跨部门政策委员会、海洋科技跨部门政策委员会、治理咨询委员会、海洋研究与资源小组等。指导委员会是国家海洋委员会的主要办事机构,负责具体的政策协调与整合工作,确保海洋资源管理跨部门委员会和海洋科技跨部门政策委员会的活动完全支持国家海洋政策的执行以及国家海洋委员会一致通过的工作原则和工作重点(见专栏5-3)。

> **➡ 专栏 5-3**
>
> **美国海洋政策协同框架**
>
> 一、美国国家海洋政策委员会的组织结构和职能
>
> 美国国家海洋委员会由环境质量理事会主席和国家科技政策办公室主任联合主持,是一个二元首长制的代表级委员会,其成员包含10个部委的国务秘书(国务院、国防部、内政部、农业部、卫生和人力服务部、商务部、劳动部、交通部、能源部和国土安全部),司法部长,2个行政总局局长(环保署和国家航空航天局),3个委员会主席(环境质量理事会,联邦

[①] 联合主席的架构为委员会提供了最高层领导的权力平衡,有利于更好地促进跨部门协同。

能源监管委员会,参谋长联席会议),4个机构主任(管理与预算办公室,国家情报局,科技政策办公室,国家科学基金),5个总统助理(国家安全事务,国土安全和反恐,国内政策,经济政策,能源和气候变化),1个副总统指定的美国联邦政府职员,以及1个海洋和大气商会的次国务秘书,其余官员可以由联合主席根据需要随时额外指定。这一架构为国家海洋委员会提供了最高层领导的权力平衡,也能够更好地促进跨部门协同。

在总统的直接领导下,除非有法律规定,否则,国家海洋理事会将履行以下两级职能:

1. 第一层次——部长级职能:承担涉及海岸、海洋、空间规划在内的国家海洋政策的全面责任,具体职能包括:(1) 定期更新和设定国家重点工作目标;(2) 根据行政当局重点工作和代表机构提出的建议,评价和提出国家政策执行目标的年度方向;(3) 为代表机构无法解决的问题提供争端处理和决策论坛服务。国家海洋委员会最低要求每年召开两次会议,但是委员会主席可以根据争端处理和其他目的需要另行召开会议。

2. 第二层次——副手级职能:(1) 保证执行国家政策的实施目标;(2) 保证执行海岸海洋空间规划;(3) 将行政当局的工作重点传送给海洋资源管理跨部门政策委员会和海洋科技跨部门政策委员会;(4) 保证海洋资源管理跨部门政策委员会和海洋科技跨部门政策委员会的活动和产品与执政当局的政策相一致;(5) 在适当的情况下,与国家安全理事会、国家经济理事会、能源与气候变化办公室以及其他办公室进行协调;(6) 提供指导与反馈,接受其咨询机构的外部输入和建议;(7) 辅助争端处理和决策,如果做不到,将问题提交给部长级。副手级代理机构要求最少每一季度召开一次会议。

二、国家海洋委员会联合主席的职权及支持系统

联合主席的职权有五个方面的内容:

1. 建议总统执行海洋、海岸和大湖管理的国家政策。

2. 在国家海洋理事会和总统的领导下,联合主席代表国家海洋理事会行使全面协调和促进国家政策执行的责任,包括:(1) 制定战略行动方案;(2) 实施海岸海洋空间规划;(3) 建立报告与责任机制;(4) 编制预算;(5) 处理新兴问题;(6) 履行国际职能。

3. 有权利召集国家海洋理事会会议,起草会议日程,划定会议讨论的重点问题,并召集代理级机构会议。

4. 协调与整合:在适当的时候联合主席负责协调与国家安全顾问、国家经济理事会主任、能源和气候变化总统助理以及白宫其他高级官员的联络,有权要求这些实体机构出席会议,并协调解决职能交叉重叠的问题。

5. 决策制定和争端处理:联合主席寻求在国家海洋理事会一致意见的基础上形成决议和建议;在代理级机构无法解决的争端提交给联合主席之后,联合主席要促使首长级人物之间形成解决方案;当仍然无法解决或达成一致意见时,联合主席将协调国家安全顾问、国家经济理事主任、能源和气候变化总统助理共同找出争端问题或提交总统决策。

国家海洋委员会还安排了两个高级官员支持联合主席执行国家的海洋政策。这两人分别是国家海洋委员会办公厅主任和副主任。在日常工作中,他们负责确保国家海洋委员会全职人员履行各项职能。同时还要在联合主席的指导下,保证国家海洋理事会的有效运行以及国家政策的有效执行。国家海洋委员会办公厅主任和副主任可以在适当的时候代表联合主席出席政策层面的各种会议和论坛,处理外部事务并与国会保持互动。他们还会与跨部门政策委员会的联合主席保持紧密合作关系,以确保跨部门政策委员会的政策协调与整合,促进国家海洋委员会与其海洋研究和资源咨询专家组以及治理协调委员会之间密切协调。同时,他们还负责监督国家海洋委员会工作人员的日常工作,在适当的时候,负责环境质量委员会、国家安全委员会、国家经济委员会、科技政策办公室、能源与气候变化办公室以及其他办公室工作人员之间的协调联络。国家海洋委员会办公厅主任、副主任以及工作人员在国家海洋政策的运行和实施过程中，承担委员会的核心服务职能。每一个工作人员都要求具备实践经验和分析能力，能够提供行政支持，保证国家海洋委员会和跨部门政策委员会、治理协调委员会以及其他适当机构之间协调运行。

另外，国家海洋委员会最初还得到过一个海洋政策办公室的支持，该办公室由最低6—8个专职人员组成，这些人员都是国家海洋委员会相关部委、机构和办公室的跨部门代表，一般的交替任职时间为2年。这些全职工作人员需要向国家海洋委员会办公厅主任和副主任负责。

三、国家海洋委员会指导委员会

国家海洋委员会指导委员会是一个确保国家海洋委员会内部重点工作整合与协调的平台，是由5人组成的高级别的最新型机构。5名成员分别来自科技政策办公室、环境质量理事会、海洋资源管理跨部门政策委员会、海洋科技跨部门政策委员会以及国家海洋委员会办公厅。指导委员会至少每两个月召开一次会议，经常会根据问题要求召开更多的会议。指导委员会负责与国家安全理事会、国家经济理事会和管理预算办公室合作磋商，保证各自在相关问题上的适当投入。国家海洋委员会办公厅主任出席上述会议并负责保证一致行动。

指导委员会要保证协调管理和科学问题，保证海洋资源管理跨部门政策委员和海洋科技跨部门政策委员会的活动完全支持国家海洋政策的执行以及国家海洋理事会一致通过的工作重点。指导委员会负责在制定国家海洋委员会日程中确认出关键问题并提供相应的帮助。国家海洋委员会工作人员负责保证实施理事会一致通过的行动。另外，延伸大陆架工作小组和其他指定的跨部门委员也会在适当的时候向指导委员会报告。国家海洋委员会每运行12个月，就会对整个治理结构进行评价，以评估其运行的效力，并做出相应的变化或改进。委员会成员单位也要准备并公开发表说明其活动的年度报告，包括个人和组织对机构执行政策情况的书面评价以及机构针对上述评价的反馈。

资料来源：www.whitehouse.gov/administration/eop/oceans/policy。

美国海洋政策跨部门协同主体框架的一个明显特征是,主要领导兼职且行政级别低,依然能领导和协调包括副总统代表、总审计长、国务卿等在内的实权人物,原因就在于有清晰明确的职责规定和详细的运作管理细节。美国海洋政策协调框架,逐条列举了联合主席、第一层次(部长级)会议、第二层次(副手级)会议、各职能机构的具体职能;在责任明确化方面,框架明确了各主体(包括人员和机构)的责任以及汇报负责的对象;在运作管理方面,明确了各委员会以及职能部门召开会议的次数,以及临时召集会议的条件等;而大多数情况下,我国主管部门与相关配合部门之间,并没有就协同关系的职责、运作程序等做出详细的规定,因此,主管部门必然会遭遇"协同无力"的瓶颈,"部门行政级别低无法有效协调"往往成了主管部门最有力的托词。很多部门都希望通过"升级"来提高部门间协调与合作的力度。然而,一个现实的问题是不可能所有的部门都被列为国务院组成部门序列。提高行政级别在短期内可能会起到一定的作用,但如果所有部门都成为同样级别,行政逻辑自身就会面临更深层次的权力危机。①

第二节 权力部门化和部门利益化

国外学者对跨部门协同面临的障碍进行了系统的研究。古尔德纳曾经指出:每个组织都会努力地保持自己的自主性,跨部门合作意味着组织失去了一些自由和自主性,可能因此失去单方面控制结果的能力,同时还可能受到失败的牵连。②奥尔特和黑格等人系统描述了跨部门合作存在的风险和代价:失去技术优势;失去竞争优势;失去资源(时间、资金、信息、原材料、合法性、地位等);失去单方面控制结果的能力;目标偏向或目标置换;失去稳定性和确定性等。结论是,保护权力和地盘是任何政府部门的天然倾向,除非

---

① 李文钊:《国家、市场与多中心:中国政府改革的逻辑基础和实证分析》,北京:社会科学文献出版社2011年版,第174页。
② Alvin W. Gouldner, "Reciprocity and Autonomy in Functional Theory", in Liewellyn Gross (ed.), *Symposium on Sociological Theory*, New York: Harper & Row, 1959, pp.241—270.

外力迫使,政府部门常常倾向于规避跨组织的关系。①这些障碍和挑战我国同样存在,但中国跨部门协同面临一个特殊的阻力或者说更为凸显的阻力,那就是权力部门化和部门利益化。

一、权力部门化

"政府体系本身不是铁板一块,它由不同职能和利益的个体和部门组成。"②分工原则决定了社会经济事务由不同的行政部门按专业分工实施。但是,随着社会问题的日益复杂化,"机构无法垄断领域,领域的界限并不清晰"。③唐斯指出,现代组织领域最重要的特征之一,就是来自于现代社会复杂的相互依赖性而产生的界限模糊。每个官僚组织都频繁地改变其他官僚组织,或者抗拒其他官僚组织的影响。官僚组织政策空间内的每一个"边界冲突事件",并不对其生存构成威胁,然而,弥漫在政策空间的不确定性,使每一个官僚组织对于内部地带的"入侵"和发生在"无人地区"和外围空间及附近的事件会特别敏感。官僚组织总是坚持要在看起来影响甚微的政策领域拥有发言权,从每个官僚组织的立场出发,对官僚领域保持警惕性是理性的行为。④也就是说,各个部门在行使权力的时候都从自身的利益出发,对于执法的"模糊地带",如果能获得利益,大家都抢着行使权力,甚至成为其他领域机构的"入侵者";如果是"烫手的山芋"大家则都置之不理。权力部门化的突出表现就是立法部门化和行政权力的扩张。

(一) 立法部门化

权力部门化的现象在公共政策制定中表现得尤为明显,并逐渐演变成为立法部门化。立法是对权力和利益的第一次分配。我国的宪法明确规定了中央政府及其部门的行政立法权。宪法第90条第二款规定:"各部、各委员会根据法律和国务院的行政法规、决定、命令,在本部门的权限内,发布命

---

① C. Alter and J. Hage, *Organizations Working Together*, Newbury Park, CA: Sage Publications, 1993.
② 冯兴元:《地方政府竞争:理论范式、分析框架与实证研究》,南京:译林出版社2010年版,第2页。
③ [美]詹姆斯·W. 费斯勒、唐纳德·F. 凯特尔:《行政过程的政治——公共行政学新论》,陈振明、朱芳芳译,北京:中国人民大学出版社2002年版,第60页。
④ [美]安东尼·唐斯:《官僚制内幕》,郭小聪译,北京:中国人民大学出版社2006年版,第229—230页。

令、指示和规章。"2000年通过的《立法法》进一步明确了部门规章的法律效力,部门立法被授予了广泛的正当性和合法性。这意味着我国的行政机关不仅有行政权力,还分享着立法机关的部分立法职能。

据统计,截止到2005年底,国务院制定了近千件行政法规,国务院各部门和地方政府制定规章50000多件,覆盖了政治、经济、社会等各个领域。现在全国人大通过的许多法律实际上是部门法。近20年来,在人大通过的法律中由国务院各相关部门提交的法律提案占总量的75%—80%。[1]由于人大代表不是职业化,相关专家比例低,具有法律背景的专业人员数量较少且整体素质不高,拥有的业务知识和信息也十分有限,因此,相关法律在全国人大讨论通过时,并没有认真得以争论,更得不到涉及个人、企业和事业单位的参与,所谓的"立法听证会"也因为缺乏程序性规定和强制性要求而常常流于形式。特别是一些法律原则性很强,又要有部门细则性的法规来解释,其中充满了部门的权力和利益。而部门的法规,更是这样。[2] 目前,我国90%的地方性行政法规和全部部门规章都由行政主管部门起草。如,邮政部门起草邮政设施保护条例、电力部门起草电力法规、煤炭管理部门起草煤炭管理法规、民政部门起草结社法等等。这种行政部门"归口起草"的做法,必然使法律法规在草案阶段就带上明显的部门利益色彩。

这些法律法规的草案在交法制办(局)审核之前,很多规定已经"成文化"和"定型化",审核部门难以从整体结构上对草案加以推翻,多数情况下只是对一些细节规定加以修正和完善。[3]因此,部门成为行政立法的实际主导者,从规划的制定到法律、法规草案的提出和正式出台,基本上都由政府部门说了算,部门既是游戏规则的制定者,又是游戏的参与者。这种行政主导的立法模式,将决策与执行高度合一,使得行政立法过程中始终难以避免部门利益主义的影响。正如英国思想家洛克所说:"如果立法权和执行权同时属于一个机关或一些人,就必然会给这些人造成方便条件,使他有可能攫取权力,从而在制定和执行法律时,使法律适合于他们自己的私人利益。"[4]

---

[1] 江涌:《警惕部门利益膨胀》,《瞭望新闻周刊》2006年10月9日,第33—35页。
[2] 中央党校研究室课题组:《小康阶段的政治体制改革》,《经济研究参考》第65期。
[3] 封丽霞:《解析行政立法中的部门本位主义》,《中国党政干部论坛》2005年第8期,第31—40页。
[4] 〔英〕洛克:《政府论(下篇)》,叶启芳等译,北京:商务印书馆1997年版,第89页。

在实践中的表现就是,一些政府部门在相关立法过程中考虑问题的视野狭窄,立法决策局限于"部门"角度而非全局,各自为政,缺乏与其他部门立法的整体性和关联性,在部门权力与立法的关系上,表现出极强的"功利主义",以部门意志和部门利益来支配立法,将立法作为要机构、要经费、要编制、要级别的主要工具。①在起草法律法规时,总是尽可能地强调本部门的权力,对其所应承担的义务则轻描淡写,可以说是只要管理,不要服务,重事后罚款而轻事前引导预防。"行政立法为人民服务"的理念很多情况下变成一句空话,严重破坏了法律体系的严肃性,侵害了公共利益。

(二) 行政权力的扩张

一切权力都存在着寻求扩张的本能。正如孟德斯鸠所言:"一切有权力的人,都容易滥用权力,这是万古不易的一条经验,有权力的人使用权力一直遇到有界限的地方才停止。"②在经济利益的驱动下,各行政部门展开了一场争夺管理权、处罚权、收费权和审批权的权力扩张大战。而这场"权力索求战"不仅体现在对权力行使范围即地盘的争夺,还体现在部门行政权力自身行使程度的扩张,即自由裁量权的不断扩大。

各部门对于有利可图不属于自己部门的管辖权,利用起草或修改法规的机会过去插一脚,或者将权力范围延伸向相邻的部门以扩充自己的权力;对多个部门交叉管理的事项在各自的分管范围内,都强化分管部门的权限,相关法律、法规规定的管理职能交叉重叠、政令相互抵触;使得政策执行者存在大量的运作空间,存在有法难依的现象。例如,在音像制品的管理上,文化部1993年发布的《营业性歌舞娱乐场所管理办法》第14条规定:"营业性歌舞娱乐场所使用的激光视盘(录像伴奏片)由各省、自治区、直辖市文化厅审批";而广播电影电视部(现广电总局)1982年发布的《录音录像制品管理暂行规定》第2条规定:"各类卡拉OK节目、由各省音像管理部门审批后才能播出"。对于同一事项,不同的国务院部门规章规定了不同的部门管辖,并通过制定法律规范的形式将其利益固化并"合法化"。"再如水的审批权之争。目前有关水的法律法规不少,涉及地矿、环保、海洋、交通等部门,

---

① 封丽霞:《解析行政立法中的部门本位主义》,《中国党政干部论坛》2005年第8期,第31—40页。

② 〔法〕孟德斯鸠:《论法的精神》,北京:商务印书馆1997年版,第154页。

法律规定和部门职能都存在交叉,主体不明,'法律打架'引至部门打架。以珠江口管理为例,各部门都以其相应的法律依据行使审批管理权,导致无序开发、乱围甚至抢围的局面。"①

部门行政权力的扩张与我国现行的立法体制和程序密切相关。一方面,我国虚弱的立法机关(专业知识及能力的不足)为政府部门行政权力的扩张提供了"合理合法"的实现途径。行政权力不仅局限于传统的行政领域,而且在"准立法和准司法领域大显身手"。尤其是在改革转型的特殊时期,行政权在整个国家社会发展中所担负的无比艰巨的使命以及其所处理的事务的专业性、技术性等,决定了行政裁量形式的不可替代性。②官僚机构作为专业化的行政组织,掌握了大量的信息和关键的技术,这些政策信息使得政府部门成为实际上的法律制定者,掌控着决策权。由于信息的不对称,立法机关的监督权也难以得到有效发挥。另一方面,中国"抽象式"的法规为具体部门自由裁量权的膨胀提供了可乘之机。立法规定未尽事宜由具体职能部门解释或指定规章在我国立法中十分普遍,且多数对授权的范围没有明确的规定,笼统表述为"进行规定""另行规定""进行解释"等等。其结果是方便了部门设立立法之外的权力或利益。

例如,《土地管理法实施条例》第 25 条规定,如果对征用补偿的标准有异议,则由批准征用的人民政府进行裁决。但对裁决程序、裁决准用的标准和裁决的后果都没有规定。这就为批准征用的政府部门敞开了自由裁量的大门。有关部门既可以以无程序为由不予裁决,也可以不遵循任何程序规则作出决定,当然还可以推诿逃避。③行政权力的肆意扩张从根本上助长了职能部门的部门本位主义、漠视自己的职责与义务,最终将演变为部门权力的异化:从维护国家人民的公共权力,变为维护部门利益、个人利益的手段,从而将国民权利和利益置于危险的境地。

二、部门利益化

司马迁在《货殖列传》中说:"朝中熙熙,皆为利来。宫中攘攘,皆为利

---

① 马蔚:《公民,你有权状告违法立法》,《工人日报》2001 年 6 月 28 日。
② 杨建顺:《行政裁量的运作及其监督》,《法学研究》2004 年第 1 期,第 3—17 页。
③ 程洁:《开门立法遏止部门利益的不当扩张》,《法人》2005 年第 3 期,第 73—74 页。

往"。①权力部门化的背后是部门的利益化。笔者认为,部门利益是行政部门之间权限冲突的"罪魁祸首"。什么是所谓的"部门利益"?它指的是行政部门的行政行为偏离了"公共利益"导向,以追求部门自身局部利益的形式变相地实现个人利益。正是因为部门利益的存在,才使得许多部门热衷于在职责交叉与职责延伸中浑水摸鱼,乱中取利;正是因为部门利益的存在,才使得许多部门明目张胆借依法行政之名行"依法打架"之实,才使得某些行业管理体制长期处于一种部门管理冲突之中;正是由于部门利益的存在,才使得一些部门急于借立法之机,巩固原来的职权,争夺社会经济发展后产生新职权,才使得政出多门之顽症久治不除。在每一起执法不协同或者监管冲突的背后,都可能看到部门利益在作祟。② 例如上文提到的河南邓州市工商局与卫生防疫站的冲突就是源于监管权限背后的利益之争。

公共选择理论认为,政府官员也是理性的经济人,在特定制度的约束下寻求着自身利益最大化,只不过政府官员的活动场所不是经济市场而是政治市场。所谓政治市场,是指人们参与政治活动时,与其他政治个体和组织发生关系的场所。政治市场与经济市场有着相似的交易结构。经济市场是由商品的供需双方组成的交易场所。在经济生活中,作为供给方的生产者向市场提供商品,作为需求方的消费者利用手中的货币在市场上购买所需要的商品,供需双方经过讨价还价,最后在彼此满意的价格水平成交。政治市场也是由公共产品的供需双方组成的,其中供给者是政府官员,需求者是选民。在政治生活中,政府官员负责生产和向社会提供公共产品,选民消费公共产品并以税收形式交纳一定的费用;有关公共产品的生产种类、数量、质量以及税收数额等具体问题,则是通过投票选举过程来"讨价还价"完成的。③

在政治市场中,政治家和政府官员并非通常假定的那样是公共利益的代表,他们本能地追求权力、地位、选票和预算拨款,正如帕金森所说:"由于政府官员的名誉、地位、权利、酬金经常与其所在的政府机关的规模大小成

---

① 参见司马迁:《史记》卷一百二十九,《货殖列传》第六十九。
② 宋世明:《论从"部门行政"向"公共行政"的转型》,《上海行政学院学报》2002 年第 4 期,第 37—46 页。
③ 倪秋菊、倪星:《政府官员的"经济人"角色及其行为模式分析》,《武汉大学学报》(哲学社会科学版)2004 年第 2 期,第 260—267 页。

正比,因此,政府官员为了提高其知名度与社会地位,为了握有更大的权力,为了获得更高的酬金,必然会千方百计地扩大政府机构,争取更多的职能和预算。"①"对于任何一个官僚来说,因为他的信息的有限性和其他人利益的冲突,无论他的个人动机如何,都不可能按照公共利益来行动。"②政府部门或公用事业部门的领导人通常根据自己对共同利益的理解来决定公共政策,因而,一方面这些部门政治家的行为具有相当大的自由,他们有意或无意地为自身的经济人动机所左右,他们对共同利益的理解常常难以符合公共利益的要求;另一方面,由于部门政治家行为的灵活性与他们自利动机的强刺激性、制约性,他们的行为实际上也不倾向于最大限度地为增进共同利益而服务,而是依据自己获得的信息和个人效用最大化原则来决策。③

公共选择理论从个人理性行为逻辑的角度揭示了政府部门的行为偏离"公共利益"导向、追求部门自身局部利益的普遍趋势。从这个层面可以说,"部门利益化"并不是中国政府独有的现象,那为什么要在这里强调指出呢?这是因为,正如上文所述,西方国家政府官员在"政治市场"谋求部门利益的时候,还必须经历与选民"讨价还价"的过程,这意味着尽管政府部门有"部门利益化"的倾向,但是受制于选民的监督和体制性因素的制约,西方国家的部门利益化大大地弱化了。相比之下,我国的政府部门利益化则更严重且更加赤裸裸。

(一) 部门利益化的表现形式

部门追求的利益有多种形式。过去部门利益多体现为政治利益。市场经济发展使部门不仅作为一个行政主体,而且还成为一个相对独立的利益主体。由于中央政府各部门还没有完全落实职权法定原则,相关职权又处于调整之中,一些部门便从"部门利益最大化"出发,努力巩固已有职权,争取拓展有利职权(如审批、收费、处罚等),冷淡无利或少利的职权范围,规避相应义务。前些年,为了争夺高速公路抛锚车辆的拖车权,各地频繁上演公

---

① 转引自杨天宇:《政府行政审批制的经济学分析》,《经济学家》2003年第1期,第27—31页。

② [美]威廉姆·A. 尼斯坎南:《官僚制与公共经济学》,王浦劬等译,北京:中国青年出版社2004年版,第38—39页。

③ 丁煌:《公共选择理论的政策失败论及其对我国政府管理的启示》,《南京社会科学》2000年第3期,第44—49页。

路部门和公安部门大打出手致使交通中断的闹剧。两部门都宣称依据相关法规实施管理,依法行政变成了"依法打架"。其实,依据法律精神可以得出简单的结论:这种完全可以由市场提供的服务,任何政府部门都不该插手,因为在块块分割和分段管理的情况下,这会制约民营企业的发展,妨碍覆盖全国的统一车辆救援体系的形成,带来效率和社会福利的双重损失。同样在食品监管领域,政府部门也根据利益"选择性监管"。对于上规模、上档次的食品企业,职能部门的监管非常积极,工商、卫生、质监部门争着管,抢着管;但对一些小企业、小作坊,职能部门却躲着跑,明明知道没有合法的证照,谁也不去管。职能部门工作重点错位当然有规避责任的动机,因为大型企业比较规范,事故发生率比较低,[1]娃哈哈集团董事长宗庆后曾直言,大型企业的"油水"比较大。从早期的部门创收和直接负责雇员福利,到养活下属事业单位的人员等,部门的利益动机导致了对权力和地盘的极力保护。

近年来,部门经济利益之争有了形式上的收敛,但依然普遍存在且走向隐秘化。越来越多的行政部门在履行管理职责时,运用行政权力巧立名目收取各种费用,并与本部门的收入和个人利益发生了联系。如在没有相关法律依据的情况下,多地政府部门强制进行房屋公证,强制性规定办理房屋继承、赠予和遗赠以及二手房屋买卖等手续的申请人,必须提交房屋产值2%—3%的公证费才给予办理过户手续。这意味着一套价值100万的房子需要提交的公证费用就高达2—3万元。面对额外的高额手续费用,大部分办理过相关房屋产权过户手续的公民都表示了不满,因为根据2005年8月颁布的《公证法》,公证遵循自愿的原则,其第11条第2款规定"法律、行政法规规定应当公证的事项,有关自然人、法人或者其他组织应当向公证机构申请办理公证"。这意味着,如果某种法律行为不属于法律或者行政法规规定必须办理公证的法定公证事项,当事人没有义务申请公证。目前,我国没有任何法律、行政法规规定房屋权属登记必须公证才具真实合法性,也没有任何法律、行政法规规定不办理房屋权属登记相关行为公证的就不能办理

---

[1] 傅丕毅、代群、季明:《食品监管:工商质监部门无事抢着管 有事躲着跑》,新华网:http://www.xinhuanet.com/2006年12月13日。

房屋权属登记。① 另外关于公证的收费标准也遭到了人们的普遍质疑：为一座 50 万元的房产继承进行公证，和为一座 500 万元的房产继承进行公证，"成本"其实相差无几。但按受益额来收费，后者要缴纳的公证费就比前者多出 9 万！如此唯利是图，公证机构的"非营利性"完全被抛到了九霄云外。② 不少地方的公证处甚至公然允许业绩提成，浙江省桐乡市公证处主任的年收入竟高达 80 多万，工作人员的人均年收入也超过了 60 万。③

➡ 专栏 5-4

房产赠予未公证　房管局拒绝过户

78 岁的徐大爷想把自己名下的一处房产赠给儿子，到房屋产权登记发证中心办理过户手续时却被告知，没办房屋赠予公证书，不能过户。而办公证要交房屋产值 2% 的公证费，徐大爷觉得这钱花得冤枉，也不合理，"这不是变相收费吗，我给自己儿子房子，凭啥还得缴纳公证费？"徐大爷拒绝办理赠予公证书。

2010 年，徐大爷找到主管发证中心的辽宁省沈阳市房产局，要求办理过户手续。随后，沈阳市房产局作出答复称，徐大爷提交的过户材料不齐全，需补充赠予公证书以及配偶婚姻证明。房管局称，这是根据司法部、建设部《关于房产登记管理中加强公证的联合通知》中"赠予房产必须到公证处办理赠予合同公证书"的规定。《沈阳市房屋登记技术规范（试行）》沈房发[2008]6 号中同样规定，房屋赠予需提供赠予合同公证书或接受赠予公证书（原件）。

---

① 王晨：《继承房产强制公证　高收费是否合理》，《中国青年报》，人民网转载，http://house.people.com.cn/GB/13018284.html，2010 年 10 月 22 日。
② 《公证处领导八十多万年薪从何来？》，《新京报》社论，http://www.infzm.com/content/82369，2012 年 10 月 20 日。
③ 黄娜：《公证处主任年薪 80 万，吃次螃蟹报账十余万》，《钱江晚报》，http://news.sina.com.cn/s/2012-10-19/060525390768.shtml，2012 年 10 月 19 日。

徐大爷觉得,提供公证证明不合理,这是房管部门变相减轻审查产权变化的责任,加重了需要办理物权登记的老百姓的负担。"审查手续都差不多,凭什么非得到公证部门再交2%的费用,如果要交也应是自愿的,不应强制交。"

徐大爷对答复结果不满意,将市房产局告上法庭。

经审理,一审法院责令房产局撤销作出的答复,并重新作出具体行政行为。一审宣判后,房产局提出上诉。沈阳市中级人民法院于近日驳回上诉,维持原判。

法官说法 强制公证与法律相抵触

法院认为,根据《房屋登记办法》的规定,赠予房屋申请所有权转移登记的,应当提交登记申请书、申请人身份证明、房屋所有权证书、赠予合同及其他必要材料。《房屋登记办法》中未对"其他必要材料"进行明确规定。

法院认为,赠予公证书属于当事人的自愿行为,不属"其他必要材料"。

审理此案的法官指出,2005年8月颁布的公证法明确规定了公证自愿的原则,其中还规定,赠予是根据当事人申请而办理的公证事项,属于当事人的自愿行为。这意味着,如果某种法律行为不属于法律或者行政法规规定必须办理公证的法定公证事项,当事人没有义务申请公证。

现在房产局要求徐大爷补充"赠予公证书",是根据1991年施行的司法部、建设部《关于房产登记管理中加强公证的联合通知》,这份"联合通知"实质上是将法规规定的当事人选择性权利改变为义务性行为。但因"联合通知"不属法律、法规,其效力级别低于公证法及《房屋登记办法》,故房产局作出的答复中要求申请人补充"赠予公证书"的要求,法院不予支持。

资料来源:张国强:《未公证,房产赠予过户被拒绝》,《法制日报》2011年12月25日,中国经济网:http://finance.ce.cn/rolling/201112/25/t20111225_16694721.shtml。

部门利益的另外一种形式是权力和资源,利益追求采取"保护存量"和"扩张增量"两种基本形式。"保护存量"就是浓厚的地盘①意识,这在"211"工程和农村中小学危房改造专项基金管理中暴露无遗。至于"扩张增量",则表现为扩张权力、预算和人员编制的冲动。美国政治学家威廉姆·A.尼斯坎南(williamA. Niskanen)曾指出,官僚并非总是代表公共利益,其行为的驱动力实际是代表极个别小集团的利益,他们设法实现自身利益和部门利益的最大化,因此,公共预算的最大化是官僚机构行为的普遍追求;政府机构中官僚与公民之间并非传统理论所说的代表与选民的关系,而是也像市场上卖家与消费者之间的关系一样,卖家追求的是本部门利益的最大化,而去降低机会成本,是一种利益交换的关系,以维护本部门的利益。②牛奶业三聚氰胺丑闻暴露以后,有关部门借机招聘大量的工作人员,对原奶收购、生产加工主要环节和产品实施"全程监管"。人们纳闷:政府部门严格控制出厂产品质量,把其他环节交给企业,是否更经济更有效? 政府越俎代庖检查原奶质量,如果出了疏漏企业是否可以向相关部门索赔? 至于扩张权力和预算,机构升格无疑是一种有效形式,它不仅会带来官员级别的全盘升迁,而且伴随其他利益。"行政级别低"是部门工作不力的普遍托词,这往往得到社会的广泛认同。在笔者看来,这个理由经不起简单形式逻辑的检验。按照这种逻辑,所有部长都应该是政治局委员,否则必然会出现管理失灵。换言之,面对一个身为政治局委员的省委书记,"行政级别低"的部长不必为部门工作不力承担责任。

(二) 部门利益化的成因

部门之间的争权夺利,"趋权趋利的胡作为和非权非利的不作为",增加了行政成本,直接导致政策的不协同和失效。我国政府部门利益化的产生有其深刻的根源:

首先,政府部门利益化问题的表现形式受社会经济体制和核心价值观念的影响。"市场的取向培育出多元的利益主体,并且使得不同的利益主体

---

① 在这里"地盘"指的是政府机构行使合法权威的问题、机会及行动领域。
② 〔美〕威廉姆·A.尼斯坎南:《官僚制与公共经济学》,王浦劬等译,北京:中国青年出版社2004年版。

之间的权益事项更加依赖于自身对利益的追求。"① 在计划经济体制下,由于政治、经济的高度一体化,中央政府将整个政府系统的财权、事权牢牢地控制在自己手中,一些政府部门即使存在着利益追求的想法和冲动,也很难付诸实践。但是自我国实施改革开放以来,经过多次的放权和横向、纵向利益结构调整,一些政府部门获得了更大的财权和事权,管理权限极大地扩展,原有的利益追求的冲动就可能变成实际行动。因此在市场经济体制下,行政机构如采取"部门自养"的财政政策的话,部门内部便会逐渐意识到利益的共通性,并以部门联合或对抗的方式表达各自的利益诉求。在这种情况下,部门负责人也会在政绩观驱使下扮演追求集团财富的政治企业家角色。②

其次,计划经济体制下的"单位制"也对部门利益的形成产生了一定的影响。在计划经济体制下,单位既是一种承担特定职能的功能性组织,也是一个社会生活的共同体,即使政府部门也不例外。在当时情况下,一个政府部门就是一个封闭的小社会,工作人员的生活和福利,都与部门的性质密切联系在一起。单位作为一种组织、动员、管理其成员的组织,在我国政治生活的初期发挥着重要的作用,但是由于单位实行全方位的福利制度,大大影响了其生产效率。因此,随着经济体制改革推进和市场经济体制的逐步确立,特别是随着"政企分开""政事分开""政社分开"等改革的推进,一些企事业的"单位"的功能逐步解体,而单位制赋予政府部门的生活共同体性质,却并没有随之消失。在市场化的条件下,政府部门依然承担着许多单位制下的社会职能,员工的福利仍主要靠本部门自己解决。因此,行政部门的预算外经济收入——行政收费的多少、审批权限的大小,直接影响到部门工作人员的待遇和福利。在这样的条件下,一些部门为了满足本单位人员的利益要求,通过各种手段谋求部门利益。部门领导也普遍把自己领导的部门当作一个利益实体来经营,"伸长脖子"为本部门争领地、树权威和谋福利。

最后,部门利益化的产生与我国外部监督机制弱化有关。克服部门利益化不能依靠官员的觉悟和部门的自我约束,北京大学李强教授曾指出:一个非常优秀的政府官员也会寻求部门利益化。关注部门利益,主要原因不

---

① 王军垒:《从利益冲突角度理解中国改革》,《中国政法大学》2004 年第 4 期。
② 陈谦:《地方政府部门利益化问题成因与治理》,《求索》2010 年第 2 期,第 63—65 页。

在于领导个人的觉悟或素质,而在于制度。有效的内部监督和外部制约机制能够抑制部门利益化。美国根据"权责统一"原则实施"日落法"。按照日落法则,不论增设新的部门,还是现存部门提出一些新的要求,如赋予新的权力、授予管理灵活性、增加预算、增加人员编制等,必须同时提出具体的可衡量的结果目标,如果部门要求得到满足但特定时期内没有取得所期望的结果,那么新设部门会被撤销,现存部门获得的新权力或享有的管理灵活性会被收回,所增加的预算或人员编制会被终止。这就像"日落"一样是一个自动过程,部门负有证明效果的义务。以管理灵活性为例,1993 年的《政府绩效与结果法》明确规定:部门任何突破现有法规约束和管理自主权的建议和要求,都须预测其实际效果,即明示特定管理自主权的获得对绩效水平的改进将发挥什么作用,并以目前的绩效水平为基础,说明获得或者被拒绝所建议的自主权,将会对绩效产生什么样的影响。联邦众议院为此设立了"日落委员会"(Sunset Commission),《联邦机构绩效评鉴与日落法》(Federal Agency Performance Review and Sunset Act)正在紧锣密鼓的审议进程中。①机构设置、权力授予和资源配置等与结果脱节,无异于给了部门一张空白支票,地盘、权力和资源争夺也就顺理成章。中国外部制约的尴尬在于立法部门化,权力机关缺乏相应权威资源和知识能力,其制约难以充分发挥作用。显然,这也是一种体制之痒。

亨廷顿指出"政府机构有其自身利益。这些利益不仅存在,而且还相当具体"②,由于部门利益作祟,政府机构把相当多的精力、时间都耗在了没有实质意义的推诿、扯皮方面,导致了部门间协同的困难和严重的低效率。③可以说,正是因为部门利益的存在,基于"公共利益"与"公共价值"的跨部门协同才举步维艰。

---

① 关于众议院"日落委员会"和《联邦机构绩效评鉴与日落法》议案的主要内容,可参见 http://www.sourcewatch.org/index.php?title=Sunset_commissions,2011 年 2 月 21 日。
② 〔美〕塞缪尔·P. 亨廷顿:《变化社会中的政治秩序》,王冠华等译,北京:生活·读书·新知三联书店 1989 年版,第 23 页。
③ 汪玉凯:《界定政府边界》,北京:中国友谊出版公司 2010 年版,第 76 页。

第三节 官本位意识及官员自利性的内在冲动

跨部门协同关系的难以达成除了与我国政府组织结构、权力部门化、部门利益化有关系外,与我国根深蒂固的"官本位意识"及作为协同主体的政府官员的"自利性"本能也有着千丝万缕的联系。

一、官本位意识对横向协同的影响

中国跨部门协同存在的失灵现象和权威主导型协同机制有着直接间接的关系,而权威主导模式的背后,则活跃着官本位意识的影子。"官本位"是指以官为本、官员利益至上的一种意识,表现为以官员的利益为根本出发点和最终归宿,是导致各种官僚主义现象发生的重要根源。① "官本位"顽症最重要的表现就是"唯官是从",即一切以领导为中心,尤其以"一把手"为中心,"谁官大听谁的"。不少官员牢记"领导的讲话就是重要讲话""领导的决定就是英明决定",即使是对上级领导决策、做法有意见,甚至明知道领导的决定是错的,也不敢提,不愿提,不能提。官本位反映在部门关系中就是浓厚的级别意识,主动协调同级别部门总有"伸手太长"的感觉,协调机构级别较低则抱怨难以理直气壮发挥作用,结果就是对纵向协调机制的高度依赖。笔者在 Y 省调研,当问及影响跨部门协同的因素时,大多数官员都会提到的一句话就是:"老大难,老大出面就不难。"例如,Y 省扶贫办项目处的一位官员就谈到:

> 我们现在搞整村推进、整乡推进形式的扶贫开发,需要整合农业、林业、交通、教育、卫生等各个部门的资金,确实比较困难。但是我们也有很多做得不错的地方,比如 X 市就做得非常好。为什么呢?原因就在于该市的市委书记非常重视扶贫工作。本来 X 市有一笔资金可以用来盖行政大楼的,他们现在的办公楼非常老了,条件也很差;但是他没有盖楼,而是把钱投在了扶贫开发上面,把扶贫工作当作重点来抓,所

---

① 朱继东:《"官本位"回潮势头凶猛》,《人民论坛》2012 年 7 月下,第 26—27 页。

以 X 市的扶贫做得非常好。……我觉得不管干什么,一把手很重要,不是有句老话,"老大难,老大出面就不难。"①

一谈到官本位意识,人们往往从历史中找原因,诸如中国传统社会"家国同构"的政治模式、高度集权的行政体制和君权至上的观念等。在笔者看来,传统文化决定论起码不全面,甚至可以说舍本逐末。这方面的反证俯拾皆是:法国从古到今体现出高度中央集权的特征,德国人由于浓厚的规则服从意识曾被罗马教皇称为"上帝的顺民",而且经历过纳粹时代的集权,但两个国家并不存在类似的官本位问题;我国台湾地区受传统文化的影响不亚于大陆,威权时期的官本位意识似乎不比大陆差多少,但随着民主化改革进程,官本位意识日渐式微。

存在决定意识,制度决定行为,官本位意识在中国有着深层次的制度根源。从国家/社会关系角度看,我国尚处在从全能主义(Totalism)向有限政府的过渡时期。按照邹谠教授的观点,全能主义政治是 20 世纪中国政治的一个非常显著的特征,"政治机构的权力可以随时随地无限制地侵入和控制社会每一个阶层和每一个领域。"②进入 21 世纪,随着我国政治、经济体制改革的深入,政府正从"全能政府"向有所为有所不为的"有限政府"转变。中国政府在决策结构上已经从个人专断转向多元参与,在决策能力上已经从经验决策转向科学决策,在决策机制上已经从非制度化决策转向制度化决策,这些变化不仅表明中国政治运行机制的重要发展,而且产生了许多有利于中国发展的经济、政治以及社会结果。③但是,公允地说,政府仍然是社会的主导,经济发展是政府主导的,基层和社区建设是政府主导的,文化体育事业是政府主导的,即使诸如民间组织的发展、地方文化宗教事务兴起之类的事情,也是政府主导的。事实表明,中国的发展变化已经形成了对政府的高度依赖,而社会处于被动员、被导演、被整治的状态始终未有改变。④国家掌握了过多的资源,相应赋予官员过多的权力,对"权力的追捧"使公务员成

---

① 访谈编号:M0904。
② 〔美〕邹谠:《二十世纪中国政治:从宏观历史与微观行动的角度看》,香港:牛津大学出版社 1994 年版,第 20—25 页。
③ 王磊、胡鞍钢:《结构、能力与机制:中国决策模式变化的实证分析》,《探索与争鸣》2010 年第 6 期。
④ 燕继荣:《变化中的中国政府治理》,《经济社会体制比较》2011 年第 6 期,第 135—139 页。

了最热门的职业,官本位相应成为普遍的社会意识。

从政府内部来看,官本位意识和干部任用制度有着直接的关系。我国公职人员选拔任用的基本制度是委任制,各级各类干部都在"党管干部"的原则下,由各级党委及有关部门,用统包统配的方式进行统一管理。这种高度集中的干部人事制度,具有强烈的人治色彩,形成官员"只对上负责不对下负责","唯上是从"。邓小平曾指出:"我们过去发生的各种错误,固然与某些领导人的思想、作风有关,但是组织制度、工作制度方面的问题更重要。这些方面的制度好可以使坏人无法任意横行,制度不好可以使好人无法充分做好事,甚至会走向反面。领导制度、组织制度问题带有根本性、全局性、稳定性和长期性。①官员的仕途长期由上级领导决定,必然出现下级对上级不同程度的人身依附关系。因此,淡化官本位意识不能仅靠对官员个人的指责和道德教育。仅仅靠对个人的批评指责,有点类似于完全依赖对行贿者的严厉处罚来反腐败,而体制不健全环境下的道德教育,效果必然有限。

解决官本位意识的关键在"赋权",即立足国情通过制度创新,以适当形式逐步赋予公众决定官员乌纱帽的权力,借此保证官员眼睛向下,增强对民众需求的回应性。一位领导提到:"只有当机制确实转向普通公众服务时,他们才可能开始考虑相互合作。目前,许多部门只关心来自上级领导的命令,而没有太多横向合作的需求。"②当官员手中的权力成为一种责任、负担而非一种乐趣时,官本位意识就会失去存在的土壤。中央致力于推进民主化,干部提拔任用以民众满意、民众拥戴、民众评价为主要依据等,实际上都体现了这一意图和发展趋势。因此,作为一种新的施政理念,"以人为本"的"新"主要不是体现在价值倾向上,而是体现在实现机制上,其深刻内涵是通过"赋权",实现"以人为本"从道德自觉向外在约束和制度化的转变。③

二、官员自利性的内在冲动

"自利性"是人类最为自然的本质属性。18世纪法国启蒙思想家霍尔巴

---

① 《邓小平文选》第2卷,北京:人民出版社1994年版,第338页。
② 郑磊:《跨边界信息共享与整合中的领导力行为:中美比较研究》,敬乂嘉编:《政府间关系与管理》,上海:上海人民出版社2012年版,第61—77页。
③ 周志忍:《论行政改革动力机制的创新》,《行政论坛》2010年第2期。

赫(Holbach)说:"利益就是人的行动的唯一动力。"①法国哲学家爱尔维修(Helvetius)也指出,"河水不能倒流,人不能逆着利益的浪头走","如果说自然界是服从运动的规律的,那么精神界就是不折不扣地服从利益的规律的。"②马克思主义经典作家也从不讳言人的利益,马克思曾经指出:"人们奋斗所争取的一切,都同他们的利益有关。"③"在任何情况下,个人总是'从自己出发的'。"④官员首先是具体的人,也和其他人一样,同样面临着生存压力,同样具有"利己"的本能倾向。不可能因为成为政府的官员,就一夜之间改变"利己"本性而按照角色要求去"利他"。更何况,政府官员不仅是一个社会角色,更是一种职业,既然是职业,也和其他职业一样,不过是人们实现自身利益最大化的一种手段和路径而已。所以,官员和普通人一样具有"利己"的本性。"政府官员和公务员为自身的权力、声誉、荣辱、奖惩、升降、福利、待遇等去做事或工作,这里都含有自利的动机。"⑤官员的个人利益要求若无法通过相应的利益协调机制和权力制约机制得到满足,公共管理者就可能利用职权便利牟取一己私利,使公共利益让位于个体利益。

如前所述,合作虽然能够带来收益,但是也面临着一些风险。这些风险包括:失去技术优势和竞争优势;失去时间、金钱、信息、原材料、合法性等资源;被失败牵连,分担失败的成本,例如失去声望、地位或者财政收入;失去单方面控制结果的自主性和能力;失去稳定性、确定性等(见表5-1)。正如巴达赫所说,任何形式的组织重构都暗示了受其影响的个人地位变化。尽管重构总有赢家输家,但是在此之前观察人们希望和恐惧的分配,可能恐惧占更大的比重。他强调,人们很容易设计出许多种现有地位遭到破坏的方式,但是却不容易看到新的安排如何能够使自己获利。因此面对协同改革的倡议,每个人可能都会认同,但是到了操作阶段,不同的部门会有不同的解决问题的办法。很多时候人们会表现得乐于合作,但实际上,他们由于感

---

① [法]霍尔巴赫:《自然的体系》(上卷),管士滨译,北京:商务印书馆1999年版,第260页。
② 苏宏章:《利益论》,沈阳:辽宁大学出版社1991年版,第10页。
③ 《马克思恩格斯全集》(第1卷),北京:人民出版社1956年版,第82页。
④ 《马克思恩格斯全集》(第3卷),北京:人民出版社1960年版,第514页。
⑤ 谢庆奎:《中国政府的府际关系研究》,《北京大学学报(哲学社会科学版)》2000年第1期。

受到威胁会破坏工作的开展。①

表 5-1　跨部门协同的风险与收益

风险	收益
• 失去技术优势;失去竞争性优势 • 失去资源——时间,金钱,信息,原材料,合法性,地位 • 被失败②牵连;分担失败的成本,例如失去声望、地位或者财政收入 • 失去单方面控制结果的自主性和能力;目标置换;失去控制 • 失去稳定性、确定性和已经经过实践检验的技术;感觉不到定位 • 在领域、目标、方式上的冲突 • 由于协调的问题导致解决办法的延误	• 学习和适应的机会;提高竞争力或通过合作产出新的产品的可能性 • 获得资源—时间、金钱、信息、原材料、合法性、地位 • 分担组织发展的成本、依据商业化的程度承担风险、依照市场份额承担风险 • 获得对某一领域影响的权力 • 应对不确定性的能力增加;解决看不见的、复杂的问题;应对专业化或多样化的问题 • 获得双向的支持、组织的整合、协调的工作关系 • 快速对外界变化的环境做出反应;更快的采用新的技术

资料来源:Alter,C. and Hage,J. , *Organizations Working Togerher*. Newbuny. Park, Calif: Sage Publications, 1993.

在现有的体制下,跨部门的合作经常受到官员自身的本位主义、避邻现象和各种因素的限制。这些因素可能包括权力、金钱收入、声望、便利、安全、个人忠诚、精通工作的自豪感、为公共利益服务的渴望和对特定行动计划的承诺等。③也就是说,尽管人们一定懂得,只要人人为了共同利益而合作,那么所有人都会从中受益,但事实上,由于短视利益的驱动和出于使命、拒绝冒险或者害怕失败等原因,个体理性并非总能带来集体利益的帕累托最优。美国著名的经济学家曼库尔·奥尔森在《集体行动的逻辑》中指出,"认为从理性的和寻求自我利益的这一前提可以逻辑地推出集团会从自身

---

① 〔美〕尤金·巴达赫:《跨部门合作:管理"巧匠"的理论与实践》,周志忍、张弦译,北京:北京大学出版社 2011 年版,第 135 页。

② 在"跨部门协同"的语境中,"失败"具有特别的含义——很多人对此投入了大量的时间和精力,为他们自己和别人创造了改变未来的愿景,而这次冒险却最终停滞、衰落甚至瓦解。参见〔美〕尤金·巴达赫:《跨部门合作:管理"巧匠"的理论与实践》,周志忍、张弦译,北京:北京大学出版社 2011 年版,第 136 页。

③ 〔美〕安东尼·唐斯:《官僚制内幕》,郭小聪等译,北京:中国人民大学出版社 2006 年版,第 89 页。

利益出发,采取行动,这种观念是不正确的","实际上,除非一个集团中人数很少,或者除非存在强制或其他特殊手段以使个人按照他们的共同利益行事,有理性的、寻求自我利益的个人不会采取行动以实现他们的共同或集体利益。"①随着组织规模的扩大,集体行动的可能性也会降低。这是因为个体都存在着"搭便车"的心理,集体成员越多,个体就越会产生"有我没我影响不大"的消极心理。当缺乏有效的外部激励或者控制时,就会有人采取"搭便车"的行为,并且随着合作规模的扩大,"搭便车"越发难以控制,最终导致合作行动的失败。

此外,"囚徒困境博弈模型"同样也解释了合作困境产生的原因。两个犯罪嫌疑人共同犯罪而被警方拘捕,但是警察却缺乏足够的证据指正他们所犯的罪行,能否对他们判刑取决于他们的招供。作为对局者,两个嫌疑犯的基本选择是合作或者背叛。两个对局人在不知道对方选择结果的情况下,力图选择对自己有利的策略和行为。在给定的条件下,博弈的结果总是不管对方怎样选择,一方选择背叛总比选择合作能够得到较高收益;但双方背叛行为导致的最终结果却是双方收益都远远低于合作收益。②可见,共同的目标或者利益并不会自动地促成合作,个人都从自己的角度出发做出的"理性选择",很可能造成"集体的非理性",甚至在很多情况下也不一定能实现个体的最大利益。

政府官员既是地方、部门和公众利益的代理人,但同时也是独立的理性经济人,其自利性的偏好是不言自明的。对于政府官员而言,我国特有的干部人事制度安排,不管改革开放前还是改革开放后,总体来说政治地位的升迁和仕途前景是其首要偏好,即上文所说的"官本位",政府官员为了谋求自身仕途,大搞"形象工程",大放"政治卫星","以钱易权"等行为就成为其理性选择。当前,在我国按照部门职责分工进行绩效评估的体系下,部门或个人并不会因其对"跨部门合作事务"的贡献而获得嘉奖和升迁,"在等级森严和职能壁垒林立的科层体制中,政府部门的激励是建立在投入和产出基础

---

① 〔美〕曼库尔·奥尔森:《集体行动的逻辑》,陈郁等译,上海:上海三联书店1996年版,第2页。
② 孙柏英:《当代地方治理:面向21世纪的挑战》,北京:中国人民大学出版社2004年版,第89页。

之上的,每个部门只要按照既定程序完成相应的工作任务,就可以获得相关的奖励或者避免惩罚……而政府间的合作行为可能非但不能获得相应的奖励或表彰,反而会因此受到责罚。因为这种合作可能会占用政府部门的各种资源,甚至会让渡政府部门利益。"①在这种情况下,各部门自然就不愿意花费时间和精力进行协同和整合。据 Y 省扶贫办社会扶贫处的一位官员所言:

> 有些单位的领导就认为合作太麻烦,又不是自己的职责范围,在大多数人的观念里扶贫还是你扶贫办的事,扶贫工作做得好,业绩也不会算到我们头上。……所以,如果把这些合作的内容要求也放进工作任务考核范畴,引起部门领导的重视,合作可能会顺利很多。②

可以说,官员的自利倾向、官员群体的自利倾向、政府部门的自利倾向三者在现实中的有机结合,产生了一种"晕轮效应",大大增强了"自利倾向"对政府行为的支配力,从而决定了政府部门协同行为的基本趋向。

第四节 跨部门协同的文化障碍

文化属于制度的一部分,文化同习俗、道德等可以称为"软制度",而以某种强制力为后盾的法律、政策、规则等,则属于"硬制度"。道格拉斯·C.诺斯曾说过"制度包括人类用来决定人们相互关系的任何形式的制约"。也就是说,制度可能是正规的,也可能是非正规的,或者二者兼而有之。制度的奥秘就在于:制度的精神重于形式。或者说,正规制度只不过是冰尖,而文化才是冰山的主体。③离开文化谈制度,这无异于畅想空中楼阁。因此,在国际跨部门协同相关研究中,文化受到普遍重视。郝夫斯特认为,文化是在一个环境中的人们共同的心理程序,不是一种个体特征,而是具有相同教育和生活经验的许多人所共有的心理程序。文化对个体和组织的行为有着直

---

① 定明捷、曾凡军:《网络破碎、治理失灵与食品安全供给》,《公共管理学报》2009 年第 4 期。
② 访谈编号:Q0911
③ 赵晓:《制度是冰尖,文化才是冰山》,《南方周末》2003 年 7 月 31 日。

接或间接的影响,"在人类社会的大棋盘上,每个个体都有其自身的运动规律,和执法者施加的规则不是一回事。"①同样的制度放在不同的国家,可能产生不一样的效果,原因就在于国与国之间的文化差异。文化可以影响"偏好",而经济人是在"偏好"下进行最大化选择的。因此,并非任何人对同样的制度、政策都会基于"经济人"的理性最大化而做出同样的选择。社会既存的文化信念、伦理道德作为社会成员的一种"共识知识",会决定处于一定社会博弈安排中的每个博弈者对他人的行为和策略选择的预期,对制度及其实施机制的形成产生作用。②

本节在简要讨论一般理论的基础上,重点讨论与跨部门协同相关且体现中国特色的文化现象。

一、文化与跨部门协同

在整体政府的改革中,尽管组织结构的变革受到高度重视,但是文化的改变对跨部门协同更为重要。"有效的合作需要文化的敏感度(Cultural Sensitivity)和共同的语言。否则,冲突不可避免,一些组织将不能或不愿与其他组织合作。"③正如 Tom Christensen、Per Legreid 所说,整体性政府模式发挥作用的关键在于文化和价值,结构调整并不能充分地实现整体性政府倡议的初衷和目标。④维塞尔把影响跨部门协同的文化分为几个层次:社会文化、政治文化、组织文化、参与者既有倾向与特质(个人文化)⑤。(见图 5-1)社会总体价值倾向将会影响正式组织中成员的行为,以及组织的结构和管理方式。政治文化也会部分地影响官僚精英之间以及大众和官僚之间的关系。而单个部门的组织文化可能会给其成员提供解释总体社会和政治观

---

① Adam Smith, *The Theory of Moral Sentiments*, Oxford: Oxford University Press, 1759, p.234.
② 赵泉民:《集体主义文化与中国合作制经济的困境》,《人文杂志》2005 年第 4 期,第 52—57 页。
③ Waugh Jr, William L, and Gregory Streib, "Collaboration and Leadership for Effective Emergency Management", *Public Administration Review*, December, 2006, p.134.
④ T. Christensen and P. Legreid, "The Whole-of-Government Approach to Public Sector Reform", *Public Administration Review*, Vol.67, No.6, 2007, pp.1059—1066.
⑤ J. A. Visser, "Understanding Local Government Cooperation in Urban Regions: Toward a Cultural Model of Interlocal Relations", *American Review of Public Administration*, Vol.32, No.1, 2002, pp.40—65.

念的途径,这样他们可以从社会规范的控制中获得某种更大的自由。① 政府官员作为政府活动的参与者,其既有的倾向和特质也影响着跨部门协同的行为。

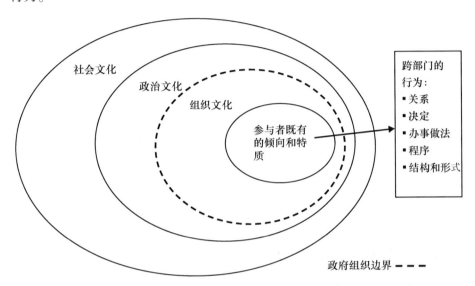

图 5-1　影响跨部门协同关系的文化层次

资料来源:J. A. Visser, "Understanding Local Government Cooperation in Urban Regions: Toward a Cultural Model of Interlocal Relations", *American Review of Public Administration*, Vol. 32, No. 1, 2002, pp. 40—65。

在巴达赫看来,政府部门的"官僚主义文化"与跨部门合作格格不入,合作精神注重平等、适应性、自由裁量和最终结果;官僚制敬奉等级、稳定、服从和程序。巴达赫指出要想官僚机构从处理事务的现有方式转向新的更具合作性的方式,行动者们必须至少暂时放下一些官僚作风,从更加务实的角度来考虑官僚机构,即目的支配结构,而非结构支配目的,塑造一种新的"务实文化"。② 经合组织(OECD)区分了"合作文化"和"冲突文化"两种类型。③ 合作文化具有凝聚功能,它可以将具有不同理念的个人和组织利益的

---

① 〔美〕盖伊·彼得斯:《官僚政治》,聂露等译,北京:中国人民大学出版社 2006 年版,第 37 页。
② 〔美〕尤金·巴达赫:《跨部门合作:管理巧匠的理论与实践》,周志忍、张弦译,北京:北京大学出版社 2011 年版,第 178 页。
③ OECD, *Managing Across Levels of Government*, The Ministerial Symposium on the Future of Public Service of OECD, 1997.

各个子系统上下一致地团结起来,消除矛盾和分歧,促成共通的认知和价值观,克服行政各个子系统和行政人员在行政管理活动中的盲目性和自发性,使他们能够按照一定的要求协同一致地活动。米勒认为,合作文化不仅能修正个人的预期和偏好,使参与者期望组织中其他人的合作行为,同样,合作文化也能修正单个组织的预期和偏好,形成对其他组织产生合作的行为的期望。①相反,分散性、敌对性的冲突文化就不利于跨部门协同,这种文化理念造成对本部门和政府以外的诉求不能予以正确的理解和积极的配合,造成部门之间的互不信任,政府凝聚力、向心力下降,不利于政府组织结构和运行的协同。

综合西方学者的观点,跨部门协同需要的"合作文化"包括诸多要素:推崇协同的积极的价值观、合作合法性和必要性的信念、追求共同目标的承诺、对他人意愿和能力等的合理期望、对合作伙伴的信任,如此等等。

二、拥抱"集体主义文化"?

对中国跨部门协同的文化研究,还涉及一个重要的理论问题。中国现阶段的社会文化被称为"集体主义(collectivism)"文化,与西方的"个体主义(individuaism)"文化相对应。个体主义或集体主义是指相对于他人的福利,个人对自身福利的关注程度。个体主义文化倾向于把注意的焦点放在个体身上,强调个体的独特性、独立性、自主性,强调个体与他人和群体的不同;而集体主义文化把注意的焦点放在群体或社会水平上,强调和睦的关系、人际之间的相互依赖、个人为集体利益所做的牺牲、个人对社会的义务和职责、个体在群体和社会中所扮演的角色等。②关于个体主义与集体主义文化的区别,蔡安迪斯(Triandis)从五个维度进行了比较,见表5-2:

---

① 〔美〕丹尼尔·A.雷恩:《管理思想的演变》,李柱流等译,北京:中国社会科学出版社1997年版,第538页。
② 叶浩生:《文化模式及其对心理与行为的影响》,《心理科学》2004年第5期,第132—136页。

表 5-2　个体主义和集体主义的比较

	个体主义	集体主义
个体对自我的定义	个体是可以独立于群体存在的自由个体	通过与不同团体内的他人关系来定义自我
个人目标和群体目标	个人目标优先于群体目标；个人利益与群体利益发生冲突时优先考虑个人利益	个人目标服从于集体目标，当个人利益与群体利益发生冲突时集体主义者认为有义务将群体利益放在首位
个人态度和社会规范	个体的行为动因主要来自于自身对该行为的态度、兴趣	个体行为的主要驱动因素主要来自自己对社会规范、责任、义务的认知
完成任务和人际关系	以完成任务为导向，理性大于关系，甚至可能以牺牲关系为代价	更注重和谐关系，甚至可能以不能完成任务为代价
内团体和外团体	没有内外的分别，常常对所有人一视同仁，没有太多厚薄之分	对内外团体严格区分，"内外有别"，内则亲，外则疏，不可同日而语

资料来源：Triandis H. C. *Individualism and Collectivism*, Boulder, CO: Westview Press, 1995。

从表 5-2 可以看出，个体主义和集体主义文化在对待自我的定义、行为目标的性质、行为的决定因素以及对待人际关系和内外团体的看法上存在显著的不同。(1) 在个体主义的文化模式下，个人是社会的中心，个体的"自我"被看作是自主的、独立的，不同于"他人"的自我，也独立于群体和社会；而在集体主义的文化模式下，个体的"自我"并非是独立的，"自我"依赖于群体或者说团体而存在，与"他人"之间的界限不是那么截然分开的。在某种意义上，集体主义文化下的"自我"是群体和社会的一个有机组成成分，而不是作为一个独立的精神实体而存在。(2) 当个人目标和群体目标发生冲突时，个体主义文化给个人目标以优先权，首先考虑的是个人的价值和目标的实现；然而对于集体主义文化条件下的人来说，个体主义行为的性质无异于"自私自利"，集体主义文化崇尚的是"自我舍弃""自我抑制"和"自我牺牲"的精神，驱使个体放弃自己的目标以维护群体的利益。(3) 在行为的决定因素方面，个体主义文化模式下，决定人行为的首要因素是态度、兴趣及个人需要等；集体主义者则更多注重社会规范、责任和义务，个人的态度、需要被放在了其次的位置上。(4) 在对待人际关系上，由于集体主义文化强调自我不是独立的和自主的，而是与他人相互依赖，共同构成了一个紧凑的群体,因而在这种文化下,人们更加关注维持和谐的人际关系;相比较而言,个人主义者首先考虑的不是人际关系,而是个人的利害得失,在利益和人际关系的冲突面前,更倾向于牺牲后者,保全自己的利益。(5)在集体主义的文化模式下,人们对内外团体有严格的区分;个体主义者则不会强调内外,平等地对待所有人。

西欧和北美等西方国家的文化是典型的个体主义文化,而亚洲的日本、印度和中国等东方国家的文化则是典型的集体主义文化。表面上看,集体主义有利于合作,因而中国具有跨部门协同的文化优势。但西方学者却认为,集体主义文化反而会制约跨部门合作。这是因为合作是建立在信任基础之上的,在网络环境和其他合作关系中,信任被认为是除去金钱和权威之外的一种治理机制。①而信任又是一种文化现象,它属于文化的一个部分,文化的不同必然导致信任的差异,有什么样的文化,就会有什么样的信任。文化、信任、合作三者之间的关系如图5-2:

图5-2 文化、信任、合作之间的关系

中西方集体主义和个体主义文化信念的差异衍生出了相异的信任机制。信任机制不同必然也会导致合作的程度与范围产生差异。

(一)关系信任与制度信任

卢曼(N. Luhmann)把信任分为关系信任和制度信任两种类型,认为关系信任是建立在人与人之间的情感联系的基础上,而制度信任则建立在人与人交往中受到的规范准则制约的基础上。②在集体主义文化中,关系信任占据主导地位,信任的建立更多地依赖社会规范和舆论,而在个人主义文化中,制度信任占据主导地位,信任的建立更多地依赖制度因素和监控因素。

---

① W. E. Douglas Creed and Raymond E. Miles, "Trust in Organizations: A Conceptual Framework Linking Organizational Forms, Managerial Philosophies, and the Opportunity Costs of Controls," in T. Tyler& R. M Kramer eds., *Trust in Organizations: Frontiers of Theory and Research*, Thousand Oaks, CA: Sage Publications, 1996, pp.16—38.

② 〔美〕尼克拉斯·卢曼:《信任》,瞿铁鹏、李强译,上海:上海世纪出版集团2005年版,第112页。

这是因为,在集体主义文化中对自我的定义是相互依赖的,取决于集体的认同,而且集体主义文化重视关系和个人目标与群体目标的统一,因此,集体主义文化比个体主义文化更重视情理统一以及社会理想,强调"面子"和维持群体成员间和睦的重要性,因而通过降低个人在群体中的社会地位而进行的社会惩罚,往往比正式的法律制度更有效。德国社会学家马克斯·韦伯在《儒教与道教》一书中指出,儒家文化作为中国社会的正统文化,倡导的是一种秩序理性主义,主张理性地适应世界,强调对家族纽带的维续,导致中国人的社会生活带有明显的个人关系性质。"在中国,一切信任、一切商业关系的基石明显地建立在亲戚关系或亲戚式的纯粹个人关系上面",中国人的信任是一种凭借血缘共同体的家族优势和宗族纽带而得以形成和维续的特殊信任。①特殊信任的特点是只信赖和自己有私人关系的他人,而不信任外人,更不用说信任制度了。"社会范围是一根根私人联系所构成的网络,因之,我们传统社会里所有的社会道德也只有在私人联系中发生意义。"②集体主义的文化理念导致了人际关系的个人化和熟人化,以及社群或社会交往的"关系网络",因而,社会主要通过一种被人情与伦理所强化的非正式的惩戒机制来诱导个人采取"合宜"的行动策略选择。

在个体主义的文化中,对自我的定义是相对独立的,更多地依赖他们自己的信仰和经历,个人与群体的目标也不要求一致。因此,在个体主义文化中,社会惩罚的有效性较低,信任更多地通过正式的规章、制度和法律等来进行保障,正式的法律和规定性惩罚对被信任方的动机和激励有更强大的影响。也就是说,如果当事人未按正式的规章制度和法律条文去做,则会受到惩罚,人们因为害怕惩罚而不采取失信行为。个体主义的文化氛围鼓励个体平等地追求自己的利益,社会成员的经济活动是独立的,人与人之间形成的是正式的契约关系。康德认为,"契约单位的构成是个人而非家庭;财产与平等相连;契约以独立的人格的存在为前提;契约具有法律性质,包含着理性的因子。"③因此,在个体主义的文化理念下,个人追求个人的效用、利

---

① 〔德〕马克斯·韦伯:《儒教与道教》,王容芬译,桂林:广西师范大学出版社2008年版,第272页。
② 费孝通:《乡土社会》,北京:生活·读书·新知三联书店1985年版,第28—34页。
③ 〔德〕康德:《法的形而上学原理》,沈叔平译,北京:商务印书馆1991年版,第14页。

益而与他人结社组成组织,都不受外界干涉,拥有完全选择的自由,只受契约规则约束。这种立足于契约理念之上的"自主性"或者说"强制性"构成了西方社会最本质的特征,并在此基础上形成了一种"契约信任",即对契约以及维护契约的规则的信任。①

关系信任和制度信任造就了不同的跨部门协同格局。首先,集体主义文化支撑下的"关系信任",是一种带有强烈情感色彩的熟人信任。在此基础上形成的合作,也只能是从属于情感需要或使情感物化且在"熟人关系范围"进行的信任合作。福山认为,中国人的一般信任水平明显较低,根源在于强固的依恋关系在中国社会中仍然起着支配作用。②"在集体主义文化下,社会和经济交换是围绕小群体进行的,小群体形成则基于家庭、血缘、部落、种族、宗教和其他社会关系。社会组织机制相应具有'家长式统治'的特点,领导决策被视为对群体的最佳决策。对群体的忠诚和内部成员之间的强力合作是集体主义文化的最高准则,不合作则成为不同群体成员之间关系的基本特征"。③由于中国社会缺乏一种"普遍信任",陌生人之间较低的信任度不利于跨部门协同的达成。其次,基于关系信任建立的"感性合作"是极其脆弱的,缺乏制度保障。相反,完全摒除了情感需要的"制度信任",则具有非人格化的特征,是个体基于理性计算其利益实现可能性之上的信任。在此过程中,由于契约是服务于个体的利益谋划,这样,以契约为保障的信任关系和由此而成的合作行为,自然就会是一种超越血缘高信任的"理性合作"。只要契约的规则体系是健全的,那么合作行为持久存在的可能性就比较大。最后,集体主义文化下的关系信任还面临中国社会转型所带来的挑战。随着现代化进程的持续推进和市场经济的快速发展,社会不确定性日益增大,使得中国开始步入"风险社会",从而催生了中国信任危机的到来。张维迎指出,传统社会是一个"生于斯、长于斯"的"熟人社会",人与人之间非常熟悉。所以,即使没有健全的法律,人们通过信誉制度也可以建立起高

---

① 赵泉民:《集体主义文化与中国合作制经济的困境》,《人文杂志》2005 年第 4 期,第 52—57 页。

② 〔美〕弗兰西斯·福山:《信任:社会道德与繁荣的创造》,李宛蓉译,呼和浩特:远方出版社 1998 年版,第 270—250 页。

③ Michael W. Collier, "Explaining Corruption: An institutional Choice Approach", *Crime, Law & Social Change*, Vol. 38, No. 1, 2002, pp. 32—38.

度的社会信任。然而,现代社会却是一个"匿名社会",社会流动性极大,人与人之间常常处于匿名状态,彼此并不熟悉,①所以"生人信任"逐渐取代"熟人信任"成为现代社会的基本信任结构。与熟人信任不同,生人信任更加依赖于制度约束。所以,在当前法律制度尚未健全的情况下,中国社会的信任水平必然有所下滑。②

(二)内部信任和外部信任

萧克雷—扎拉巴克等人(Shockle, Zabaket, 2000)把组织信任定义为"基于组织内的角色、关系、经验及相互依赖,个人对组织内多数成员的动机和行为的期望。"这里信任实际指的是组织内部信任,即一个组织内的信任氛围。内部信任影响着组织内部的效率,因此具有高信任度的组织与那些低信任度的组织相比较而言,更加成功、更具有适应能力和创新能力。外部信任又可以理解为组织间的信任,它指的是系统内部各个组织协同运转的群体心理预期与认可状态,即相信其他部门的行为会给本部门带来正面的影响,而不会给本部门带来负面的影响。显然,良好的外部信任有助于跨部门间合作关系的达成。

表面看来,集体主义者比个人主义者更看重关系,并更加注重培植关系,因而集体主义者比个人主义者拥有更高的信任层次。但是,蔡安迪斯(Triandis)对集体主义与个体主义文化区别的深入研究(参见表5-1)揭示了,集体主义文化阻止信任,继而影响合作。在集体主义文化中,组织内成员与组织外成员之间有着清晰的界限。虽然集体主义文化中组织内信任的程度要高于个人主义文化,但是个人主义文化的外部信任层次要高于集体主义文化。在集体主义文化中,个人对他人的信任将取决于信任的对象是否来自于组织之内。当信任对象是组织内成员时,集体主义者将会比个人主义者显示出更高的信任层次。而当信任对象是组织外成员时,集体主义者显示出的信任层次还没有个人主义者高。来自个人主义文化的个人将会比来自集体主义文化的个人具有更高的外部信任倾向。因此,从这个角度来看,似乎就不难理解为什么在中国跨边界的协同如此困难,原因就在于集

---

① 张维迎:《信任、信息与法律》,北京:生活·读书·新知三联书店2003年版。
② 王建民:《转型时期中国社会的关系维持——从"熟人信任"到"制度信任"》,《甘肃社会科学》2005年第6期。

体主义文化下的外部信任的缺乏。①

但是,应当注意的是组织内外的界限,很多时候也有可能因为不同部门领导或成员之间的私人关系而得以突破。私人关系体现了人与人的生活和情感关系,当私人关系很好时意味着彼此信任程度也很高。Mavondo 和 Rodrigo(2001)认为,私人关系在建立、发展与维系组织间关系中扮演着关键角色。② 在中国,私人关系是组织间关系的基础,组织间互动以及组织间关系常常建立在私人关系基础之上。熟人之间的疏通有时比按组织规矩办事能更快解决问题,政府组织领导之间保持良好的友谊和情感等会促进信任的提升。③(这也再次印证了"熟人信任"在中国社会的影响。)依靠私人关系的协同也造成了正负两方面的复杂影响。从正面看,这在许多场合促进了跨部门协同,而且国际经验表明,个人之间的非正式信息交流和信任关系对协同有积极作用;从负面看,关系文化基础上的协同会带来制度规则的软化甚至虚化,"常常一个关键人物的离去,足以导致一个组织对另一个组织关系的结束。"④依靠私人关系建立的合作关系具有很大的不稳定性,容易形成非制度化和人治的恶性循环。

---

① 本书对集体主义文化的讨论及相关结论都是探索性的,还有待于在实践中进一步检验和论证。

② Felix T. Mavondo, Elaine M. Rodrigo, "The Effect of Relationship Dimensions on Interpersonal and Inter-organizational Commitment in Organizations Conducting Business between Australia and China", *Journal of Business Research*, Vol. 54, No. 1 2001, pp. 111—121.

③ Mary Sako, *Price, Quality and Trust: Inter-firm Relationships in Britain and Japan*, Cajnbridge: Cambridge University Press, 1992.

④ 胡保玲:《边界人员私人关系及其对渠道关系的影响》,《华东经济管理》2008 年第 7 期,第 101—104 页。

> 21世纪政府改革的新议程变得更加明确,其核心理念和目标就是整体政府。
>
> ——希克斯

第六章

探寻合作之路:中国政府跨部门协同机制的重构

中国政府部门职责分工协调的问题既有见之于世界各国的普遍性成因,也受到我国独特的政府组织结构、权力格局、行政文化、绩效评估和问责制度等的影响。所以,解决这些问题不能期望一蹴而就,需要经过长期艰巨的努力。借鉴当今整体政府的理论成果和发达国家的实践经验,结合中国政府的行政生态、现实特征和可行性分析,本章将从目标模式和实践方式两个层面建立中国政府跨部门协同机制的初步构想。

第一节 目标模式:走向整体政府的最佳实践模式

在后新公共管理改革中,跨部门协同一直是各国政府治理的热点。甚至在政府服务提供和管制执行等领域,跨部门协同已延伸到创造联合生产能力。合作者通过学习一种全新的思维方式和行事方式,将结果置于程序之先,将能力构建置于领地保护之上,让信任消除怀疑,让合作解决问题的模式取代已被接受的、经过时间检验的方式。[①]"整体政府"作为一种回应政府治理"碎片化"现象而诞生的理论思潮,给我国跨部门协同机制的重构提供了一条非常有帮助的思路。西方整体政府改革以解决全球化和信息化时代所产生的复杂性、综合性公共治理与公共服务问题为基本出发点,以"跨界合作"为核心理念,以"协调"与"整合"为关键要素,产生了形式多样的创新实践。澳大利亚政府管理咨询委员会(The Austrlia Management Advisory Committee)对西方各国的整体政府改革实践与经验进行总结与提升,形成了一种最佳实践的"整体政府"模式(见图 6-1)。

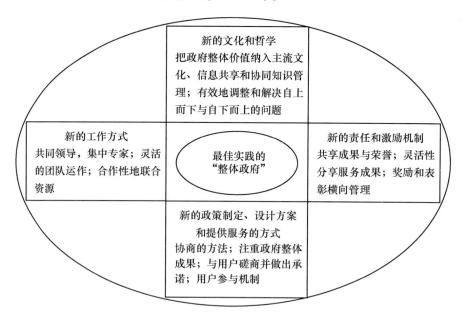

图 6-1 "整体政府"的最佳实践模式

资料来源:The Australian Management Advisory Committee, *Connecting Government: Whole of Government Responses to Australia's Priority Challenges*, Canberra: Australian Public Service, 2004。

---

① 〔美〕巴达赫:《跨部门合作:管理"巧匠"的理论与实践》,周志忍、张弦译,北京:北京大学出版社 2011 年版,第 7—8 页。

这一最佳的"整体政府"模式包括四个方面的内容：

一、文化与哲学

整体政府需要"协同"或者"合作"文化的支撑。合作精神注重平等、适应性、自由裁量和最终结果；官僚主义敬奉等级、稳定、服从和程序，官僚主义文化的所有特点似乎都与跨部门合作格格不入。要想从处理机构事物的现有方式转向新的更具合作性的方式，行动者必须直面这种变化，关注政府整体绩效的文化和哲学应该成为每个公共机构和公务人员所具备的。通过建立共同的愿景，激发各个治理主体不是在经济利益诱引下而是在互相信任、尊重和依赖的前提下，作出更为一致的策略与行动从而有效应对"棘手问题"（wicked problems）。[①]例如，帕斯奎罗（Pasquero）在对加拿大发展国家环境政策的努力尝试的研究中发现，如果人们或者组织能够认识到环保问题的相互关联本质，那么就更易于达成合作。大家不是埋怨具体的某个伙伴（特别是污染制造者），而是开始对他们所面临的环境问题采取集体的负责任的态度。这就使得他们能把精力直接集中在处理问题上，而不是去追究个人所应该承担的责任。一个超大组织的愿景和承诺的共享使得他们从原来的追究问题责任转移到寻求问题的解决上来。[②]

最佳实践的整体政府应该建立一种支持性文化和技能基础。支持性文化鼓励价值多元化的观点、看法和跨越组织边界的交互行为。塑造适合协同需求的文化至少应当包括这样两个方面的内容：起关键作用的部门公务员的价值取向；作为协同的必要基础前提的信任理念与机制。

首先是领导者的文化价值取向。组织领导的角色被认为是帮助组织向

---

① "棘手问题"的概念很好地反映了现代社会面临的公共问题的复杂性和交叉性，这类问题无法由单一组织去理解和处理。澳大利亚公共服务委员会（Australian Public Service Commission）把"棘手问题"的特征归结为八个方面：难以明确地界定；相互依赖与交互成因；有目的的测量会导致不可预见的后果；可能是不稳定和持续发展的；不存在明确的或正确的解决方案；是社会复杂性的产物，与诸多利益相关者相联系；跨越多种机构进行延伸的责任；解决方案可能需要公民和利益相关者群体行为的转变。参见 Australian Public Service Commission（2007），"Tackling Wicked Problems: A Public Policy Perspective"，Canberra: APSC，http://www.apsc.gov.au/publications07/wicked_problems.pdf.

② 转引自秦长江：《协作性公共管理：理念、结构与过程》，上海交通大学 2012 年博士学位论文。

制度化转变的关键角色。有学者指出:在整体政府当中领导引导合作的作用主要是通过自身参与、对组织结构的影响和控制进程三个途径来实现的。①这三个途径本身就是一个部门机构的三个关键点。对关键点的影响力与跨部门协同文化密不可分。换句话说,要想塑造协同的文化氛围,首先要转变领导者的观念,让其发挥关键性作用,从而带动整个团队价值观念的变化。美国学者格塞尔·泰勒(Getha-Taylor)认为参与跨部门协同的公共管理者应该有的理念包括:在共同关注问题上,重视别人的观点;能够站在别人的立场上考虑问题;对于投入不要期待回报;平等对待别人而不是将别人分成三六九等;资源共享;使用跨界合作的语言寻求信息的交流与共享;学会倾听;开发亲密的信任关系;寻求双赢措施;理解如何激励团队;理解权力、从属关系和成就之间的关系;在个人努力和更大结果之间表示积极热情;调整个人战略以符合团队需求;必要时服从别人的专业意见;运用协作性冲突解决方案;为了迎来更新的观点,欢迎适当的冲突;创建多样化观点;界定有益于所有参与方的结果;界定能够将组织目标和公共服务目标一致的协作机会;将协作活动与公共部门结果有效连接;平衡自己组织的需要与其他组织需要;具有包容性成就观(多强调"我们",而不是"我")。② 同时,领导还应该和员工清楚地沟通,并开诚布公地向员工说明跨部门协同的重要性,持续支持那些保障协同的积极行动,处罚不合作的行为。

  西方整体政府国家十分重视对领导人协同文化的培训。英国的"协同政府"改革提出建立对部长和官员进行培训的机制,让他们在培训中探讨如何通过合作制定政策、解决特殊的政策问题,并且推广跨部门合作的实践经验。③澳大利亚也实施了"整合领导"战略,还引入了领导的"艺术"(craftmanship)这一概念,注重领导的合作能力,强调通过共同的文化观念将政府联合起来。在一个协同的政府模式中,与其他机构进行协商是一种文化战略。简单来说,领导人在跨部门协同中可以采用的实际战略包括:开发和使用跨

---

① Chris Huxham and Siv Vangen, "Leadership in the Shaping and Implementation of Collabration Agendas: How Things Happen in a Joined-up World", The *Academy of Management Journal*, 2000, Vol. 43, No. 6, pp. 1159—1175.

② Heather Getha-Taylor, "Identifying Collaborative Competencies", *Review of Public Personnel Administration*, Vol. 28, No. 2, 2008, pp. 103—119.

③ Cabinet Office of Britain, *Modernising Government*, 1999, p. 20.

部门网络;鼓励执行团队确认横向性问题(例如可以设计由一个高级管理者牵头负责,监控并促成类似的跨部门协同问题的解决);在推动部门事务和评审项目时采用整体政府的全局观念,对通过合作实况的目标和结果方面的绩效进行说明;树立良好的协作行为的典范;奖励横向工作取得的成功;明确奖励协作行为;保证有充分的资源用于支持横向合作;积极推动或引导重要的整体政府项目。

其次,最佳实践的整体政府还要塑造良好的信任关系。信任是促进协同工作的润滑剂和维持协作稳定的黏合剂。信任对于促进人际关系行为、提高组织能力和预期绩效的信心、形成组织间的共同纽带及达成良好意愿等具有重要意义。[①] 众多学者意识到,协同开始于不同程度的信任关系,同时也强调信任构建是达成协作成功的前提条件。部门之间的信任来源于参与者的可靠性。跨部门协同的参与者们都非常重视可靠性。而可靠性不是单方面得来的,而是要经过一系列小而简单的行动慢慢积累而成。重视小的成功会让人相信,更大的承诺也会受到尊重。保证可靠性的一些小的技巧是:坚持口头协定,及时反馈,信息沟通和定期开会。只有当关键利益相关人开展坦诚而持续的对话,才能让信任维系和加深。开展"对话"的过程中一定要保证每一个参与者都能够从问题分析和战略建议的制定过程中受益,也能够向部门提供建议。通过多次的面对面的交流使得人们有机会建立各种联系,从陌生变为熟悉,促进对彼此能力的更好了解和认识。

除了以上两个方面,建立支持性文化,还需要发展相应的技能和能力,例如协作能力、增加团队灵活性和有效工作的能力等。从团队灵活性的角度来说,一个高度灵敏的团队才能更迅速有效地回应新的服务要求。建立高度灵敏的团队需要的技能包括,早期参与、奖励和认可制度以及跨部门联系群众等活动环节。一般来说,普通人员进入协同网络越快,就越容易产生对过程的拥有感以及参与合作的意愿。回报和认可成功是滋养和推动团队工作取得成功的另一个非常简单的工具。有效的方式可以包括发奖金、增

---

① Chen Bin and Elizabeth A. Graddy, "Interorganizational Collaborations for Public Service Delivery: A framework of Precondition, Process and Outcomes", paper presented at the 2005 ARNOVA Conference, November 17—19, Washington, DC.

加自由裁量时间、颁奖等。同时,更好地联系群众也是提高组织灵活性的一个重要环节,因为跨部门协同的人员来自不同的组织,拥有不同的观点和组织文化,可以从不同的角度看待所面临的问题和工作。只有更好地联系群众才能使组织博采众长,最终形成全面系统且高度整合的工作方案体系。而有效的跨部门工作的能力可以通过对参与人员的培训来实现。可以针对现有服务项目进行整合性技能培训;支持个人直接参与整体政府特定活动和项目的岗前培训;支持目前整体政府工作人员的在岗培训;在高级管理层,需要在部门、组织和行业内部以及跨越部门、组织和行业界限,理解不同合作伙伴的关系、语言、价值、忧虑和局限,将培训作为政治家和高级公务员晋升发展的条件,鼓励跨界培训,以利共享思想、技能、信息和工作。对于整体政府管理来说,培训在各级组织的人员储备中明确发挥着关键作用,只有组织的领导和政治家认识到整体政府工作的重要意义,才能真正推动整体政府改革。

二、新的责任和激励机制

在文化和理念的基础之上,政府结构需要重新建构,基本的出发点在于跨越组织边界进行沟通和协调,而这需要通过有效的治理、预算与责任框架来实现。治理安排必须与特定的"整体政府"目标相协调。它可能包括创建新的机构,或通过项目小组跨越现存组织边界实现更好的管理。责任框架既要改善机构间的协调与合作,保持垂直问责制,也需要平衡好横向协作和纵向问责之间的紧张关系。问责框架对跨部门协同的重要性被整体政府理论反复提及。将各部门的内部目标和绩效考评指标体系同整体的跨部门合作目标联系起来建立一个责任框架,会对各部门寻求建立跨部门合作关系产生内在的驱动力。从某种程度上讲,公共部门建立合作关系的努力是在对各部门进行绩效管理的大背景下产生的。对个人和组织的工作结果进行评估,以明确其责任,通过奖罚激励促进组织的绩效,是近年来西方国家政府管理手段的一个显著特点。许多国家在推行整合政策服务、倡导跨部门合作的改革时,都意识到目标与绩效管理对改革的重要作用。

美国是世界上最早开展政府绩效审计的国家,早在60年代,美国总审计办公室(Government Accounting Office,GAO)提出了经济性、效率性和效果性审计,即"三 E 审计"。1993 年美国政府颁布《政府绩效与结果法》(Government Performance and Results Act, GPRA),明确了政府绩效管理的目的和内容,主要包括联邦各机构的战略规划、年度绩效计划和年度绩效报告,并且特别强调通过加强政府部门的责任与弹性来提高政府的绩效(参见专栏6-1)。

> **专栏 6-1**
>
> **美国《政府绩效与结果法案》的绩效报告制度**
>
> 1993 年美国第 103 届国会通过了《政府绩效与结果法案》(Government Performance Results Act, GPRA),该法案在美国第一次以立法形式将绩效管理制度固定下来。
>
> GPRA 主要通过三项报告来实现对政府机构的绩效评估:
>
> 1. 战略规划(Strategic Planning)。各部门领导向预算管理局和国会提交涵盖未来 5 年的战略规划。部门战略规划应包括该部门使命、主要的职能、运作总目标以及如何实现目标的管理过程、技能、人力、信息、资本和其他资源的描述,还包括对未来评估体系的描述。
>
> 2. 年度绩效计划(Annual Performance Plans)。预算管理局(Office of Management and Budget, OMB)要求各部门提交年度绩效计划,年度绩效计划涵盖该部门预算中列出的每一项活动。该计划应建立绩效目标,用客观的、可量化、可衡量的或者经预算管理局授权的可替代形式来表述目标,建立绩效指标。
>
> 3. 年度绩效报告(Annual Performance Reports)。每年 3 月底各部门应向总统和国会提交前一财政年度的绩效报告,该报告应评估本财政年度的绩效计划实现程度,如果绩效目标未能实现,应解释和描述未能实现的原因、绩效目标不切实际或者不可行的原因以及改进建议。预算管理局和国会是绩效评估活动的主要管理机构,总统和国会是主要的监督机构,预算管理局还应向总统和国会提交绩效预算计划方案(Performance Budgeting Pilot Projects),对年度绩效预算进行可行性与合理性评估。

> GPRA 相对于以往政府行政改革的显著进步之处在于要求部门制定战略规划。相对于以往的年度计划来说,涵盖未来 5 年的战略规划目标更长远,在战略规划的引导下政策制定将更合理。而且该战略规划要求部门与国会协商,起码每 3 年要调整一次,对于实现部门长远目标和使命十分重要。各部门都制定战略规划,又经国会协调,能促进政府工作的一致性。
>
> 资料来源:Government Performance and Results Act, 1993。

GPRA 虽然没有把跨部门合作机制明确列为绩效规划的要素,但确定了一个基本精神:追求相同或相似目标的联邦项目之间应该高度协调,以确保目标之间的内在一致性和项目活动之间的相互增强。在重塑政府伙伴委员会(National Partnership for Reinventing Government)、管理和预算局、总审计署的努力下,跨部门合作机制日益受到重视,不仅成为年度绩效计划的重要组成部分,而且在许多部门的战略规划中得到反映。重塑政府伙伴关系委员会对跨部门合作机制的目标做了如下阐述:在公共组织中,目标的实现往往需要全体雇员的共同努力,这意味着一些人要对他们无法完全控制的结果负责。一线管理者和雇员一样,往往抵制对自己控制范围之外的结果承担责任。因此,绩效计划中管理者不应该停留在确定绩效目标,也不应该要求单个管理者对目标的实现负责。目标实现必须通过团队合作,必须建立与其他部门的伙伴关系。[①] 根据部门经验和"最佳实践",总审计署把年度计划中的跨部门合作机制归结为三大构成要素。[②]

1. 确认跨部门关系、共同目标和各自贡献

第一,确认实施相似项目的其他机构,明确相互间的关系和相近目标。例如,食品和药品管理局下属的食品安全督察中心确定了一个特殊目标:与

[①] National Partnership for Reinventing Government, *Balancing Measures*: *Best Practices in Performance Management*, August 1999.

[②] United States General Accounting Office, *Managing for Results*: *Strengthening Regulatory Agencies' Performance Management Practices*, October 1999. 有关内容的讨论以审计署的框架为基础,实践案例除特别注明外,均来自这一文件。

其他公共卫生机构和利益相关者建立有效的合作伙伴关系,共同贯彻总统的"食品安全计划",减少食品导致的疾病。具体措施包括:(1)与该局的疾病控制中心及各州卫生局合作,强化监测活动;(2)与各州签订协议,共同实施风险评价;(3)建立紧急事件发生时相互间合作的标准程序;(4)与卫生部、农业部和其他民间组织合作,加强食品安全信息和知识的传播宣传。

第二,协调项目活动,在追求的目标和手段、策略方面尽量与伙伴机构保持一致。联邦核工业管制局的做法是一个范例。

表6-1 联邦核工业管制局(NRC)跨部门关系矩阵(节选)

共同工作领域	NRC项目活动	NRC策略
核废料处置	高辐射性废料（核废料安全）	实施储放点许可证制;建立与能源部协商和信息交流的程序
能源部试点项目:在有关场点实施与NRC相似的管制	能源部管制（核材料安全）	与能源部共同设立工作组,检验新出台的管制标准;探讨由NRC对能源部非军事核设施实施监督的可行性

第三,与合作伙伴一起,开发共同的目标、测度和指标体系以及数据收集程序,明确各自的角色和责任。比如,联邦核工业管制局运用备忘录形式,确保共同工作领域中伙伴机构之间的有效合作,避免重复劳动和冲突。

第四,尽量明确各伙伴机构对共同目标实现的具体贡献,明确这些贡献的共性及其独特性,在资源配置计划中考虑其他机构的活动。如交通部高速公路交通安全管理局围绕目标和具体问题建立"互惠网络",当发现"导致儿童交通事故的原因之一是夹克上的系带设计不合理"时,该局与"消费品安全委员会"合作,由委员会为儿童夹克提出设计标准。

2. 在目标相同的工作领域明确领导角色,承担协调相关活动的职责

部门在实践中发现,如果缺乏某种领导机制,"平等"伙伴之间的跨部门活动很难完全成功。出路之一是建立联合领导机构,如美国海关和移民归化局建立的"边境协调联合办公室",专门负责协调两个部门间在西南边境上的活动,共同打击毒品走私、人员非法入境和其他违法活动。

出路之二是按照在目标实现中的作用,在多个合作伙伴中明确一个牵头机构。比如,食品和药品管理局的食品安全督察中心在食品安全方面承担主要责任,又与其他联邦部门和州相关部门有活动交叉。该中心以谅解

备忘录和合作协议的形式,明确了自己在食品安全领域的牵头作用,并明确了合作形式和资源优化的途径。另外一个例子是交通部的"旗舰方案"(Flagship Initiative),年度绩效目标中涉及跨部门活动的都被视为一个"旗舰目标"(Flagship Goal),相应明确"旗舰机构"(牵头机构)和辅助机构的责任。比如,交通部年度绩效目标之一是"减少有害物质运输中的交通事故以及由此造成的人员伤亡和财产损失",牵头机构明确为"研究和特别项目局"。该局与其他机构一起,确定在实现这一目标上的各自责任。如航空管理局开发空运行李和货物的先进扫描技术,联邦高速公路管理局进行有害物质公路运输的主要风险因素分析,海岸警卫队开始对未经申报承担有害物质运输的船只和事件数进行记录等。

3. 建立激励机制,促进跨部门目标的落实

为鼓励和促进跨部门合作,有关机构创立了相应的激励机制。教育部大学生助学金管理局的"对开"制度是一个典范。管理局对高层管理者的绩效考核和奖励依据两类标准,一是管理者在自己的职责领域实现目标的程度,二是管理局的整体绩效水平,所占比重各为50%。这就是说,如果合作精神的缺乏影响管理局的整体绩效水平,管理者个人的绩效考核也会受到影响,即使他在自己的职责领域非常出色。①

下面是总审计署"年度计划审查指南"中关于跨部门合作的问题清单:

- 部门在多大程度上明确了需要跨部门努力(包括外部和内部机构)才能实现的绩效目标?
- 如果部门确定了跨部门目标,计划中是否确认了相关且相互补充的绩效测度?有关单位是否对这些测度有一致的认识?
- 计划中是否说明了跨部门活动的协调方式?
- 本单位对跨部门目标计划贡献的独特之处,计划中在多大程度上做了说明?
- 如果部门提出了一个新项目,计划中是否做了充分说明:为什么新项目追求的目标无法通过现有项目实现?

---

① United States General Accounting Office, *Managing for Results: Emerging Benefits from Selected Agencies' Use of Performance Agreements*, October 2002.

与此相类似,英国政府也高度重视跨部门合作关系建立初期的目标确立及相应的绩效考核。英国政府现代化白皮书中屡次强调"各部及其执行机构的目标必须与'公共服务协议'相一致,跨部门的目标必须有具体的工作计划和安排",①并通过开发"整体性预算"(Aligned budgets & Pooled budgets)等工具加强协同(参见专栏6-2)。协作的一个好处就是能够共享和平衡稀缺性资源,充足的预算支持以及其他所需资源都是成功协作的工具。通过跨部门协同,再次分配共同资源,可以在平衡中影响跨部门协作的共同目标,而资源管理的好坏程度也会直接影响跨部门协同的公平性、合法性和有效性。例如英国政府的"节约性投资"(Invest to Save)预算项目通过财政刺激,鼓励两个或者多个机构采用更有效的、创新的、整合型的和反应迅速的服务供给方式。英国政府意识到,现行资源配置体制和预算责任机制对整合型政府的创立是一种障碍,作为替代方案,英国政府为优先项目引入了新的模式,重点资金项目成立领导机构负责。预算纳入统一管理,资金可以由某一个单独的机构管理,而责任由部长们共同承担。全国审计委员会规定了联合支出的课责要求、伙伴们的职能和责任、绩效的测评和报告方法、会计和审计安排,以确保公共支出的所有项目都能够清晰列出,并容易理解。②通过建立新的责任和激励机制对各部门的绩效实施严格的评估与管理,致使各部门在遇到交叉问题时,不得不通过多方努力寻求帮助,通过建立跨部门合作关系、建立非正式关系网络等方式,寻求问题的解决,从而保证本部门绩效目标的实现。

> **➡ 专栏6-2**
>
> **跨部门协同的新工具:整体性预算**
>
> 资源和预算整合是实现跨部门协同的重要手段。实践中,由于机构整合往往需要突破更多的障碍,在时间、精力和个人焦虑等方面会付出高

---

① 解亚红:《"协同政府":新公共管理改革的新阶段》,《中国行政管理》2004年第5期。
② National Audit Office, "Press Release, The Invest to Save Budget", www. nao. org. uk/whats_new/0203/020350. aspx.

昂的代价,寻求信息、文化、资源预算等"软因素"的整合就成为更为实用的策略工具。整体性预算因此成为发达国家的普遍实践和学术研究的重要主题。

在实践中,最常讨论的两种整体性预算模式是——联合预算和集合预算。

联合预算(Aligned budgets)指的是两个或两个以上的合作伙伴为了一致的目标共同努力,综合考虑他们的预算协调其活动,但同时完整保留各自组织原有的预算和问责体系。在这种协作性预算框架下,各机构重新定位自己的主流活动,围绕交叉事项或服务就各自的预算分配及使用情况达成一个一致的协议(避免资源的浪费),以更好地支持共同目标的实现。联合预算一般被运用于跨部门协同或伙伴关系的初期,此时相关组织或机构达成了合作的意愿但是对建立集合预算还有顾虑或者暂时存在着建立更为整合的预算模式的困难。

集合预算(Pooled budgets)指的是两个或两个以上的合作伙伴,为了实现双方商定的协同的目标,从各自的预算中直接拿出一部分资金建立一个共享的预算库/池(Pool)。这个新的预算库相对于各个组织而言是独立的,它的管理可以由协同网络内被大家认可的伙伴机构(host)管理,也可以交由第三方(third party)托管。集合预算通常被应用在伙伴关系较为稳定的协同网络中,双方在长期的合作与互动中建立了良好的互信的关系。因此,可以借由共同的财政安排促进协同活动的有效展开。集合预算通常会专注于特定的主题(area-based funding),例如为了改善流浪儿童生活,民政局、救助管理站、未成年人保护委员会,以及相关教育及医疗保障部门等可以进行联合行动,各自拿出一部分钱成立一个公共基金库,共同商讨资金的使用及分配,实现流浪儿童救助保障资源的整合。目前类似的联合行动在英国、美国等发达国家已经得到了普遍的运用和推行。值得注意的是这种协作性预算模式可能更多的是应用在公共部门之间,而不是在公共部门与私人部门及志愿组织之间。后者在协同网络中往往是以服务提供者形式存在。

> 资料来源:根据 Communities and Local Government: Guidance to Local Areas in England on Pooling and Aligning Budgets, 2010, pp.8—9;John W. Raine, Peter A. Watt, Budgetany Modlels, Motivation and Engagement in *Financial Collaboration Public Management Review*, Vol. 21, No. 1, 2012.等资料整理。

三、制定政策、设计方案和提供服务的新方式

这包括以协商而非专制的方式进行决策、尊重公民及其代表的意愿开展政策咨询,以及重视在政府和非政府部门中建立紧密的伙伴关系和信息网络等。

协商作为整体政府的应有之义,存在于政府治理的各个环节。它不仅包括内阁内部的协商,参与跨部门计划或项目的各部门之间的协商,还包括协同提供服务的专业机构之间的协商。无论是跨部门合作"掌舵"的高层,还是主要负责协调伙伴机构运作的中间管理层,或是更多地涉及团队合作互动的一线员工,合作都关系到劝告、解说、说服、给予和索取等。当参与者表现出合作性关注时,更容易产生合作解决问题的办法并创造出合作价值。同时,在跨部门合作的协商谈判中纳入需要表达利益的团体代表,并使各团体间开展互动,有助于产生关于如何服务公共利益的创造性理念。此外,跨部门合作的协商需要创造性努力和多种规范框架。协商过程是"争执——僵局——建设"的动态过程,需要几个阶段的推进,并且在达成一致后,需要基于集体共识再开展新一轮的协商,因此,在达成首轮一致后,再制定后续协商的规则就显得尤为重要了。

英国在《现代化的地方改革:紧密联系公民》的白皮书中将协商的理念融入地方治理当中,白皮书强调"政府希望看到协商和参与将嵌入到地方议会的文件之中"。[①]为此,中央政府规定了在选举地方议会的同时,可以让地方直接或者间接选举地方执行机构,并给定了三种模式供地方选择:直接选

---

① Department for Transport, Local Government and the Regions, "Modern Local Government: In Touch with People", http://www.Communities.gov.uk/pub/214/Modern Local Government: In Touch with People DTLR1998-id1165214.pdf, 2006-12-21.

举市长并由其组建一个内阁,间接选举一个地方领导者,或者直接选举市长并由议会任命一个议会管理者。为了方便公民参与地方议会选举,地方政府还设定了一些新的公民参与方法,比如电子投票、设立流动投票站,让公民能在不同的地方和不同的时间投票、设立邮局投票,等等。

在具体公共事务的管理中协商通过两种方式进行:"一是不同政府部门政策制定过程中的协商与协调,二是不同政策建议演进融合为一项共识。"[①]例如,英国政府为了提高政府公共政策制定的一致性,成立了一个"战略小组",该机构的任务是针对政策的关键领域进行长期的战略评价,特别关注跨部门的政策问题。同时也与各部委合作,促进战略性思维,提高英国政府上下的决策能力。跨部门战略机构的工作强调严格以证据为基础的政策与分析;强调创意与创新;采用跨部门的工作模式;通过公布政策执行单位和完成时间并由执行部长定期向首相汇报等方式,确保政策能够有效执行;通过建立与执行部委平行的工作组,确保政策的顺利转化与过渡;实施全方位的战略审计;通过制模、预测和情景模拟等方式,保证英国政府更好地应对长期发展和短期震动的影响,检验政策在不同环境中的有效性。此外,加拿大、荷兰等国也组建了新的"宏观政策研究机构"通过内外部的专家协商,为政府政策制定提供基础和依据(参见专栏6-3)。

> **➡ 专栏6-3**
>
> **加拿大与荷兰的宏观政策研究机构**
>
> 加拿大联邦政府于1997年成立了政策研究院(PRI),该院拥有大约30名专职人员,每年的更新率约为33%,一年的预算大概是300万加元。其职能包括提前预测并确认即将发生的问题,研究即将产生的跨部门合作问题,设定政策开发与制定能力的建设进程,创建支持跨部门政策研究合作的基础设施。该机构不仅从联邦政府内获取知识和专家,还从政府

[①] Nina Halpern, "Information Flows and Policy Coordination in the Chinese Bureaucracy", in Kenneth Lieberthal, David Lampton eds. , *Bureaucracy, Politics, and Decision Making in post-Mao China*, Berkeley:University of California Press, 1992, pp. 125-146.

外部的利益相关方比如加拿大大学、私人研究机构和国际组织中获取必要的知识和专家。该机构由联邦政府所有部门和机构的代表组成,其政策研究数据小组负责向加拿大统计局提供联邦政府所需要的各项建议。因为以跨部门合作为本质特征,该机构执行的各种项目会涉及不同的议题。项目的结果会通过报告、讨论文章和杂志《地平线》等形式与联邦政策层面共享。

荷兰的政府政策科学理事会可以追溯到1972年。任务是利用科学的方式向政府建议公共利益的现状和未来发展前景。理事会委员最低不少于5人,最多不超过11人。理事会委员多是大学的教授,是各自专业领域的专家。理事会目前的年度预算是300万欧元,聘有大约40个核心职员。政策科学理事会的特点是具有很强的独立性,其咨询意见会以报告的形式发表并提交给内阁讨论,讨论后,各项政策都会在理事会的公开网站上公布。政府对理事会建议的意见和回应往往也是议会讨论的主题。议会在法案中专门要求,政府必须及时对该理事会提出的各项建议做出回应。

实际上,理事会的报告还会引起大批媒体和公众的关注。报告中所展示的思想和各种发现在许多政府部门中都会引起反响,比方说气候变迁、安全问题和福利制国家等。另外,理事会还与欧洲组织加强合作和协同,开发了一个由这些组织共同组成的网络,进一步思考开展各种联合项目的可能性和方式方法。

资料来源:www.policyresearch.gc.ca;www.wrr.nl。

在改革中,无论是将几个机构及职能合并到一个新机构,从而加强合作还是对领导职务或职责的重新调整,都伴随着协商,所以整体政府的推行可以说是协商而非等级命令的结果。[①]

[①] T. Christensen, P. Legreid,"The Whole-of-Government Approach to Public Sector Reform", *Public Administrotion Review*, Vol.67, No.6, 2007, P.1063.

四、新的工作方式

最佳实践的整体政府模式还强调对工作机制的创新。这些新的工作方式包括:(1)伙伴关系、共享的领导关系或一个机构内明确的领导职责,有效地参与其他机构的工作。(2)侧重于专业知识和关系,而不是个人或组织的地位;更加注重灵活的团队进程和共享成果与荣誉;以问题为核心的预算制度等。①

传统的政府管理模式和工作方式具有较小的灵活性和流动性,限制了技术和能力的共享,不利于提供整合性服务。最佳实践的整体政府主张要给公务员提供更多的跨部门工作的机会,使通才式员工能够在多部门之间流动,把跨部门和跨组织边界流动的工作作为一个优先的制度安排。通过开发公务员多样化的能力和技能,使其能有效地参与其他部门的工作。同时,以灵活的方式共享成果与荣誉,分享好处和损失,从管理活动绩效反馈的层面来说,这是刺激计划有效执行的最好的办法。此外,以问题为核心的预算制度也是实现政府整合的重要因素,建立共同的预算有利于涉及跨部门公共事务的组织和部门在资源上实现整合。尤其在公共服务提供层面,公共服务经费的分配及使用方式将直接影响服务提供的效果。在以专业化分工为基础的官僚制组织内部,"按部门给预算"的财政资金安排,往往会限制协同的公共服务提供。由于资助体系的差异和不确定性,组织之间通常很难达成一个长期的协同承诺,因此联合模式的预算必然会改变服务提供的方式,而且这种资金联合的方式也不会太复杂。

总之,整体政府的最佳实践模式作为改革跨部门之间关系的一种新型的模式,其运用到中国的部际关系中,在具体的制度设计和政策思路上必须实现三个方面的转变:

一是行政文化和观念的转变。当前,一些政府部门在行为方面存在着明显的部门本位倾向:认识问题视野狭窄,局限于本部门角度,"各吹各的号,各唱各的调",决策及措施局限于本部门范围,不顾及各部门决策的关联性,缺乏全局理念;漠视公民和社会组织的权利,以本部门行政权力为本位。

---

① Ling Tom, "Delivering Joined-up Government in the UK Dimensions, Issues and Problems", *Public Administraion*, No.4, 2002, pp.625—642.

出现利益冲突时,将部门利益置于公民利益和公共利益之上。"部门本位"表面上看是行政行为,其本质体现的却是独立性、狭隘性、分散性的文化理念。部门本位的文化理念造成对本部门以外的诉求不能予以正确的理解和积极的配合,造成部门之间、人与人之间的隔阂与互不信任,造成政府凝聚力的下降。加强部门间协同必须摈弃传统分散化、独立化的行政文化,塑造整体政府观,把合作的理念与价值植入公共管理运作体系之中,"宣传合作的好处、持续的认可和奖励合作的成果。违背合作精神的行为需要被遏制。不利于合作的结构上的障碍需要被消除。"[①]通过强化公共管理主体"协作、互助"的团队意识,打破由于固守部门利益而出现的各自为政甚至互相掣肘的部门分割局面,促成部门与部门之间的优势互补和协调一致。

二是部门之间的职责权限的模糊化向制度化、规范化转变。塞缪尔·亨廷顿曾经认为:"制度化程度低下的政府不仅是个弱政府,而且还是个坏政府。"[②]如上文所述,当前,我国政府部门之间职责权限界定不清,制度化程度低,是导致政府部门之间产生冲突的重要原因。构建整体政府治理模式必须明确各级政府、部门之间的职责权限,并将其制度化,使得各个部门的职责和权限在统一的制度框架内运行。

三是实现从依靠等级纵向协同向平等协商合作转变。西方整体政府改革的重点是鼓励跨政策领域和专项议题上同级机构之间的自发协调,在充分考虑公共利益和自身利益的基础上,通过公开、公平、公正的理性指导、价值沟通、制度安排和策略选择等公共活动来达成共识。协商的目的是对管理中存在的分歧进行协调,对共同的公共管理活动作出合理分工和安排,以提高组织效率实现共享目标。这是对传统官僚制下依赖等级制协调的超越。但是,我国现有机制基本上属于等级制纵向协调,其共同特征是对权威的高度依赖,体现出浓厚的"官本位"色彩。由于纵向层级体制的制约,横向部门之间的相互掣肘,部门之间的沟通和平等协商非常困难。因此,在公共事务的治理实践中,我们应尽快建立部门之间平等对话与谈判的协商机制,

---

① 汤普森、麦克艾格和威尔克斯:《跨部门合作原则及特点》,四川省委党校部门合作研讨会论文,2007年11月。
② 〔美〕塞缪尔·亨廷顿:《变化社会中的政治秩序》,王冠华等译,北京:生活·读书·新知三联书店1989年版,第22页。

在政策制定、政策实施的各个环节都让各方参与并充分表达意见，抛弃在处理跨部门议题或冲突时依靠上级权威裁判的方式，突出目标管理、共同的价值愿景、部际沟通，以协商和对话解决冲突。这样既可以纠正"等级命令机制"僵硬化的弊端，又可以弥补"利益机制"局部化的缺点。

第二节 实践方式：跨部门协同机制重构的基本途径

任何一种治理模式的成功都由该国的政治、经济、文化等宏观与微观的多元因素共同决定。正如学者罗伯特·达尔所说："从某一个国家的行政环境归纳出的概论，不能立刻予以普遍化，或被应用到另一个不同环境的行政管理上去。一个理论是否适用于另一个不同的场合，必须先把那个特殊场合加以研究后才可以判定"。[①]因此，如何建立适合中国国情的跨部门协同机制不仅要借鉴西方国家的经验，还要结合我国跨部门协同困境产生的机理，开出有针对性的药方。

我们发现，构建一个强有力的跨部门协同机制，不仅要在微观技术层面下功夫，还要在深层次的制度理性层面做系统考虑。机制的构建不是简单、绝对的，而是纷繁复杂的，进行机制改进，需要结合实际适当地改变与之相应的体制与制度，在改革体制与制度的前提下，进行运行机制的改革。因此，本书结合西方国家管理实践和中国的国情从管理体制、机构设置和运行机制[②]三个方面探寻中国跨部门协同机制重构的基本途径。

[①] Robert A. Dahl,"The Science of Public Administration: Three Problems", *Public Administration Review*, Vol.7, No.1, 1947, p.1.

[②] 根据国家行政学院李习彬教授的观点，"政府的组织整合状态包括三个层次：决定管理职能和总体权力格局的管理体制，为实现管理职能提供组织保证的机构设置，为管理职能落到实处提供操作规则的运行机制。"在这里"管理体制"是个广义的概念，它是从"政治与行政二分"的角度提出来的，因此既包括政治体制也包括行政体制。（参见李习彬、李亚：《政府管理创新与系统思维》，北京：北京大学出版社2002年版；李习彬：《"政治与行政二分"命题的组织整合理论解析》，《学术研究》2006年第3期。）

一、管理体制的完善

(一) 深化政治体制改革,落实人大的立法权和监督权

大量跨部门协同失灵的现象揭露出了我国政府管理体制根源性的弊病,各级行政机构或部门在既定的结构性因素的作用下已经形成了稳定的行为模式,很难形成有效的监督机制,推动"协同问题"的实质性解决。正如国家行政学院教授李习彬所说,政府管理中出现的一些问题不能只是由人员素质、决策失误等作出完满的解释,而是由政府职能配置失当或权力缺乏监督与制约的体制缺陷所至,这类问题称为体制问题。他指出"部门行政"鲜明地具备了体制问题的三个基本特征——普遍性(几乎涉及所有政府部门)、全局性(涉及所有行政层次)和愈演愈烈(恶性循环)。[①]也就是说,部门行政是有缺陷的政治与行政体制运作的必然。要想改变部门各自为政的碎片化情况,必须转变政府管理理念,深化体制改革。需要强调的是,我们这里所说的政治体制改革并不涉及执政党与政府之间的关系。李习彬认为,政治体制改革有两个层次,上位改革与下位改革。上位改革指的是执政党与政府之间的关系,而下位改革是政治体制与行政体制之间的交融部分。这个交融部分,既是政治体制的下位改革,同时又是行政体制的上位改革,而这正是全面启动政治体制改革的最佳突破点之所在。

当前,作为我国政体的人民代表大会制度,宪法清晰地规定了国家的政治与行政职能分离、机构分设(各级人民代表大会及其常委会为政治系统,各级政府为行政系统),再加上"依法治国"方略的确定,显然具备当代民主政治的三要素,与"政治与行政二分"的现代民主政治基本构架完全相同。因此,由宪法表述的我国政体,是一种完全形态的现代民主政治体制。[②] 但是,长期以来在"一元化利益格局、理想化人格、无限理性和社会系统的机器说"[③]的执政理念的影响下,人民代表大会的立法职能一定程度上被弱化,整个国家的公共权力系统呈现出高度行政化的特征。过度依赖政府部门,只

---

① 李习彬、李亚:《政府管理创新与系统思维》,北京:北京大学出版社2002年版,第6—12页。
② 李习彬:《"政治与行政二分"命题的组织整合理论解析》,《学术研究》2006年第3期。
③ 李习彬:《从整体观到总体观:深化体制改革需要实现的政府管理哲学转变》,《中国行政管理》2000年第11期。

会陷入"行政体制陷阱",在过分集权、上级领导者决定一切的体制下,必然是人治,下级必然"唯上"是从,依法行政的法治原则不可能真正落实。①

如上文所述,权力部门化和部门利益化的根本症结在于我国现行政治与行政体制的高度行政化——政府越位承担了作为国家政治机构的全国人大的职能。"立法部门化"成为一种普遍现象,许多公共政策制定的职能实际上落到了政府部门手中。政府部门成为实际上的政策制定者和执行者。因此,要实质性地解决跨部门协同的困境,只在行政管理体制上进行小修小补是无法根除"顽疾"的,需要以"政治与行政二分"的整体框架为基础,改变国家的公共权力由政府主导的局面。

深化政治体制改革,就是要做实人民代表大会制度,强化人大的立法职能,将现在实际上由政府部门掌控的一些公共政策制定职能收归人大;强化人大对政府职能、机构设置与人员编制的审定职能,使"三定"方案法制化;强化人大对政府重大决策(发展规划、年度计划、预算及其执行情况等)的审批职能与对政府行为的监督职能。在组织机构方面,必须实现人大常委会及专门委员会的职业化、实体化,并为其有效履行职能组建必要的咨询支撑机构,从组织上保证人大有能力担负宪法赋予的职能。②

(二) 强化行政体制改革中的运作管理机制的创新

行政体制改革大致可分为结构性变革和程序性变革两大类。结构性变革更多地表现为机构调整,而程序性变革大致可以概括为"运作管理改革"。③我国的行政管理体制改革已经实施了30年,我们关注的重点一直在机构改革上,迄今已经进行了六轮大规模的机构改革。相应地,运作管理方面的改革被置于次要地位,作为运作管理组成部分的部门协调配合机制,长期以来被忽视。

面对政府部门之间的不协调和不合作,中国政策研究者和实践人员给出的药方通常是进行结构的重组或者合并,以建立起一个集权的行政机构。例如,在环境管理方面,中国的环境问题涉及林业局、农业局、建设局、水利

---

① 李习彬:《中国政府管理创新体系研究》,《国家行政学院学报》2002年第6期。
② 李习彬:《"部门行政"的根源及其消除对策》,《天津行政学院学报》2007年第1期,第26—31页。
③ 周志忍:《深化行政改革需要深入思考的三个问题》,《中国行政管理》2010年第1期。

局、卫生局等多部门,于是很多专家就提出要将环境事务、能源事务和生态事务进行整合,由一个部门来处理,实现"多龙治水"向"一龙治水"转变;或者通过成立更高层次和更高级别的议事协调机构,或协调委员会作为解决处理部门协调、解决职能交叉和冲突的重要方法。无论哪种方式,其基本的途径都是按照"等级制逻辑"进行结构的调整与变革。但是,如前文所述,官僚制内生的等级制与协调合作所要求的平等、自愿、协商、对话的基本精神不相符合。这必然使按照官僚制和等级制逻辑来实现的公共组织协调与合作,不可能达到真正的目的。① 此外,由于中国政府部门间关系缺乏必要的结构弹性,因此政府部门之间的刚性整合会面临更多的协调困境。整体政府下的跨部门协同强调政府部门之间的机制性调整,使政府部门之间通过协调与合作共同履行政府职责。这既可以使政府部门结构能够及时地适应政府具体职责的调整,又可以避免政府部门结构不必要的变动。因此,行政体制改革的目光不应该只停留在政府部门之间的刚性整合,而应该强化政府部门间的弹性要素。

为了实现跨部门的协调与合作,必须推动我国行政体制改革从"机构改革"向"运作机制改革"转变,即强调运作管理流程的变化,通过制度和规则来形成部门间协调与合作的秩序,思考完善跨部门协同的制度逻辑,而不是遇到问题就转向传统的等级制模型。在这里,制度的作用在于规制人们之间的相互关系、减少信息成本和不确定性,把阻碍合作的因素降到最低程度。② 当然,我们也应当意识到,这种转变的效应是缓慢的,必须要有充分的准备和耐心,因为与结构性变革相比,程序性变革具有持续性和非凸显性的特征,其改革空间相对广泛,且更多地受到政治、经济、社会、文化等诸多因素的影响和制约,需要适时调整和不断完善,是一个长期持续的过程。③

---

① 李文钊:《国家、市场与多中心:中国政府改革的逻辑基础和实证分析》,北京:社会科学文献出版社2011年版,第166页。
② 张紧跟:《当代中国地方政府间横向关系协调研究》,北京:中国社会科学出版社2006年版,第81页。
③ 潘小娟、吕芳:《改革开放以来中国行政体制改革发展趋势研究》,《国家行政学院学报》2011年第5期,第17—21页。

二、合理设置政府机构

(一) 调整机构设置,实行决策与执行分离

我国政府部门的设置及其职责范围形成于计划经济时期,几经精简,几经膨胀,并非按照管理要素进行的科学设置。转型期的当代中国,部门利益化进一步加剧了部门权力的分割和部门职能的交叉。因此,加强政府的跨部门协同就要重塑政府的组织结构。

重塑政府结构的一个基本思路就是实现决策与执行的分离。如上文所述,决策与执行高度集中于一个部门,容易巩固"部门利益化",造成部门之间的扯皮打架。决策与执行适当分开,有助于政府突出功能优势,集中精力制定政策以及研究起草相关法律法规,从而实现政令的统一与决策的公平。英国工党政府1999年的《政府现代化白皮书》指出,整体政府的核心是确保政策制定的高度统一和具有战略性。为了克服公共决策的部门化,确保不同政策领域之间在政策上的高度一致与整合,英国政府探索了一系列整体政府成功经验,其中之一就是建立独立于部门利益之外的政策制定小组。当前我国政府部门行政管理的一个基本特征是决策与执行的高度合一,即同一部门议定、协商、起草并执行政策。这种管理模式实际上造成了职能系统在各自的职责范围内的自我封闭。从一定意义上看,决策是利益的划分,执行是利益的实现。自己立规矩,容易自我确定利益,容易将部门利益塞进自己的职责,拒"分内责任"于千里之外,从而使"部门职责利益化",容易将部门利益塞进部门的执法依据,从而使"部门利益法定化"。①

为此,我们可以借鉴英国"下一步行动方案"(The Next Steps)的做法,在每一层级的政府,根据该级政府的职能、权力情况,合理划分出决策职能和执行职能,然后在决策职能方面,设置几个适当数量的大部门,由大部门集中行使决策职能;将原来执行性、服务性和监督性的部门分离出来作为执行机构(Executive agency),承担执行政策和提供公共服务的职能。同时,还可以引入市场机制和竞争机制,将政府部门的执行中心(部门)与在社会上招标引入的社会组织放在同样的位置,使其一起参与由决策部门提供的执行

---

① 金正帅:《推进"部门行政"向"公共行政"转型》,《党史博采》2006年第12期,第48—49页。

合同的竞争。这样专事决策的大部与数量众多而且专业化程度很高的执行机构,就通过绩效合同形成了松散的合作关系。"由决策单位设定必要的规则与绩效目标,对执行单位实行指导和监督;同时又赋予执行单位一定的裁量权,允许其反过来引导和参与决策单位的决策活动。"① 这样重构政府的好处是,一方面,由于决策中心只负责决策,而且基本上能做到一个领域的问题由一个决策部门承担,有利于制定统一的公共政策,防止政出多门;另一方面,决策部门的决策还要接受执行部门的检验,从而,对决策大部内部的协调产生了一种正向的激励作用。另外,由于执行部门是专业化,也是分散的,执行领域涉及的部门间协调的需求也大为减少,即使需要与决策部门或其他执行部门协调,由于执行的绩效决定了执行部门的"市场价值",执行部门会自觉主动地与相关部门展开协调,从而在很大程度上克服了在现有政府结构下协调激励不足的问题。②

(二) 明晰职权责关系,建设责任型政府

政府部门职责权限不清是造成部门难以协调的重要原因。"三定"方案作为明确政府部门职责权限的法定制度,应该在系统化研究的基础上作出。注重业务流程研究,通过所有业务规范的对接,检查有关机构、岗位在业务承担和职责方面是否有缺口,是否有重叠,交叉和相互矛盾,在共同参与完成的业务中各方的任务分工、职责权限是否明确、协调,是否实现了系统整体优化。③

职能和责任明晰是确保部门有效协同的重要前提。界定组织职能,搞好运行前的职能协调,是对行政组织不协调的预防,也是一种积极的协调机制,它可将不协调因素减少到最低限度。④希克斯在他的三本整体性治理的著作中,反复讨论了责任的重要性。整体性的责任感把有效性或项目责任提升到最高地位,确保诚实和效率责任不与这一目标相冲突,并通过用输出来界定,需要有效完成的是什么,来使诚实和效率责任服务于有效性和项目

---

① 陈振海、姚娟:《西方国家决策与执行的多维分离及其启示》,《重庆社会科学》2002年第1期。
② 徐超华:《健全政府部门间协调机制初论》,《法制与社会》2009年第9期,第190—191页。
③ 李习彬:《在优化政府运行中问责》,《瞭望新闻周刊》2006年9月11日。
④ 罗子初、曾友中:《转型期行政协调机制的重塑》,《地方政府管理》2001年第1期,第15—17页。

责任。① 因此,我们建立跨部门协同机制首先就是要明确部门职责:(1) 对现有职能进行归纳分类,综合分析,确定哪些职能应该保留,哪些职能需要在相关部门间转移,哪些职能需要取消,在职能分析的基础上,确定某个部门应该承担的基本职能;(2) 根据法律规定,对于政府部门职责相同或者相近的,原则上由一个部门承担,逐步消除部门间职能重叠、交叉等问题,从根本上减少部门间职能冲突的可能;(3) 对于一些难以划清范围、确实需要相关部门共同承担的交叉职能,必须明确职能履行时主办部门与协办部门、牵头部门与配合部门的关系,使其能够各负其责,分工协作。当然在明确部门责任的过程中,可能会出现横向责任与纵向责任交叉或者冲突的问题。传统的官僚体系的责任路线是按照纵向的组织模式设定的,所以,要确保横向合作的伙伴在实现横向目标的同时保持纵向责任机制,合作各方应该在一开始就达成协议,并在合作谅解备忘录中予以明确,合作伙伴应该在协商一致的基础上明确合作的代言人并在尊重各个部门特殊和关键使命的基础上明确各自的责任。正如加拿大联邦管理发展中心2002年一份报告中指出的那样:"横向合作得益于部门任务的早期讨论,以明确阐述每一方可以做出贡献的参与类型。如果横向伙伴关系涉及不同层级的政府,司法权限问题必然会拿到桌面上讨论。涉及合作的这一领域一定要谨慎小心,不要侵犯到部门的特殊使命。只有认真考虑不同伙伴的任务之后,才能创建一项既能提供价值又不侵犯部门的特殊使命。"②

在我国,明确部门职责最根本和首要的任务是制定相关职能界定的法律法规,增强部门职责界定权威性、约束性。各级政府部门及其公务员必须主动自觉地履行宪法和法律明确规定的各项职责,及时回应其管辖公民的正当要求,倡导"顾客导向"(customer-oriented),把为公民提供更优质、更高效的服务作为自己的核心使命,接受社会公众的委托,并对公众负责,坚持执政为民的宗旨,建设责任型政府。同时,为了促进跨部门协同关系的推进和共享责任框架的建立,中央政府可以发挥的主要作用是塑造共享责任的背景环境,将所有共享责任和横向协作的指南变成指导实践的一致性文件。

---

① 竺乾威:《从新公共管理到整体性治理》,《中国行政管理》2008年第10期。
② CCMD Roundtable on Horizontal Mechanisms, "Using Horizontal Tools to Work Across Boundaries: Lessons Learned and Sinoposts for Success", CCMD, 2002.

具体来说,可以采取以下几种形式:(1)与各部门合作开发"共享责任"的明确定义和特性,用于指导跨部门协同;(2)在横向跨部门合作的开始阶段,支持部门的筹备和执行工作;(3)提供持续性支持,支持应该不仅仅限于合作的开始阶段,还应该贯穿于合作的整个生命周期,因为每个阶段都会表现出不同的挑战和障碍;(4)共享跨部门协同的良好实践和事例,因为中央政府重视整体政府理念,所以这一认识应该在政府上下广为分享和传播,可以建立具有横向性和共享责任的卓越管理中心,作为部门和机构之间的联络处;(5)监控共享成果和目标的实现,帮助开发共享责任报告;(6)开发建立一个共享责任框架和特别符合共享责任要求的适当的治理机制,澄清每个部门成员在横向跨部门协同中的特殊职能,将责任框架落到实处。①

三、运行机制的优化

(一)引入精细化管理理念,加强机构分工及协调机构设立、运行的制度规范

从级别较高的议事协调机构、跨部门专项政策或工作组到部际联席会议,我国实践与发达国家相比,在协同机制的类型和主要方式上并不存在大的区别,差别主要体现在协调的实际效果上,特别是政策法规不一致、执行力低下等。其中一个重要原因,就是管理精细化不足。

精细化管理是一种与传统的粗放型管理完全相悖的管理理念和管理技术,把它引入到政府管理中,是推进政府再造,建设节约型、效能型、责任型、服务型政府的理论借鉴与模式创新的客观需求。实施精细化管理就是要将目标细化、标准细化、任务分解、流程细分、量化考核,实施精确决策、精确控制、精确考核,把管理的对象逐一分解,量化为具体的数字、程序、责任,使每一项工作内容都能看得见、摸得着、说得准。②具体到协调机构的管理上,就是要明确协调机构设立、分工及运行的制度标准等。例如,以法律法规的形式明确协调机构设立的条件、审批的程序,对各部门的职责进行细化和量化。职权法定是依法行政的原则,如果行政法律规范将各部门的职责权限

---

① Robert Apro, Shared Accountability for Horizontal Initiatives: Lessons and Good Practices for Service Canada 598 Report, March 28, 2006.
② 邓志辉:《实施精细化管理,提升政府行政管理效能》,《消费导刊》2008年第6期,第93页。

划分得很清楚,政府部门之间的冲突就会大大减少。按照温德诚的观点,部门责任细化应考虑五个方面的内容,见表6-2:

表6-2 部门责任细化的落实

(1) 责任要落实到具体部门,具体的责任人,要有唯一或第一责任人
(2) 负责的内容细化,包括负责的量和质、流程与方法,以及更为具体的要求
(3) 责任人失职失责要承担什么后果
(4) 对责任人如何追究责任
(5) 检察、监督人是谁,检察人的具体责任是什么,失察了要承担什么责任

资料来源:温德诚:《政府精细化管理》,北京:新华出版社2007年版,第37页。

跨部门协同关系建立时也应该从这五个方面明确各个部门的责任,此外还应详细规定协调的组织层次、信息沟通的渠道、争端解决机制,甚至不同机构每年召开会议的次数等内容。只有规则明确、任务具体,才能将责任落实到具体的人,才能推动协同目标的实现。

(二) 制定多部门参与的公共管理事项绩效评估制度,强化激励与问责

前已论及,正是由于激励和问责机制的缺失,导致部门间协同的动力不足,协调的随意性很强,所以必须建立多部门参与的公共管理事项绩效评估制度,以绩效契约或绩效承诺书(performance pledge)作为连接媒介的管理结构和工具,对目标实现的绩效评估和随之而来的奖惩制定统一的、普遍适用的制度,使参与部门能够得到与之贡献相一致的协调收益。对政策目标实现后绩效的考量,是衡量各部门在协调行动中各自贡献的依据,从"理性经济人"的角度出发,只有实行"论功行赏"才能使原本"各自为政"的政府部门产生协同行动的原动力。

出于同样的考虑,政策目标实现后所带来的利益共享的约定应当体现在政策制定计划中,在协调行动的起点即予以明示,使部门对自己付出的收益心知肚明。确保对完成部门责任、实现跨部门合作目标的部门和人员给予各种奖励,激励其积极性;对履行职责不积极、难以及时有效完成跨部门协调目标的部门和人员实施问责,督促其努力改正。在这个过程中,我们最好寻找到一位被各方认可的理性的绩效监督人,防止"扒皮现象"[①]以确保合

---

① "扒皮现象"在跨部门协同关系中描述的是这样一种情形,即快速抽取最容易办理的事情,而将难度大的事件留给其他伙伴去处理。

作伙伴对各自的行动负责。总之,跨部门协同需要建立的是一个鼓励应急、创新和学习的责任体系,是一个能够对员工产生激励的责任体系。① 良好的绩效评估制度为协同活动的各方勾画出共同努力的前景,在实践中能够更好地集中员工和管理者、领导者的注意力;网络绩效管理能够提高中层管理者和员工的工作满意度,因为明确的绩效评估可以带来人事上的更新和提职。同时,打破组织边界和障碍、完成过去十分困难的工作,也会提高他们的工作兴趣和信心,提高他们的绩效。由于绩效管理的目标十分明确,因此每实现一个目标,大家都有共同庆祝的理由,在这个过程中也会不断地增进合作者之间的感情。②

同时在跨部门协同管理中,我们还要善于利用"成功强化效应"进行激励。心理学研究表明,一个人只要体验一次成功的快乐,便会产生喜出望外的激奋心理,从而增强自信心,这又使其去追求更高层次的成功,即形成"成功——自信——又成功——更自信"的良性循环,这种心理现象被称为"成功强化效应"。在推动政府跨部门协同关系的过程中,信任效应、共识效应、从众效应和热情效应都能够带来发展机遇,并产生连锁的成功效用。③ 可以通过把握各种成功效应,改进激励机制,实现在每一阶段成功的基础上创造新的成功。这一激励机制改进的对策是有意识地创造条件,帮助跨部门共享项目先取得一些小小的成功,让共享参与者在成功中看到自己的价值和力量,以强化其自信心,激发继续开展跨部门共享的劲头。即通过"摘取低枝上的果实"开始,让参与者逐步享受协同带来的收获强化协同动力的持续。

(三) 建立和完善行政协助制度,实现部门协调法制化

从国际经验来看,中国的跨部门协同机制在具体操作中,还应建立完善的行政协助制度。行政协助制度是指无隶属关系的行政机关之间在执行公

---

① Perri 6, "Tomorrow's Government—Holistic, Digital, Syndicated", paper presented at the Performance and Innovation Unit's Strategic Thinkers Seminar on Future Structures of Central Governments, 15th June 2001.
② 张弦:《"整体政府"的理念与实践——跨部门协作角度的诠释》,北京大学2007年硕士学位论文。
③ 龙健:《政府基础信息资源跨部门共享机制研究》,北京大学2013年博士学位论文。

务的过程中,因某种需要,互相提供方便,并协助完成职务的行为。① 社会事务是复杂多样的,彼此密切相关,而政府机构设置与职能划分是分割的,这种分割式的管理模式在面对综合复杂的社会事务时,往往显得缺乏弹性。在这种情况下,以法律法规的形式对部门之间的协同行为作出规定就显得十分重要。如上文提到的德国、美国等西方国家的政府机构中形成了完善的行政协助制度,在强调职能划分清晰准确的同时,以法律的形式对机构之间的协助行为作出明确的说明,使得各部门互相支持配合的责任和义务法定化。②

建立行政协助制度,首先要确立协调是所有政府部门的基本职责。突破依赖上级进行协同的传统路径,以法律的形式明确规定只要是部门职权范围内的事情,不论哪一级别的政府机构,都可以对更高的机构或部门采取行动,相关部门也必须予以配合;其次,对协调职责进行定义和分类,列举所有带有协调性质的行政行为,将其纳入部门职责。最后,以法律形式对机构之间的协助行为做出明确的规定。目前我国政府尽管在部分法律及相关通知文件中强调了部门的协调义务,或者对相关成员部门的具体职责进行了罗列,但是对这些部门之间如何协助与配合,却缺乏详细的说明,"点与点之间难以连成线,形成面"以至于难以发挥出"协同"的效能。因此,建立行政协助制度也要遵循精致化管理的原则,从行政协助的启动、行政协助的程序、行政协助的拒绝、行政协助的费用、争议及处理等多方面加以规定,通过严格的程序消除责任和义务的真空,消除管理上的漏洞,并通过反馈机制在有关部门之间形成监督。显然,如果法律确认了严格的行政协助制度,就可以为各种形式的协助关系提供法律依据,从而从法律上严格限制部门的权力边界,确认部门的责任边界。

(四) 建立沟通交流机制,实现信息资源共享

信息的互通和共享是跨部门协同行动的必要前提。研究发现,信息资源共享可以带来较高的收益,但是也存在着一定的风险。信息共享可以带来的收益包括:(1) 可以支持更好和更全面地编制计划、出台政策、执行部门

---

① 关保英:《行政法的价值定位——效率、程序及其和谐》,北京:中国政法大学出版社1997年版,第131页。
② 童宁:《地方政府非常设机构成因探析》,《中国行政管理》2007年第3期。

间计划;(2)能够为制定决策和解决问题提供更全面和更准确的信息;(3)可以利用日益稀缺的员工资源创造更多的产出;(4)有助于建立积极的跨组织和跨专业的关系。信息共享所带来的专业、程序和组织方面的主要风险有:(1)有限的可带来收益的部门资源必须同其他部门进行共享;(2)会对管理者的决策带来限制;(3)有可能导致外界的误解和批判。① 所以,要想在政府部门间成功地开展信息共享,必须做好两个方面的工作:一是出台指导信息共享决策和行为的法律框架和正式的政策法规,例如部门间的协议、一般的法律授权等;二是合理利用指导共享数据管理的有效工具,例如建立全国各级政府部门的数据目录、电子数据的技术标准、普通数据的界定、统一的数据交易中心和平台等。

随着信息技术的发展,现代社会部门间信息传递与共享的重要途径就是建立电子化政府。客观地说,我国经过十余年政府信息化建设,用于支撑跨部门业务协作与服务的基础信息资源的开发得到了较快的发展。中央政府先后出台文件部署规划信息资源建设和共享试点工作,从统筹规划、政策扶持等多方面都表现出对跨部门信息资源共享的大力支持。部分信息化程度较高的省、市也大力推进重要基础信息库的建设和共享。例如宁波市海曙区2005年建立了81890城区社会化管理信息平台。该平台掌握了城区人口结构、人口素质、企业类型、企业发展状况、政府对居民和企业的服务状况等信息,并按统一标准存储和传播,实现各部门间的信息互通和共享,全面及时地掌握城区的公安、民政、劳动、计生、社区五个部门的信息。区政府各职能部门通过系统网站负责管理和维护其职能范围内的社会化管理信息,填报和使用相关的日常业务报表,进行各种在线统计和多维分析工作。在统一规范和标准下,实现各部门数据的广泛共享和公共数据的统一管理。② 但是,从全国整体发展水平来看,我国政府跨部门共享数据库建设还比较滞后。大量的数据和信息分散或者分割在各个部门的业务员系统之中,缺乏合理有效的集成与整合,也没有得到很好的开发与利用。

传统政府按区域、级别、行业划分,各部门独成一体,各自为政。虽然大

---

① Sharon S. Dawes, "Interagency Information Sharing: Expected Benefits, Manageable Risks", *Journal of Policy Analysis and Management*, Vol. 15, No. 3, Summer, 1996, pp. 377—394.

② 戴云:《81890:探索公共服务运作新模式》,《上海信息化》2006年第6期,第47—49页。

多数部门已经建立了自己的网站,但各个部门和地区各自收集、发布信息,信息只是在各自的管辖范围内使用,不同系统之间缺乏能够相互连接信息的通道,因而数据被独立封存,相互之间缺乏应有的关联,难以发挥出信息应有的整体效应。此外,对政务信息资源的分类、整理、挖掘不够,信息的适用性不强、信息的集成度不够,政府在工作过程中产生的大量基础信息还没有加工成可供交换与共享的数据库资源。总之,政府基础信息资源的离散、无序和缺乏关联,导致其数量与质量不高,既造成了开发利用率低,也无法满足跨部门业务协作与服务协同对共享的要求。为了改变这一不利局面,有待于我们从理念和理论上提高对跨部门协同共享目标、使命、价值追求等方面的认识,加快政府基础信息资源建设,促进其在各部门之间广泛共享与高效使用。从全局出发,重点规划设计政府部门协同工作的内容和流程,在政府内部利用网络信息与通信技术建立电子化、数字化及网络化的公共管理信息系统,以统一数据为核心,建立统一的政府运作平台和公共服务信息架构,实现不同政府部门之间的相关网络互通互联,打破信息资源的"部门割据"与"信息孤岛"局面,从而促进政府各部门间信息快速交换和资源高度共享,为公众提供更加便捷的服务。

目前国外的电子政府发展在促进部门横向协同方面都发挥了非常重要的作用。美国的"国家绩效评估(NPR)"计划(1993年),拉开了美国电子政府建设的序幕。NPR计划强调利用信息技术重新设计政府工作流程,提高对公众的服务水平,以及利用信息技术增强政府能力,推动政府的现代化进程。为了实现这些前台的变革目标,政府后台的信息密集型工作开始受到新的审视,后台的信息资源创新型利用势在必行。各级政府在寻求以公众为中心的公共服务提供中纷纷开展跨部门合作,对已有数据资源集中整合,创造性地生产可供公共部门广泛使用的共享信息资源,并通过广泛共享与高效使用核心数据资源与基础数据,构建起横跨各级政府部门、非政府组织、公私企业与实体,以及公民个体在内的跨部门协作治理模式。加拿大的"政府在线工程"利用网络技术成功地实现了为特定用户提供多元化的公共服务。政府通过优化政府的网络结构和数据存储结构,消除部门间的信息孤岛,建立知识管理系统,用户可以跨部门区域与政府数据库进行交互,获得所需要的信息,从而实现一种协同式的公共定制服务。①而新加坡、韩国等国同样由政府主导,将电子政府建设与政府职能转变联系起来,实施"多个机构,一个政府"的一体化电子政府战略,全面规划、整合多层级部门的信息资源,集成多层级部门的公共服务,打造高效、透明、民主、智能的"整合政府""移动政府",完成了电子政府建设的超越式发展。从国外的经验可以看出,发达国家在发展电子政府的过程中都遵循了一个基本的原则,那就是以满足公众的需要为核心进行公共服务的改革,将政府各个分散的流程、系统、信息和应用统一起来,使政府以整体形象面对公众,建立公民和政府之间的信赖关系与便捷沟通平台,实现了高质量公共服务和业务协作。

但是渠道的畅通仅仅为跨部门基础性信息资源共享搭建了平台,在涉及多部门的政策领域及项目管理协同上,要实现信息的沟通与共享还要考虑政治、经济、人际关系等因素。具体来看,资源、动力、认知及信任都会对信息共享产生影响。有研究表明,政府部门的人员资金越丰富,其支持政府部门间信息共享的资源越丰富;政府部门的领导支持力度越大其支持政府部门间信息共享的资源越丰富;政府部门对信息共享的内部收益与外部收益的感知越明显,其对政府部门间信息共享的认识越积极。同时,政府部门之间往来的经历越良好、政府部门领导之间的私人感情关系越密切,政府部门间信任程度也越高。良好的信任关系会对部门之间的信息共享产生正面的促进作用。②因此,打通沟通交流渠道需要政府部门加强信息化建设和信息共享的支持,除了继续完善我国硬件网络建设外,还要求政府部门的领导给予足够的支持,尽快制定明确的政策法规,并且给予一定的资金和人员的支持;树立信息共享的成功典型,使部门领导对信息共享潜在收益的感知转化为现实感受,提高政府部门参与信息共享的积极性;重视政府部门间非正式关系的建立,加强政府部门间相互认知与认同,通过更多的部门间集体会议、经验交流等方式来增加彼此间的信任,从而促进信息资源共享的达成。

---

① 苏新宁、吴鹏:《电子政务案例分析》,北京:国防工业出版社2005年版,第48—49页。
② 胡平等:《地方政府公共信息共享机制与管理问题研究》,西安:西安交通大学出版社2009年版,第182—184页。

第三节 研究结论与展望

一、研究结论

社会变迁带来的组织变革、网络和通信技术发展的技术支撑、棘手社会问题的大量涌现、新公共管理运动带来的机构碎片化和国家空心化、公民参与的减少带来的社会资本削弱等,共同促进了公共管理者处于一种不同于传统官僚体制下的工作环境中,公共管理者所采用的管理方式方法也在逐渐发生变化,逐渐从过去的"单打独斗"转向"共同工作"(working together),权力的运行由从上到下转向纵向与横向结合的离散状态,公共管理呈现出一种新的模式,即整体政府模式。整体政府是在对官僚体制和新公共管理的批判和调适的基础上提出的,针对官僚体制的命令——控制型链条式权力运作方式和科层制"仓筒型"的组织形态提出沟通——谈判式权力运作和网络状组织形态,针对新公共管理运动导致的机构碎片化提出通过协作和整合的途径解决日益复杂的公共事务和跨域、跨组织事务。

跨部门协同涉及多元主体,应用于不同层次,需要运用结构性和程序性多种机制,因而是一项复杂的系统工程;我国实践中存在的协同失灵表现在多个方面,原因既有运作层面技术理性的不足,也包括体制层面的制度缺陷;鉴于高层次制度决定着技术理性的发展限度,因此体制方面的问题更为重要;因为目前的跨部门协同机制无论是通过大部制进行重组和整合还是依靠共同的上级进行协调抑或是成立议事协调机构和协调委员会,都是通过等级制逻辑来促进部门之间的协调与合作。这些机制和协同方式必然会遭遇等级制逻辑自身的问题,如信息问题、责任问题和效率问题等。因此,突破我国当前协同困境的关键在于实施制度变革,以基于规则和制度的协调与合作模型取代基于命令和控制的协调与合作模型,使得部门间的协调与合作程序化、明确化和可预期化。正如希克斯所说,"二十一世纪的政府不应该再放任政府各不同功能与专业部门间的单打独斗,而应推动整体治理,通过制度化以落实政府各机关间的沟通协调。"①然而,制度变革是高度复杂的系统工程,健全部门间的协调配合机制需要系统思考,需要战略层面的系统规划,单兵突进的策略不可取,忽视高层次制度而聚焦于技术层面也难以奏效。

中国政府的跨部门关系能否在协调与合作方面有较大突破,主要取决于制度变革的前景。如果中国能够改变政府部门协调与合作的制度结构,用以规则为基础的横向协同模式取代等级制纵向协同模式,部门之间协调与合作的前景就是乐观和可期望的,否则就是悲观和暗淡的。制度变革要求从根本上转变政府协同的理念和逻辑,通过法治和规则的变革(在法制框架和程序框架之下界定各自的权责、阐述协调与合作的条件,以及不协调时的惩罚措施),让公共组织实现平等主体的自愿、有序和自发的协调与合作,从而最终使得协调变"被动"为"主动",成为基于主体自主选择的内生化的过程。当所有的公共部门都基于规则和制度的逻辑,自发地配合其他部门的行动,而不是依据等级命令等外部力量的推动,协同就会进入"良性循环",并逐渐形成有利于协调与合作的组织文化、社会资本与信任,从而进一步推动中国跨部门协同的实现。

本书与简单套用西方理论评价中国现实然后开药方的做法不同,而是力图保持对中国国情和特色的敏感性,首先借助相关概念和理论构建协同机制及其效果的叙事框架描述现实,然后从技术和体制两个层面做出诊断和初步理论阐释,有的地方(如集体主义文化对协同的影响)仅提出值得思考的问题。提出叙事和诊断框架的目的主要在于引起关注并推动这方面的研究。

二、研究局限及研究展望

跨部门协同是一个非常复杂的问题,要准确全面地把握部门之间复杂的博弈关系,厘清我国部门协同困境背后复杂的机理,是非常困难的。正如海迪所言"寻找一个包罗万象的分析框架看起来是永无终日,对西格尔曼而

---

① Perri 6, D. Leat, K. Seltzer and G. Stoker, *Towards Holistic Governance: The New Reform Agenda*, New York: Palgrave, 2002, p.32.

言,这样的探索是'绝对违反常情的'",①因这常常表现为一种不切实际的臆想。所以,尽管本书非常希望能够对"中国政府跨部门协同机制"这一论题进行尽可能详尽且颇有新意的阐述,但由于受到研究水平和研究条件的限制,这一美好的想法可能要落空,坦率地说,笔者亦感觉到本研究还存在着诸多不足之处。

一是在资料收集上的局限性。虽然笔者曾前往地方政府调研,但由于问题的敏感性,进行访谈的难度比较大。再加上个人调研经验的不足,某些更深层次的信息可能并没有捕捉到位。因此,本书运用的资料主要还是以二手资料为主,对一手资料的收集和使用比较有限。

二是研究方法上的局限性。本书虽然列举了大量跨部门协同失灵的案例,并从多个维度和层面对协同失灵产生的原因进行了分析,但是这种因果关系的验证并非建立在严格的推理论证的基础上,因而很难得出诠释性的理论结论。借用马斯洛的话来说,这些诊断和解释完全建立在"少量证据、个人观察、理论推演甚至纯粹猜测之上。它们用概括的语言表述出来,以便人们证实其正确或错误。换言之,它们仅是些假设,提出以求证实而非最终信念。但是,它们应该——我希望也会——推动这方面的研究。"②

三是在研究内容上的局限性。首先,整体政府语境中的"跨部门协同"是一个相对较新的研究领域,尽管国外已经有学者尝试从个案研究的角度构建评价跨部门协同水平的评价指标体系,但是高度专业化、情景化的背景导致其不具备普适性的特点。因此,本书对我国跨部门协同效果的考察仅仅从大量案例事实表现的角度进行说明,从科学研究的角度来说,这确实是本书的一大遗憾,但的确也是囿于现有研究水平的无奈之举。其次,本书是基于现有正式的制度的内容讨论跨部门协同的问题。虽然笔者意识到在中国特定的"人情文化"背景下,政府部门官员之间的非正式的私人关系对于跨部门协同关系的建立及维系有重要作用,但是由于微妙的私人关系一方面难以调研,另一方面也难以佐证,因此本书对于政府官员之间开展的非正式的联系和互动着墨不多。

---

① 费勒·海迪:《比较公共行政》,刘俊生译,北京:中国人民大学出版社2006年版,第39页。
② Abraham Maslow, *Toward a Psychology of Being*, Princeton: Van Nostrand, 1962, pp. viii—ix.

综上,未来的研究还可以在以下几方面进行拓展:一是对跨部门协同水平的评估机制的研究。由于跨部门协同的实践尚处于探索阶段,制度化的机制还没有充分建立,因此,如何设计适当的指标对跨部门协同关系本身进行有效评估仍是一个需要探索的问题。二是在研究跨部门协同关系的影响因素时将非正式制度即"私人关系"纳入研究范围,因为正如斯蒂尔曼所揭示的那样,"真正决定政府各部门之间关系的,实际上是打着办公室招牌工作的人们。"政府部门之间的关系,实际上就是人际关系和人的行为。[①]三是在本书相关研究结论的基础上提出假设,从实证的角度引入量化分析的方法,对影响跨部门协同关系的因素进行检验和论证。

[①] 〔美〕R. J. 斯蒂尔曼:《公共行政学》,李方等译,北京:中国社会科学出版社1988年版,第252—254页。

附 录

访 谈 目 录

1. 2012年7月23日,Y省民委X部工作人员(编号:L0723)
2. 2012年7月30日,Y省教育厅X部工作人员(编号L0730)
3. 2012年9月11日,Y省扶贫办X处副处长(编号Q0911)
4. 2012年9月4日,Y省扶贫办X处工作人员(编号:M0904)
5. 2012年7月25日,Y省旅游局X处工作人员(编号:L0725)
6. 2012年7月26日,Y省农业厅X处工作人员(编号:J0726)
7. 2012年7月27日,Y省扶贫办X处处长(编号:W0727)
8. 2012年8月6日,Y省L县扶贫办主任(编号:F0806)
9. 2012年8月9日,Y省M县副县长,编号:W0809)
10. 2012年8月16日,Y省扶贫办X处项目负责人(编号:C0816)
11. 2012年8月23日,Y省F县扶贫办副主任(编号:L0823)
12. 2012年8月21日,Y省W县扶贫办副主任、项目科科长(编号:T0821)
13. 2012年9月5日,Y省交通厅规划处副处长(编号:W0905)

参 考 文 献

一、中文文献

(一) 外文译著

〔美〕埃莉诺·奥斯特罗姆:《公共事物的治理之道——集体行动制度的演进》,余逊达、陈旭东译,上海:上海三联书店2000年版。

〔美〕曼库尔·奥尔森:《集体行动的逻辑》,陈郁等译,上海:上海三联书店1996年版。

〔美〕戴维·奥斯本、特德·盖布勒:《改革政府——企业精神如何改革着公营部门》,上海市政协编译组、东方编译组编译,上海:上海译文出版社1996年版。

〔美〕罗伯特·阿格拉诺夫等:《协作性公共管理:地方政府新战略》,李玲玲等译,北京:北京大学出版社2007年版。

〔美〕盖伊·彼得斯:《官僚政治》,聂露、李姿姿译,北京:中国人民大学出版社2008年版。

〔美〕丹尼尔·贝尔:《资本主义文化矛盾》,赵一凡、蒲隆等译,南京:江苏人民出版社2007年版。

〔美〕乔尔·布利克等:《协作型竞争》,吕巍译,北京:中国大百科全书出版社1998年版。

〔美〕尤金·巴达赫:《跨部门合作:管理巧匠的理论与实践》,周志忍、张弦译,北京:北京大学出版社2011年版。

〔美〕罗伯特·丹哈特:《公共组织理论(第2版)》,项龙等译,北京:华夏出版社2002年版。

〔美〕珍妮特·登哈特、罗伯特·登哈特:《新公共服务——服务,而不是掌舵》,丁煌译,北京:中国人民大学出版社2004年版。

〔美〕理查德·L.达夫特:《组织理论与设计》,王凤彬译,大连:东北财经大学出版社2002年版。

〔法〕莱昂·狄骥:《公法的变迁/法律与国家》,郑戈译,沈阳:春风文艺出版社1999版。

〔美〕查尔斯·福克斯、休·米勒:《后现代公共行政——话语指向》,楚艳红等译,北京:中国人民大学出版社2002年版。

〔美〕戴维·约翰·法默尔:《公共行政的语言——官僚制、现代性与后现代性》,吴琼译,北京:中国人民大学出版社2005年版。

〔美〕弗兰西斯·福山:《信任:社会道德与繁荣的创造》,李宛蓉译,呼和浩特:远方出版社1998年版。

〔法〕H.法约尔:《工业管理与一般管理》,胡隆祖等译,北京:中国社会科学出版社1984年版。

〔美〕费正清:《剑桥中华人民共和国史》(1949—1965),上海:上海人民出版社1990年版。

〔美〕詹姆斯·W. 费斯勒、唐纳德·F. 凯特尔:《行政过程的政治——公共行政学新论》,陈振明、朱芳芳译,北京:中国人民大学出版社2002年版。

〔美〕拉雷·N.格斯顿:《公共政策制定》,朱子文译,重庆:重庆出版社2001年版。

〔美〕斯蒂芬·戈德史密斯、威廉·D.埃格斯:《网络化治理:公共部门的新形态》,孙迎春译,北京:北京大学出版社2008年版。

〔美〕费勒尔·海迪:《比较公共行政》,刘俊生译,北京:中国人民大学出版社2006年版。

〔德〕赫尔曼·哈肯:《协同学——大自然构成的奥秘》,凌复华译,上海:上海译文出版社2005年版。

〔英〕哈耶克:《个人主义与经济秩序》,邓正来译,上海:上海三联书店2003年版。

〔美〕尼古拉斯·亨利:《公共行政与公共事务》,张昕等译,北京:中国人民大学出版社2002年版。

〔美〕塞缪尔·P.亨廷顿:《变化社会中的政治秩序》,王冠华等译,北京:生活·读书·新知三联书店1989年版。

〔英〕安东尼·吉登斯:《民族——国家与暴力》,胡宗泽、赵刀涛译,北京:生活·读书·新知三联书店1998年版。

〔美〕菲利普·J.库柏等:《二十一世纪的公共行政:挑战与改革》,王巧玲等译,北京:中国人民大学出版社2006年版。

〔德〕康德:《法的形而上学原理》,沈叔平译,北京:商务印书馆1991年版。

〔英〕H.K.科尔巴奇:《政策》,张毅译,长春:吉林人民出版社2005年版。

〔美〕科尼利厄斯·M.克温:《规则制定——政府部门如何制定法规与政策》,刘璟等译,上海:复旦大学出版社2007年版。

〔法〕皮埃尔·卡蓝默:《破碎的民主:试论治理的革命》,高凌瀚译,北京:生活·读书·新知三联书店 2005 年版。

〔美〕丹尼尔·A. 雷恩:《管理思想的演变》,李柱流等译,北京:中国社会科学出版社 1997 年版。

〔英〕洛克:《政府论(下篇)》,叶启芳等译,北京:商务印书馆 1997 年版。

〔美〕戴维·罗森布鲁姆、罗伯特·克拉夫丘克:《公共行政学:管理、政治和法律的途径》,张成福校译,北京:中国人民大学出版社 2002 年版。

〔美〕拉塞尔·M. 林登:《无缝隙政府——公共部门再造指南》,汪大海译,北京:中国人民大学出版社 2002 年版。

〔美〕尼克拉斯·卢曼:《信任》,瞿铁鹏、李强译,上海:上海世纪出版集团 2005 年版。

〔法〕孟德斯鸠:《论法的精神》上册,张雁深译,北京:商务印书馆 1961 年版。

〔美〕迈克尔·麦金尼斯:《多中心体制与地方公共经济》,毛寿龙译,上海:上海三联书店 2000 年版。

〔美〕约瑟夫·奈、约翰·D. 唐纳主编:《全球化世界的治理》,王勇等译,北京:世界知识出版社 2003 年版。

〔新西兰〕理查德·诺曼:《新西兰行政改革研究》,孙迎春译,北京:国家行政学院出版社 2006 年版。

〔美〕道格拉斯·诺斯:《经济史中的结构与变迁》,陈郁、罗华平等译,北京:上海三联书店/上海人民出版社 1994 年版。

〔美〕道格拉斯·诺斯:《制度、制度变迁与经济绩效》,刘守英译,上海:上海三联书店 1994 年版。

〔美〕威廉姆·A. 尼斯坎南:《官僚制与公共经济学》,北京:中国青年出版社 2004 年版。经济合作与发展组织:《中国治理》,中国科学院—清华大学国情研究中心译,北京:清华大学出版社 2007 年版。

〔韩〕全钟燮:《公共行政的社会建构:解释与批判》,孙柏英等译,北京:北京大学出版社 2008 年版。

〔美〕保罗·萨巴蒂尔编:《政策过程理论》,彭宗超译,北京:生活·读书·新知三联书店 2004 年版。

〔美〕R. J. 斯蒂尔曼:《公共行政学》,李方等译,北京:中国社会科学出版社 1988 年版。

〔英〕亚当·斯密:《国民财富的性质和原因的研究》(上卷),郭大力、王亚南译,北京:商务印书馆 1972 年版。

〔美〕安东尼·唐斯:《官僚制内幕》,郭小聪等译,北京:中国人民大学出版社 2006

年版。

〔美〕詹姆斯·Q.威尔逊:《官僚机构——政府机构的作为及其原因》,孙艳等译,北京:生活·读书·新知三联书店2006年版。

〔德〕马克斯·韦伯:《儒教与道教》,王容芬译,桂林:广西师范大学出版社2008年版。

〔英〕迈克·希尔、彼特·休普:《执行公共政策》,黄健荣等译,北京:商务印书馆2011年版。

〔希〕亚里士多德:《政治学》,吴寿彭译,北京:商务印书馆1965年版。

〔美〕邹谠:《二十世纪中国政治:从宏观历史与微观行动的角度看》,香港:牛津大学出版社1994年版。

(二) 中文著作和期刊

薄贵利:《中央与地方关系研究》,长春:吉林大学出版社1991年版。

蔡立辉:《电子政务:信息时代的政府再造》,北京:中国社会科学出版社2006年版。

丁煌:《西方行政说史》,武汉:武汉大学出版社1999年版。

费孝通:《乡土社会》,北京:生活·读书·新知三联书店1985年版。

冯兴元:《地方政府竞争:理论范式、分析框架与实证研究》,南京:译林出版社2010年版。

胡建奇:《美国反恐跨部门协同研究》,北京:中国人民公安大学出版社2011年版。

胡平:《地方政府公共信息共享机制与管理问题研究》,西安:西安交通大学出版社2009年版。

关保英:《行政法的价值定位——效率、程序及其和谐》,北京:中国政法大学出版社1997年版。

敬乂嘉编:《政府间关系与管理》,上海:上海人民出版社2012年版。

敬乂嘉:《合作治理——再造公共服务的逻辑》,天津:天津人民出版社2009年版。

金太军、钱再见等:《公共政策执行梗阻与消解》,广州:广东人民出版社2005年版。

金国坤:《行政权限冲突解决机制研究——跨部门协调的法制化路径探寻》,北京:北京大学出版社2010年版。

景跃进、张小劲:《政治学原理(第2版)》,北京:中国人民大学出版社2010年版。

林水波、李长晏:《跨域治理》,台北:五南图书出版公司2005年版。

林尚立:《国内政府间关系》,杭州:浙江人民出版社1998年版。

李琼:《政府管理与边界冲突》,北京:新华出版社2007年版。

李树忠:《国家机关组织论》,北京:知识产权出版社2004年版。

李春玲:《断裂与碎片:当代中国社会阶层分化实证研究》,北京:社会科学文献出社 2005 年版。

李习彬:《规范化管理——管理系统运行设计方法论》,北京:中国经济出版社 2005 年版。

李习彬、李亚:《政府管理创新与系统思维》,北京:北京大学出版社 2002 年版。

李文钊:《国家、市场与多中心:中国政府改革的逻辑基础和实证分析》,北京:社会科学文献出版社 2011 年版。

李军鹏:《公共服务学——政府公共服务的理论与实践》,北京:国家行政学院出版社 2007 年版。

刘彩虹:《整合与分散:美国大都市区地方政府间关系探析》,武汉:华中科技大学出版社 2010 年版。

马伊里:《合作困境的组织社会学分析》,上海:上海人民出版社 2008 年版。

马骏等主编:《公共管理研究》第 5 卷,上海:上海人民出版社 2008 年版。

苗东升:《系统科学原理》,北京:中国人民大学出版社 1990 年版。

潘开灵、白烈湖:《管理协同理论及其应用》,北京:经济管理出版社 2006 年版。

彭和平、竹立家:《国外公共行政理论精选》,北京:中共中央党校出版社 1997 年版。

宋亦平:《企业理论——分工与协作视角的解说》,上海:复旦大学出版社 2007 年版。

宋彪:《分权与政府合作——基于决策制度的研究》,北京:中国人民大学出版社 2009 年版。

荣敬本等:《从压力型体制向民主合作体制的转变》,北京:中央编译出版社 1998 年版。

孙柏英:《当代地方治理:面向 21 世纪的挑战》,北京:中国人民大学出版社 2004 年版。

苏尚尧主编:《中华人民共和国中央政府机构(1949—1990)》,北京:经济科学出版社 1993 年版。

石亚军主编:《中国行政管理体制实证研究——问卷调查数据分析》,北京:中国政法大学出版社 2010 年版。

世界银行:《1997 年世界发展报告:变革世界中的政府》,北京:中国财政经济出版社 1997 年版。

陶希东:《中国跨界区域管理:理论与实践探索》,上海:上海社会科学院出版社 2010 年版。

汪玉凯:《界定政府边界》,北京:中国友谊出版公司 2010 年版。

王资峰:《中国流域水环境管理体制研究》,北京:中国人民大学出版社 2010 年版。

王勇:《政府间横向协调机制研究——跨省流域治理的公共管理视角》,北京:中国社会科学出版社 2010 年版。

吴寄南:《新世纪日本的行政改革》,北京:时事出版社 2003 年版。

温德诚:《政府精细化管理》,北京:新华出版社 2007 年。

谢庆奎:《中国地方政府体制概论》,北京:中国广播电视出版社 1998 年版。

薛刚凌主编:《行政体制改革研究》,北京:北京大学出版社 2007 年版。

薛立强:《授权体制:改革开放时期政府间纵向关系研究》,天津:天津人民出版社 2010 年版。

杨宏山:《府际关系论》,北京:中国社会科学出版社 2005 年版。

俞可平:《治理与善治》,北京:社会科学文献出版社 2000 年版。

周振超:《当代中国"条块"关系研究》,天津:天津人民出版社 2009 年版。

周望:《中国"小组机制"研究》,天津:天津人民出版社 2010 年版。

周国雄:《博弈:公共政策执行力与利益主体》,上海:华东师范大学出版社 2008 年版。

周志忍:《当代国外行政改革比较研究》,北京:国家行政学院出版社 1999 年版。

中国行政管理学会编:《新中国行政管理简史(1949—2000)》,北京:人民出版社 2002 年版。

张志坚、刘俊林主编:《中华人民共和国政府机构五十年(1949—1999)》,北京:国家行政学院出版社 2000 年版。

张维迎:《信任、信息与法律》,北京:生活·读书·新知三联书店 2003 年版。

张紧跟:《当代中国地方政府间横向关系协调研究》,北京:中国社会科学出版社 2006 年版。

张金马:《公共政策分析:概念·过程·方法》,北京:人民出版社 2004 年。

詹立炜:《台湾跨域治理机制之研究——理论、策略与个案》,台北:台湾中华大学经营管理研究所 2004 年版。

曾令发:《探寻政府合作之路》,北京:人民出版社 2010 年版。

曾维和:《当代西方国家公共服务组织结构变革》,北京:中国社会科学出版社 2010 年版。

朱光磊:《当代中国政府过程(第三版)》,天津:天津人民出版社 2008 年版。

竺乾威:《公共行政理论》,上海:复旦大学出版社 2008 年版。

蔡立辉、龚铭:《整体政府:分割模式的一场管理革命》,《学术研究》2010 年第 5 期。

陈玲:《合作政府:英国行政改革的新走向》,《东南学术》2002 年第 5 期。

陈谦:《地方政府部门利益化问题成因与治理》,《求索》2010 年第 2 期。

褚松燕:《行政服务机构建设与整体政府的塑造》,《中国行政管理》2006 年第 7 期。

杜治州、汪玉凯:《电子政务与政府协同管理模式的发展》,《中共天津市委党校学报》2006年第2期。

丁煌:《公共选择理论的政策失败论及其对我国政府管理的启示》,《南京社会科学》2000年第3期。

定明捷、曾凡军:《网络破碎、治理失灵与食品安全供给》,《公共管理学报》2009年第4期。

邓建辉:《实施精细化管理,提升政府行政管理效能》,《消费导刊》2008年第5期。

高轩:《整体政府与我国政府部门间协调》,《领导科学》2010年第29期。

胡象明:《"文件打架"的原因及对策》,《中国行政管理》1995年第9期。

胡佳:《迈向整体性治理:政府改革的整体性策略及在中国的适用性》,《南京社会科学》2010年第5期。

李蔚:《部委"假发票病"仍待手术》,《瞭望东方周刊》2010年第36期。

李勇、王喆:《市政府部门间协调配合机制研究》,《机构与行政》2013年第3期。

吕志奎、孟庆国:《公共管理转型:协作性公共管理的兴起》,《学术研究》2010年第12期。

罗子初、曾友中:《转型期行政协调机制的重塑》,《地方政府管理》2001年第1期。

廖俊松:《全观型治理:一个待检证的未来命题》,《台湾民主季刊(台湾)》,2006年第3期。

金国坤:《政府协调:解决部门权限冲突的另一条思路》,《行政法学研究》2008年第3期。

马庆钰:《关于"公共服务"的解读》,《中国行政管理》2005年第2期。

麻宝斌、李辉:《协同型政府:治理时代的政府形态》,《吉林大学学报》(社会科学版)2010年第7期。

倪秋菊、倪星:《政府官员的"经济人"角色及其行为模式分析》,《武汉大学学报》(哲学社会科学版)2004年第2期。

彭锦鹏:《全观型治理:理论与制度化策略》,《政治科学论丛》,2005年3月。

潘小娟、吕芳:《改革开放以来中国行政体制改革发展趋势研究》,《国家行政学院学报》2011年第5期。

任敏:《我国流域公共治理的碎片化现象及成因分析》,《武汉大学学报(哲学社会科学版)》2008年第4期。

佘建国、孟伟:《建立跨部门联办机制 提高政府行政能力——以北京市怀柔区行政服务中心为例》,《中国行政管理》2006年第2期。

孙柏瑛、李卓青:《政策网络治理:公共治理的新途径》,《中国行政管理》2008年第

5 期。

孙迎春:《国外政府跨部门合作机制探索与研究》,《中国行政管理》2010 年第 7 期。

沙勇忠、解志元:《论公共危机的协同治理》,《中国行政管理》2010 年第 4 期。

沈荣华、何瑞文:《整体政府视角下跨部门政务协同——以行政服务中心为例》,《新视野》2013 年第 2 期。

唐贤兴:《中国治理困境下政策工具的选择——对"运动式执法"的一种解释》,《探索与争鸣》2009 年第 2 期。

张周来、郭奔胜:《行政改革基层看点》,《瞭望》2007 年第 50 期。

王磊、胡鞍钢:《结构、能力与机制:中国决策模式变化的实证分析》,《探索与争鸣》2010 年第 6 期。

汪玉凯:《冷静看待"大部制"》,《理论视野》2008 年第 1 期。

解亚红《"协同政府":新公共管理改革的新阶段》,《中国行政管理》2004 年第 5 期。

谢庆奎:《中国政府的府际关系研究》,《北京大学学报(哲学社会科学版)》2000 年第 1 期。

徐超华:《健全政府部门间协调机制初论》,《法治与社会》2009 年第 9 期。

吴开松、解志苹、马娜:《地方政府无缝隙服务研究》,《武汉科技大学学报》2009 年第 3 期。

杨天宇:《政府行政审批制的经济学分析》,《经济学家》2003 年第 1 期。

杨建顺:《行政裁量的运作及其监督》,《法学研究》2004 年第 1 期。

杨奎:《毛泽东利益协调思想的当代解读》,《毛泽东邓小平理论研究》2008 年第 5 期。

颜海娜:《我国食品安全监管体制改革——基于整体政府理论的分析》,《学术研究》2010 年第 5 期。

燕继荣:《变化中的中国政府治理》,《经济社会体制比较》2011 年第 6 期。

周志忍、蒋敏娟:《整体政府下的政策协同:理论与发达国家的当代实践》,《国家行政学院学报》2010 年第 6 期。

周志忍:《整体政府与跨部门协同——公共管理经典与前沿译丛首发系列序》,《中国行政管理》2008 年第 9 期。

周志忍:《深化行政改革需要深入思考的三个问题》,《中国行政管理》2010 年第 1 期。

周志忍:《论宏观/微观职责在部门间的合理配置》,《公共行政评论》2011 年第 4 期。

周志忍、李倩:《解读市长信箱悖论:功能边界与非理性期望》,《行政论坛》2011 年第 5 期。

周雪光:《制度是如何思维的》,《读书》2001年第5期。

周功满、陈国权:《"专委会制度":富阳创新部门间协调配合机制》,《中国行政管理》2009年第11期。

竺乾威:《从新公共管理到整体性治理》,《中国行政管理》2008年第10期。

曾维和:《西方"整体政府"改革:理论、实践及启示》,《公共管理学报》2008年第4期。

曾维和:《评当代西方政府改革的"整体政府"范式》,《理论与改革》2010年第1期。

曾维和:《后新公共管理时代的跨部门协同:评希克斯的整体政府理论》,《社会科学》2012年第5期。

曾凡军:《论整体性治理的深层内核与碎片化问题的解决之道》,《学术论坛》2010年第10期。

曾凡军:《西方政府治理模式的系谱与趋向诠析》,《学术论坛》2010年第8期。

朱德米:《构建流域水污染防治的跨部门合作机制——以太湖流域为例》,《中国行政管理》2009年第4期。

张立荣、曾维和:《当代西方整体政府公共服务模式及其借鉴》,《中国行政管理》2008年第7期。

二、英文文献

Alter C. and Hage, J., *Organizations Working Together*, , Newbury Park, CA: Sage, 1993.

Ackroyd, S., Find "More Results for: How Organizations Act Together", *Administrative Science Quarterly*, Vol. 3, 1998.

Alexander E. R., *How Organizations Act Together: Inter-organizational Coordination in Theory and Practice*, Luxembourg: Gordon and Breach, 1995.

Bardach, E. *Getting Agencies to Work Together: The Practice and Theory of Managerial Craftsmanship*, Washington DC: Brookings Institution Press, 1998.

Benson K., "The Interorganizational Network as a Political Economy", *Administrative Science Quarterly*, Vol. 20, No. 2, 1975.

Bakvis H. and Juillet L., *The Horizontal Challenge: Line Departments, Central Agencies and Leadership*, Ottawa: Canada School of Public Services, 2004.

Christensen T. and Legreid P., "The Whole-of-Government Approach to Public Sector Reform", *Public Administration Review*, Vol. 67, No. 6, 2007.

Dahl Robert A., "The Science of Public Administration: Three Problems", *Public Administration Review, Vol. 7, No. 1, 1947.

Darlington, Yvonne, Feeney Judith. A., et al., "Interagency Collaboration between Child Protection and Mental Health Services: Practices, Attitudes and Barriers", *Child Abuse and Neglect* 29, 2005.

Emerson Richard M., "Power-Dependence Relations", *American Sociological Review*, Vol. 27, No. 1, 1962.

Getha-Taylor H., "Identifying Collaborative Competencies", *Review of Public Personnel Administration*, Vol. 28, No. 2, 2008.

Huxham Chris, *Collaboration and Collaborative Advantage in Creating Collaborative advantage*. London: Sage Publications, 1996.

Halligan J., "Public Management and Departments: Contemporary Themes-Future Agendas", *Australia Journal of Public Administration*, Vol. 84, No. 1, 2005.

HM Treasury, *Public Spending Review: Public Service Agreements*, Whitepaper, London: HM Treasury, 2002.

Jacobs D., "Dependency and Vulnerability: An Exchange Approach to the Control of Organizations", *Administrative Science Quarterly*, Vol. 19, No. 1, 1974.

Lieberthal Kenneth G. and David M. Lampton, *Bureaucracy, Politics and Decision: Making in Post-Mao China*, Berkeley: University of California Press, 1992.

Tom Ling., Delivering Joined-up Government in the UK: Dimensions, Issues, and Problems, *Public Administration*, Vol. 80, No. 4, 2002.

Minogue M. and Polidano C., et al., *Beyond the New Pubic Management—Changing Ideas and Practices in Governance*, Cheltenham: Edward Elgar Publishing Limited, 1998.

Mulgan G., *Joined-up Government: Past, Present and Future*, in Bogdanor V., Joined up Government. Oxford: Oxford University Press, 2005.

Meijers, E., and Stead, D, *Policy Integration: What Does It Mean and How Can It Be Achieved? A Multi-disciplinary Review.*, Paper Presented at the Human Dimensions of Global Environmental Change: Greening of Policies, Berlin, 2004.

Skelcher C., Mathur N., and Smith M., "The Public Governance of Collaborative Spaces: Discourse, Design and Democracy", *Public Administration*, Vol. 83, No. 3, 2005.

Nalebuff Barry J. and Stiglitz Joseph E., "Prizes and Incentives: Towards A General Theory of Compensation and Competition", *The Bell Journal of Economics*, Vol. 14, No. 1, 1983.

OECD, *Managing Across Levels of Government*, The Ministerial Symposium on the Future of Pubic Service of OECD, 1997.

OECD, *Whole-of-Government Approach to Fragile State*, 2006.

Peters B. G., "Managing Horizontal Government: The Politics of Coordination", *Public Administration*, Vol. 76, No. 2, 1998.

Phillips A., "A Theory of Inter firm Organization", *Quarterly Journal of Economics*, Vol. 74, No. 4, 1960.

Perri 6, Leat D., Seltzer K. and Stoker G., *Towards Holistic Governance: The New Reform Agenda*. London: Palgrave Press, 2002.

Perri 6, *Holistic Government*, London: Demos, 1997.

Perri 6, "Joined-up government in the Western World in Comparative Perspective: A Preliminary Literature Review and Exploration", *Journal of Public Administration Research and Theory* Vol. 14, No. 1, 2004.

Peters B. Guy., "Managing Horizontal Government: The Politics of Coordination". *Public Administration*, Vol. 76, No. 2, 1998.

Pfeffer J. and Salancik G., *The External Control of Organizations: A Resource Dependence Perspective*, New York: Harper and Row, 1978.

Pollit Christopher, Joined-up Government: A Survey, Political Studies Review, *Political Studies Review*, Vol. 1, No. 1, 2003.

Ring P. S. and Van de Ven A. H., "Development Processes of Cooperative Inter-organizational Relationships", The *Academy of Management Review* Vol. 19, No. 1, 1994.

Sako M., *Price Quality and Trust: Inter-firm Relationships in Britain and Japan*. Cambridge: Cambridge University Press, 1992.

Sullivan H. and Skelcher C., *Working across Boundaries: Collaboration in Public Services*, London: Palgrave Macmillan, 2002.

Triandis, H. C. *Individualism and Collectivism*, Boulder, CO: Westview Press, 1995.

Visser J. A., "Understanding Local Government Cooperation in Urban Regions: Toward a Cultural Model of Inter local Relations", The *American Review of Public Administration*, Vol. 32, No. 1, 2002.

Whetten D. A., "Interorganizational Relations: A Review of the Field", *The Journal of Higher Education*, Vol. 52, No. 1, 1981.

Woosley J. M. and Pawlowski S. D., "Mental Models of the Challenges of Multi-agency Information Sharing Projects: a Study Using Cognitive Maps", *Electronic Government*, Vol. 1, No. 4, 2004.

Warren R. L., "The Interorganizational Field as a Focus for Investigation", *Administrative Science Quarterly*, Vol. 12, No. 3, 1967.

Waugh W. L., and Streib G., "Collaboration and Leadership for Effective Emergency Management", *Public Administration Review*, 66(Supplement s1), 2006.

Wilkins Peter, "Accountability and Joined-up Government", *Australian Journal of Public Administration*, Vol. 61, No. 1, 2002.

后　记

"跨部门协同"既是一个大问题，又是一个新问题，也是一个难问题。之所以说其是一个大问题，是因为"协同"通常涉及若干主体，涉及政府治理的方方面面。说其是一个新问题并不是说协同是一个新概念，而是因为它处在一个新的时代背景下——社会事务日益复杂，各种跨部门跨边界的社会问题层出不穷，类似环境污染、食品安全、扶贫开发等跨部门治理难题不断增多，解决问题的关键常常取决于各部门、各主体间能否通力合作。同时，"跨部门协同"也是一个难问题，因为很多情况下它需要相关主体牺牲局部利益，着眼于长远和全局的互利与共赢。在中国的官僚体系中，跨部门协同还难在需要突破制度约束和文化障碍，对于习惯于服从上级权威的中国政府部门来说，基于平等和协商的跨部门协同更加难以达成。

可以说，对于这一问题，我已经关注了四五年的时间，但是关注得越多，越觉得这一问题的棘手。在研究的过程中，我曾尝试从实践案例出发，比较分析影响中国跨部门协同的要素有哪些，但这一设想最终不得不搁浅。因为，一方面学界对于如何评估"跨部门协同程度"尚未达成一致的认识，另一方面由于问题涉及不同主体的利益，在调研的过程中遇到不少阻碍，资料和信息的获取难以进一步深入。同时，在阅读大量相关文献资料的基础上，我也发现尚未有人对我国当前政府跨部门协同的实际情况做系统的梳理与分析，而这却是进行其他相关课题研究的基础，因此，经过再三斟酌我打算把这一看起来"不太高明"的研究工作做好，希望能够为推动相关领域的研究尽绵薄之力。

本书初稿成稿于2013年6月，作为我在北大五年求学经历的总结，得到了一些肯定，但更多的是诸多学界老师、前辈提出的宝贵的意见。为此，初稿完成后，又历经数次修改，虽几易其稿但在本书付梓之际，心中仍然有颇多遗憾，限于笔者本身的知识结构狭窄，书中难免存在很多不足和疏漏之处，故若能得到读者批评指正，实为笔者万幸。

本书能够得以出版要感谢的人有很多。首先,要衷心感谢我的博士生导师周志忍教授。周老师治学严谨、博通中外、洞察力敏锐、知识渊博。在跟随老师学习的四年多时间里,周老师不仅传授学问,更是在为人处事上言传身教。"师者如父",先生的谆谆教诲、将永远铭记在心,鞭策我不断求知奋进!感谢我的硕士导师田凯副教授在研究生阶段对我的悉心训练,引领我步入学术的殿堂,为我的学术科研打下扎实的基础,并在生活、工作等诸多方面给予我提携与关怀。感谢北京大学政府管理学院燕继荣教授、肖鸣政教授、赵成根教授、杨明教授、万鹏飞副教授、白彦副教授等诸位老师,在我读博期间给予的教诲和帮助,他们深厚的学术素养与宽广的育人情怀让我深深感动,收益良多。感谢我的博士后导师董礼胜教授,在本书修改期间给予的很多批评与建议。

感谢国家治理协同创新中心对本书出版的资助,能够入选"国家治理研究丛书",也算是对本研究的一种肯定和鼓励。感谢北京大学出版社社科编辑部胡利国先生为本书出版所付出的辛苦和努力。最后要感谢我的家人,"焉得谖草,言树之背",父母的养育之恩,无以回报,家人给予我的理解和支持是我奋斗的动力。学术之路永无止境,作为一个学界新人,唯有带着你们的鼓励与希望奋力前行,才能不辜负大家的期望。

蒋敏娟

2014 年 12 月 10 日初稿

2015 年 5 月 18 日定稿